市民のパワーで元気いっぱいの川崎の創造を

川崎市長　阿部孝夫

市民本位の市政を実現するためには、行政を担当する者にとって、市民と喜びや悲しみを共有できるみずみずしい感覚が大切であると、私はつねづね考えております。

約二年近くをかけ、多くの市民の参加をいただき制定された「川崎市子どもの権利に関する条例」も施行後約一年を経過し、制度やしくみも徐々に整い始めてまいりました。

しかし、この種の条例は、制定されれば良いというものではなく、この条例でうたわれている理念等を地域社会のなかで共有化し、実現にむけて一歩一歩努力しながら、その内実をつくりあげていく作業が欠かせません。どんなにすばらしい制度やしくみであっても、それを形骸化させずに、本当に市民本位のものとして実効性のあるものにしていく取り組みが、言い換えれば器に魂を入れていく取り組みが求められるとも申せましょう。

できあがった陶磁器に魂を吹き込むことは困難ですが、子どもの権利条例については、子どももおとなも一緒に考え合ってきたこの制定過程の情熱を絶やさずに、行政も市民も一緒になって、より良い条例に育てていく努力を今後も継続していかなければなりません。

子どもたちが安心して育ち、市民の方々が自らの地域に誇りを持ち、また誇りを持てるまちづくりに行政も一体となって取り組んでいけるような市民本位の市政を、そして市民のパワーで元気いっぱいの川崎を創造していくことのできる市政をめざし、私自身も全力を尽くしてまいりたいと考えております。

目次

Ⅱ　条例でなにが変わるか

Ⅲ　市民参加型条例——これまでとこれから

資　料

（カバー写真提供協力　川崎市民局広報課）

序　市民・子どもたちの熱い思いを条例に

二〇〇〇年六月十一日、日曜日の夕方。二年近くにわたって議論を続けてきた「子ども権利条例調査研究委員会」の最後の会議が開かれたこの日、同委員会の親会議となる「子ども権利条例検討連絡会議」に提案する条例骨子案の審議がすべて終わりました。

中学二年生のときに委員会に入った子ども委員は、すでに高校生となっていました。会議の最後に一人ひとりの委員から、この二年間の意味を噛みしめるように、条例骨子案の策定にかかわってきたそれぞれの思いと今後への期待が熱く熱く語られました。策定過程にかかわった数多くの市民・子どもたちや子どもにかかわる関係者等に支えられながらたどり着いたという充実感が、どの委員の発言からも感じ取れました。

最終案を受け取った「子ども権利条例検討連絡会議」は六月二十一日に最終会議を開き、最後まで議論を交わし、そのうえでまとめられた内容が六月末に市に答申されました。市議会において全会一致で条例案が可決成立する半年前のことでした。

条例づくりに着手する際に、おさえておくべきいくつかのポイントがありました。なぜ自治体で条例化に取り組むのか、どのような方法で条例をつくるのか、条例の内容をどうするのか、制定後の条例をどのように活かしていくのかということなどでした。

このような課題意識のもとに、関係局での調整会議を開き、条例づくりの準備に入ったのは、一九九七年暮れのことでした。

他の自治体における先行事例がないなかで模索しながらまとめていった方向性は、条例案の内容を市民とともに考え合っていくという市民参加型の条例づくりをめざすこと、行政内部も全庁的にとりくんでいくこと、そして川崎のこれまでの実践・実績をふまえた条例をめざすことという、いわゆる「市民とともに、市全体で、川崎に根ざしたものを」という合言葉となり、一九九八年九月に設置された「検討連絡会議」と「調査研究委員会」においても、この方向性にそった論議が展開されていくこととなりました。

「子どもの権利条約」の批准・国内発効以後も、本市を含め国内での子どもの権利状況の改善にむけたとりくみが求められていました。また、「人権」「権利」という概念は、生活のなかで具体的にとらえられていない面があり、子どもの権利についての考え方も、地域社会においてはいまだ多様であり、子どもの権利観を共有する土台づくりが必要でした。

子どもたちが実際に生活している場は地域社会であり、自治体は、現実に生活している子どもたちと毎日向き合って仕事をしています。子どもの生活の場に即して、子どもの目線に立って、保障されるべき権利をかみくだきながら現実生活のなかで活かし実現していく作業こそが自治体に求められており、しかも、そのことは自治体でしかできない役割ではないのか。条例化の作業は、このような観点にたって、川崎という地域に根ざしたもの、川崎でとりくんできたさまざまな蓄積を活かし発展させられるものをめざしたといえます。

条例施行直前の二〇〇一年三月末に、条例についての報告市民集会を開催しました。この日には、条例制定にかかわった子ども委員会が企画した子ども集会も同じ会場で開かれ、市民集会後半に合流した子ども委員からは、次のような〈子どもたちからおとなへのメッセージ〉が紹介されました。

「まず、おとなが幸せにいてください。おとなが幸せじゃないのに、子どもだけ幸せにはなれません。おとなが幸せでないと、子どもに虐待とか体罰とかが起きます。条例に〝子どもは愛情と理解をもって育まれる〟とありますが、まず、家庭や学校、地域のなかで、おとなが幸せでいてほしいのです。子どもはそういうなかで、安心して生きることができます。」

（子ども権利条例 子ども委員会まとめ）

「子どもに権利なんて、甘やかすだけだ」というおとなの批判に対して、子どもの権利とはなにかを一生懸命考えてきた子どもたちからのメッセージでした。「この条例を子どもたち自身にいかに内在化させるか、そのことが子どもたちが光輝いてくる力になる」という趣旨の指摘を市議会で受けました。

制定された子どもの権利条例を、市民とともに育てていくとりくみが始まっています。

（小宮山 健治）

Ⅰ

逐条解説「川崎市子どもの権利に関する条例」

前文

▼趣旨

前文は、子どもの権利に関する条例の制定に対する市及び市民の決意を宣言するものですが、同時に、本条例の制定に際して、子ども及び子どもの権利についての考え方を示したものでもあります。

子どもの権利に関する条例を制定するにあたっては、子どもや子どもの権利についての考え方―「子ども観」や「子どもの権利の理念」ともいえます―の違いを克服し、その考え方を共有することも課題の一つでした。

国連で子どもの権利条約が採択されたのは、これまでの「子ども観」の転換を図る必要性があることを物語っていますが、このような条約の形で子どもの権利について規定しなければならないほど、子どもや子どもの権利についての考え方に差異があり、その差異を正さなければ子どもの権利の確保、実現が困難であるという背景があります。

子どもが置かれている現実に目を向けるとき、こうした考え方の違いの克服なくして子どもの権利保障はありえないともいえます。

市民や子どもたちの参加を得ながら進められた条例骨子案づくりは、この権利についての考え方の共有をめざしたとりくみでもありました。

前文は、こうしたことを考慮し、これまでの条例制定過程で認識され、確認されてきた子ども及び子どもの権利についての考え方を、子どもの権利条約や国連子どもの権利委員会の総括所見などの国際的な水準をふまえ示したものとなっており、この前文に示した内容は本条例全体を貫く基本的な考え方として、条例全体の解釈と運用にあたってもおさえられなければならないものと位置づけています。

▼解説

> **前文**
>
> 子どもは、それぞれが一人の人間である。子どもは、かけがえのない価値と尊厳を持っており、個性や他の者との違いが認められ、自分が自分であることを大切にされたいと願っている。
>
> 子どもは、権利の全面的な主体である。子どもは、子どもの最善の利益の確保、差別の禁止、子どもの意見の尊重などの国際的な原則の下で、その権利を

総合的に、かつ、現実に保障される。子どもにとって権利は、人間としての尊厳をもって、自分を自分として実現し、自分らしく生きていく上で不可欠なものである。

子どもは、その権利が保障される中で、豊かな子ども時代を過ごすことができる。子どもの権利について学習することや実際に行使することなどを通して、子どもは、権利の認識を深め、権利を実現する力、他の者の権利を尊重する力や責任などを身に付けることができる。また、自分の権利が尊重され、保障されるためには、同じように他の者の権利が尊重され、保障されなければならず、それぞれの権利が相互に尊重されることが不可欠である。

子どもは、大人とともに社会を構成するパートナーである。子どもは、現在の社会の一員として、また、未来の社会の担い手として、社会の在り方や形成にかかわる固有の役割があるとともに、そこに参加する権利がある。そのためにも社会は、子どもに開かれる。

子どもは、同時代を生きる地球市民として国内外の子どもと相互の理解と交流を深め、共生と平和を

願い、自然を守り、都市のより良い環境を創造することに欠かせない役割を持っている。

市における子どもの権利を保障する取組は、市に生活するすべての人々の共生を進め、その権利の保障につながる。私たちは、子ども最優先などの国際的な原則も踏まえ、それぞれの子どもが一人の人間として生きていく上で必要な権利が保障されるよう努める。

私たちは、こうした考えの下、平成元年十一月二十日に国際連合総会で採択された「児童の権利に関する条約」の理念に基づき、子どもの権利の保障を進めることを宣言し、この条例を制定する。

前文は七つの部分からなっています。まず初めに一人の人間としての子どもの尊厳について記述し、二段落目で子どもを権利の全面的な主体者として位置づけています。

次に、三段落目はこの条例で考える権利と責任の関係を整理し、四段落目で子どもをおとなのパートナーとして位置づけ、五段落目で地球市民としての子どもの役割をおさえています。

そして六段落目で権利の保障の意義につき確認したうえ

で、最後の七段落目で子どもの権利保障を進める決意を宣言する形をとっています。

▼前文中の文言解説

「自分が自分であること」

生まれてきた子どもは一人ひとりどの子もかけがえのない尊厳性を有し、他のだれでもないその子として存在し生きていくことの意義を表現したものです。

子どもの権利条約八条の「アイデンティティの保全」に関係しており、日本語でわかりやすく「アイデンティティ」を表現しなおしたものでもあります。

「権利の全面的な主体」

本条例が前提とする「子どものとらえ方」（子ども観）であり、国連子どもの権利委員会からの日本への総括所見のなかにある表現をふまえています。（「条約第四四条の下での締約国により提出された報告の審査—児童の権利に関する委員会の最終見解：日本」児童の権利に関する委員会第十八会期、外務省訳、一九九八年六月）

子どもの権利条約は、子どもを保護される対象（客体）から自ら権利を行使する主体へと「子ども観」を転換し、その上で、子どもの権利について定めていますが、日本の現状としては、子どもが「権利の主体」としてはまだまだ認識されていない現状にあり、そのことへの懸念を、国連子どもの権利委員会は日本に対する総括所見のなかで次のように指摘しています。

「委員会は、条約の原則と規定についての認識、特に条約が権利の完全な主体としての児童の概念に重要性を置いていることについての認識を、社会の全ての部分において、児童及び成人の間で同様に、広く普及し促進するためにとられた措置が不十分であることを懸念する。」（総括所見「C．主な懸念事項」11）

「権利の完全な主体としての児童の地位を強化するため、委員会は、条約がすべての教育機関のカリキュラムに取り入れられるよう勧告する。」（総括所見「D．提案及び勧告」33）

「権利の完全な主体」というより「権利の全面的な主体」のほうがわかりやすいと判断し、これを使用しています。

「子どもの最善の利益の確保」

子どもの権利条約三条一項に規定されていますが、条約全体を解釈・運用していく際の一般原則ともなる考え方です。とりわけ、公私の社会福祉機関、行政機関の活動基準としてはもちろんですが、裁判所や立法機関においてもこの原則が求められます。

この「子どもの最善の利益」という用語が用いられている条文としては、三条の他に九条、一八条、二〇条、二一条、三七条、四〇条があります。

「差別の禁止」

子どもの権利条約第二条第一項に規定されていますが、この条約以前の、世界人権宣言（一九四八年）やその宣言内容をもとに定められた国際人権規約（「経済的、社会的及び文化的権利に関する国際規約」「市民的及び政治的権利に関する国際規約」一九六六年、一九六六年）、児童の権利に関する宣言（一九五九年）などでもおさえられている国際原則です。

本条例では、前文以外に一〇条と一六条に同様の規定があり、とくに一六条には子どもの権利条約、日本国憲法を根拠として、より具体的に内容を定めています。

「子どもの意見の尊重」

子どもの権利条約一二条が根拠規定ですが、内容としては、子どもに影響を及ぼすことが決められるときにはそのすべての事柄について、子どもは自由に意見を表明でき、その意見は子どもの年齢と成熟に応じて正当に重視されなければならず、司法・行政手続きにおいても子どもの意見を聴く機会が確保されなければならないことが定められています。

子どもに影響を及ぼす事柄を、子どもの最善の利益を考慮し決定するには、権利行使の主体者である子どもの意見を尊重しなければならないという原則を示したものであり、成長の途上にある子どもにとって、自分にかかわる事柄の決定過程に参加していくことの意義を明示した原則でもあります。

この趣旨は、子どもの権利条約以前の国際文書のなかでもおさえられていますが（「子どもの権利の法的保護に関する諸原則」一九七七年―子どもの権利の法的保護に関するワルシャワ会議・・「少年司法運営のための国際連合最低基準規則」一九八五年など）、これらの国際文書の内容を受けて、子どもの権利委員会では、子どもの権利の基本原則のひとつとして「子どもの意見の尊重」を位置づけています。

「総合的に、かつ現実に保障する」

子どもの権利保障を実効性あるものにしていくという意思表示であり、「総合的」という表現には、本条例がめざしている内容面の総合性―子どもの権利の理念、子どもの生活場に即した権利の保障、子どもの参加、子どもにかかわる施策の推進、子どもの権利保障の状況の検証、権利の救済等を内容とする総合条例をめざしています―とともに、子どもの権利にかかわる施策を全市的に相互に調整しながら、総合的な推進をめざしたいという意味を持たせています。

「権利を実現する力」

子ども自身が権利を直接行使していくだけでなく、子ども同士やおとなとのさまざまな協力関係や働きかけにより権利を実現していく力をさしています。

「権利の相互尊重」

子ども権利条例検討連絡会議と調査研究委員会において進められた条例骨子案の検討作業のなかでは、この権利と責任の関係についてはかなりの時間をかけて審議され、また市民集会等においてももっとも関心をよんだのがこのテーマでした。

子ども委員会でも、また市民や学校関係者等との対話を通してこの「権利と責任」をめぐって議論することで、「子どもの権利」の考え方を共有する努力がはらわれてきたともいえます。

そのような論議をふまえ、条例全体にかかる考え方として、「権利と責任」についての考え方をこの前文に位置づけました。

権利と責任の関係については、子どもは権利の主体者であることを前提にしたうえで、子どもは権利の学習や権利を実際に行使するなかで他の者の権利を尊重する力や責任を身につけることができるという考え方に立ち、あわせて、自分の権利と同様に他の者の権利を相互に尊重しあうことが権利保障のとりくみでは欠かせないという視点からまとめています。

「社会を構成するパートナー」

児童憲章ではその総則において、子どもを「社会の一員」として位置づけていますが、ここでは社会をおとなとともにつくっていくというおとなとの対等性において、より高い表現をめざしており、いまの社会に生きている同じ人間同士という目線で、子どもとおとなの関係を表現しています。

「地球市民」

グローバル・エデュケーション分野などで普及してきたように、二十一世紀の社会、関係づくりを視野に入れて、地球的な視点から条例を方向づける言葉のひとつです。

「子ども最優先の原則」

もともとは、「人類が児童に対し最善のものを与える義務を負う」ことを認めた一九二四年の児童の権利に関する宣言(ジュネーブ宣言)において、子どもに保障されるべき諸権利の一つとして、危急に際しては子どもには最優先的な援助が与えられるという権利として位置づけられたものです。

この「子どもから救おう」という趣旨をさらに発展させたのが一九九〇年に開催された「子どものための世界サミット」であり、そのサミット宣言のなかで「子どもの福祉には最高レベルの政治行動が必要であること」とともに、「すべての子どもによりよい未来を保障することよりも崇高な任務は他にはない」との「子ども最優先の原則」が示されています。

このように、今日ではたんに救護だけではなく積極的に使用される言葉となっていますが、本条例の前文では、このような国際的な原則として提示しています。

第一章　総　則

▼趣旨

この章は、総則的な内容をまとめた内容となっています。まず、この条例を制定する目的を規定し、次に、この条例で使用している重要語句の定義をし、その上で、子どもの権利を保障するための市及び市民等の責務を定めています。また、条例を実施していく際に、市以外の機関への協力要請が必要なことを定め、制定された条例の内容理解や周知を図っていくための広報、学習、市民活動との連携等につき規定し、条例の内容が地域社会の中でより生かされていくことをめざしています。

▼解説

（目的）

第一条　この条例は、子どもの権利に係る市等の責務、人間としての大切な子どもの権利、家庭、育ち・学ぶ施設及び地域における子どもの権利の保障等について定めることにより、子どもの権利の保障を図ることを目的とする。

本条例の制定にあたって子どもの権利保障にとりくむ際の基本的な考え方を前文で提示したうえで、一条では、子どもの権利の保障を図る目的の下に本条例で定めている内容を、市等の責務、人間としての大切な子どもの権利、家庭、育ち・学ぶ施設及び地域における子どもの権利の保障等のいくつかの柱で例示したものです。

本条例が子どもの権利を考える際の基本的な理念としているものは、この解説の中でもしばしば引用している「子どもの権利条約」です。

前文においては本条例を制定する決意を宣言する際に、本条例が子どもの権利条約の理念に基づくことを明らかにしています。

この条約は、世界中で法的に拘束力をもつ歴史上初の子どもの権利のとりきめであり、この条約以前の国際条約のなかで規定されている内容を踏襲しさらに発展させ、子どもの権利をすべてひとつにまとめあげたものとなっています。

したがって、本条例において使用する「子どもの権利」は、この条約で規定されている権利が前提となっています。

（定義）
第二条　この条例において、次の各号に掲げる用語の意義は、それぞれ当該各号に定めるところによる。
(1)　子ども　市民をはじめとする市に関係のある十八歳未満の者その他これらの者と等しく権利を認めることが適当と認められる者
(2)　育ち・学ぶ施設　児童福祉法（昭和二二年法律第一六四号）に規定する児童福祉施設、学校教育法（昭和二二年法律第二六号）に規定する学校、専修学校、各種学校その他の施設のうち、子どもが育ち、学ぶために入所し、通所し、又は通学する施設
(3)　親に代わる保護者　児童福祉法に規定する里親又は保護受託者その他の親に代わり子どもを養育する者

子ども（一号）

本条例では、その適用範囲を十八歳未満とし「子ども」と定義しています。

適用年齢を十八歳未満とした背景には、「児童福祉法」、「児童の虐待等の防止に関する法律」、そして「子どもの権利条約」がその対象年齢を十八歳未満としていることがあります。「神奈川県青少年保護育成条例」も、対象者の上限を十八歳未満としています。

現在の日本では、十八歳未満の青少年に対する統一した呼称がなく、「児童」「少年」「青少年」「未成年」などの用語が用いられていますが、このような呼称は、必ずしも本条例の対象範囲との関係で適切ではありません。

「児童」という用語は児童福祉法では本条例と適用範囲をいつにしていますが、学校教育法上では「児童」とは小学校に在籍している子どもをさしています。そのため、日

本が批准した「児童の権利に関する条約」についても、広くは「子どもの権利条約」という呼称が容認され使用されています。

少年法は二十歳未満が対象であり、「少年」とは男子の呼称として使用されることもあります。「青少年」は二十歳をこえても使用され、「未成年」は二十歳未満をさしています。

このように、十八歳未満の青少年に対する統一した呼称がないことと同時に、「児童」という言葉がどちらかというと保護される対象としてのイメージが強く、権利を行使する主体性を表すには、「子ども」という用語の方がふさわしいということもあり、本条例では「子ども」という表現を用いています。そのため、本条例で用いている「大人」は、原則として十八歳以上のものをさすことになります。

「市に関係ある十八歳未満のもの」としては、市内在住、在勤、在学者を想定しています。ただし、市の機関（たとえば、児童相談所）が措置して市外の施設に入所している子どもは対象となります。入所後に便宜的に住所を市外に移している場合も同様です。市の児童相談所が措置したケースでは、入所中も措置変更などの手続きも継続して市の児童相談所が所管することになっているからです。また、入所の際に、困った場合には、本市の児童福祉審議会に相談する旨の「権利ノート」を持たせています。

「その他これらのものと等しく権利を認めることが適当と認められるもの」としては、高校三年生を想定しています。高等学校（全日制）では、通常十七歳と十八歳の生徒が三学年に在籍していることが一般的であることから、本条例を活用することで教育活動に支障のないように運用上で考慮できる余地を残しています（ただし、教育活動に支障のないように配慮することであって、十八歳の高校三年生をすべて条例上の「子ども」とするということではありません）。

骨子案の検討段階では、十八歳・十九歳が法律の谷間にあること（たとえば、本条例や「子どもの権利条約」「児童福祉法」で規定されている権利からは除外され、「民法」などの成人としての権利からも除外されている）の指摘があり、十八歳・十九歳が法のすき間になっていることをどうするか検討されましたが、条例で規定することは困難であり、今後の課題となりました。

育ち・学ぶ施設（二号）

本条例が対象とする「子ども」は〇歳～十八歳未満までをさし、子どもを生まれてから十八歳に達するまでの時間的な流れのなかに位置づけ、子どもの権利保障を考えています。

この期間の子どもの成長にかかわる施設の役割は大変重要であり、そこでの生活は子どもに大きな影響を及ぼすものです。

自分の家庭以外で子どもが生活する場であり、とりわけ意図的、継続的に子どもにかかわりをもち子どもの育つ権利や学ぶ権利の保障に努めている施設のうち、子どもが任意に利用するものではなく、入所や通所、または通学している施設を「育ち・学ぶ施設」として定義したものです。

児童福祉施設のおもなものとしては、保育所、児童養護施設、留守家庭児ホールなどがあり、学校関係では幼稚園、小学校、中学校、高等学校、ろう学校、養護学校、専修学校、各種学校があります。この定義のなかには民間のフリースクールも含めています。

親に代わる保護者（三号）

さまざまな理由から、親に代わり親としての役割を法的に認められ果たす立場の者を定義しています。

子どもの権利条約ではその三条二項において、まず基本的には親または法的に親に代わる者の権利および義務を考慮したうえで、国が子どもの福祉に必要な保護および養護を確保することを約束しています。

つまり、まずは親ができる限り子どもを養育することが大切なのであり、国は親が子どもを養育できるように支援するためにあらゆる努力をすべきだとしています。

子どもの福祉に必要な保護および養護の施設には「医療施設」「保健所」は入らず、児童福祉法七条がこれに該当し、本条例ではそれを受けて定義しています。

具体的には、里親または保護受託者をさし、その他の親に代わり子どもを育てる者としては親権代行者がこれに該当し、親権代行者の例としては、親自身が未成年者であり親権者たりえない場合に、祖父母や親戚のものがこれにあたる場合等が考えられます（なお、親、後見人がいない場合は、施設の長がこれにあたる場合もあります）。

（責務）

第三条　市は、子どもの権利を尊重し、あらゆる施策を通じてその保障に努めるものとする。

2　市民は、子どもの権利の保障に努めるべき場において、その権利が保障されるよう市との協働に努めなければならない。

3　育ち・学ぶ施設の設置者、管理者及び職員（以下「施設関係者」という。）のうち、市以外の施設関係者は、市の施策に協力するよう努めるとともに、その育ち・学ぶ施設における子どもの権利が保障されるよう努めなければならない。

4　事業者は、雇用される市民が養育する子ども及び雇用される子どもの権利の保障について市の施策に協力するよう努めなければならない。

市の責務（一項）

本条例制定のねらいである子どもの権利保障を進めるにあたって、市が果たさなければならない責務を規定しています。

市がその責務を果たすにあたっては、子どもの権利条約、法律及び本条例が示すところの子どもの権利がまず尊重されなければならず、そのうえで子どもの権利にかかわるあらゆる施策を通じ子どもの権利保障に努めることを市に義務づけた規定となっています。

なお、市が市へ義務づける規定のしかたは「〜するものとする」という表現を本市では用いています。

本条例で用いている「子どもの権利」を考える際には、子どもの権利条約の締約国である国と自治体との関係についても考えておく必要があります。

子どもの権利条約四条では、条約の締約国に対し条約の実施義務を課しています。この実施義務を負っているのは政府ですが、実施義務の内容を具体化する際には、その権限において自治体が果たさなければならないものもあります。憲法原則上は国と自治体は対等なものであり、子どもに関係する事柄の多くは自治体の権限に属することを考えると、政府が負っている義務とは別に、自治体にも条約の具体的実施に果たす責務があるといえます。

また、子どもの権利保障を現実的に進めるとなると、子どもが現に生活している身近な場や地域における権利実現こそが重要であり、地域社会に責任を負う自治体こそがこの分野で果たすべき役割がきわめて大きいといえます。

市民の責務（二項）

二項では、市民の責務として、市民それぞれがそれぞれの立場のなかで子どもの権利の保障に果たすべき責務を示していますが、子どもの権利保障は行政だけで担いきれるものではなく、すべての市民とともに役割を担いあっていくことが欠かせない視点となることの重要性を「市との協働」という表現で表しています。

市以外の施設関係者の責務（三項）

市以外のもので市内において「育ち・学ぶ施設」を設置し管理するもの、具体的には、民間の保育所や施設、私立学校、県立学校、各種学校、県立の施設などの責務を定めています。

設置者が教育委員会や経営者などで管理者が校長や施設長である場合など、設置者と管理者が異なる場合もあります。職員とは、それらの育ち・学ぶ施設で働く管理者以外のものをさします。

なお、市民である子どもで市外の施設や学校などに入所、通所、または通学している場合については、次の四条において市が協力を要請し働きかけをおこなうものとしています。

事業者の責務（四項）

市内で事業を営むものが、子どもの権利保障を進めるうえで雇用している市民に対して果たす責務を定めています。具体的には、子どもを養育している市民を雇用する場合と十五歳以上の子どもを雇用する場合に、子どもの権利の保障の観点から市の施策への協力を求める内容としています。

（国等への要請）

第四条　市は、子どもの権利が広く保障されるよう国、他の公共団体等に対し協力を要請し、市外においてもその権利が保障されるよう働きかけを行うものとする。

市が子どもの権利保障を進めていく際、場合によっては市だけでは進められない場合も想定されます。

たとえば、市の管轄範囲や権限を越えている場合がこれにあたりますが、そのような場合に市がなにもしないのではなく、積極的に協力を要請する等の働きかけをしていくことも必要となります。

要請していく相手としては、市内の子どもが入所、通所、または通学している他の公共団体、市外の民間施設や公的機関等の関係機関がありますが、法律などの関係では国に要請する場合も想定しています。

（かわさき子どもの権利の日）

第五条　市民の間に広く子どもの権利についての関心と理解を深めるため、かわさき子どもの権利の日を設ける。

2　かわさき子どもの権利の日は、十一月二十日とする。

3　市は、かわさき子どもの権利の日の趣旨にふさわしい事業を実施し、広く市民の参加を求めるものとする。

市が子どもの権利に関する条例を制定し子どもの権利保障を進めるにあたっては、広く子どもの権利について普及・啓発をし、市をあげて市民とともにその役割を果して いくことが大切です。

かわさき子どもの権利の日は、本条例の制定を記念するのみではなく、制定された条例を普及し、子どもの権利保障の取組を市と市民の協働の下に進めていくための日として定めています。もちろんこの日だけで取組が完結するわけではありません。

すでに国民の祝日となっている「子どもの日」とは自ずから趣旨が異なり、庇護される子どものイメージではなく、権利行使の主体者として子どもを位置づけ、子どもとともに本条例の趣旨にふさわしい事業の実施や権利の学習なども視野に入れています。

二項において、この子どもの権利の日を十一月二十日と定めていますが、この日は国連総会で子どもの権利条約が採択された記念の日でもあり、本市の子どもたちが川崎のなかだけでなく、世界の子どもたちとつながれる記念の日にもなるように考慮し、また、子どもたち自身も主体的なとりくみができるような活動が期待されます。

なお、この日を休日にすることは考えていません。

（広報）

第六条　市は、子どもの権利に対する市民の理解を深めるため、その広報に努めるものとする。

条例制定をもって子どもの権利保障がすむわけではなく、本条例を市民に活用できる実効性のあるものにしていくためには、子どもの権利についての普及・広報活動がきわめて大であることから規定したものです。

「子どもの権利について」の普及・広報を考える際には、本条例の内容はもちろんのこと、「子どもの権利条約」の広報も欠かせないものとなります。

子どもの権利条約四二条では「適当かつ積極的な方法でこの条約の原則及び規定を成人及び児童のいずれにも広く知らせること」を義務づけていますが、日本政府の報告審査に基づき国連子どもの権利委員会が公表した総括所見のなかには、「委員会は、条約の規定が児童及び成人の双方に広く知られ理解されることを確保するために一層大きな努力が締約国により払われるように勧告する」（総括所見　D．提案及び勧告33）という内容が含まれています。

このようなことから、「子どもの権利条約」や本条例をはじめとする子どもの権利についての市民の理解を深め、おとなの子ども観を問い直していくとともに、子どもたち自身が権利について学習することの意義を考えると、広報の役割は大変重要であるといえます。

（学習等への支援等）

第七条　市は、家庭教育、学校教育及び社会教育の中で、子どもの権利についての学習等が推進されるよう必要な条件の整備に努めるものとする。

2　市は、施設関係者及び医師、保健婦等の子どもの権利の保障に職務上関係のある者に対し、子どもの権利についての理解がより深まるよう研修の機会を提供するものとする。

3　市は、子どもによる子どもの権利についての自主的な学習等の取組に対し、必要な支援に努めるものとする。

学習の条件整備（一項）

一項は、家庭教育、学校教育、社会教育のそれぞれの分野で、子どもの権利についての学習等が推進される際の条件整備を、市に義務づけたものです。

子どもの権利についての学習内容としては、六条の解説のなかでもふれているように、「子どもの権利条約」や本条例の内容も含めて考えています。

研修の機会（二項）

二項は、とりわけ子どもの権利に深くかかわりを持つ職業に従事している者に対し、子どもの権利についての理解を求めそのための研修機会の提供を市に求めたものです。

前述の六条でみた国連子どもの権利委員会の総括所見では、子どもの権利に関する体系的な訓練及び再訓練のプログラムが組織されるべき対象として「警察の構成員、治安部隊及びその他の法執行官、司法職員、弁護士、裁判官、すべての教育段階の教師及び学校管理者、ソーシャルワーカー、中央または地方の行政官、児童養護施設職員、心理学者を含む保健・医療職員を含め、すべての職業集団」をあげていますが（総括所見　D提案及び勧告三三）、本条例の二項では市において特に重視される職業を挙げた規定にしています。

子どもの自主的学習（三項）

三項は、子どもが自主的に子どもの権利について学習するにあたって、市が支援に努める内容となっています。

条例骨子案の検討作業のなかで、職務上子どもの権利にかかわりのある者が研修するだけではなく、当事者である子どもたち自身が積極的に学習し、自分たちの問題としてとりくんでいく必要があるとの指摘が調査研究委員会の子ども委員からなされ、それを受けて規定した内容となっています。

なお、この条における「子どもの権利についての学習等」の内容としては、六条の広報及び七条第一項第二項と同様に、「子どもの権利条約」や本条例を含めた権利の理解を図ることを想定しています。

(市民活動への支援)

第八条 市は、子どもの権利の保障に努める市民の活動に対し、その支援に努めるとともに、子どもの権利の保障に努める活動を行うものとの連携を図るものとする。

民間で子どもの権利保障のためのボランティア活動を進めている市民―個人の場合、民間NPO・NGOなどの団体の場合もある―との連携の意義と必要性とともに、それらの民間活動を進めているものへの市の支援につき定めています。

支援の具体例としては、活動の場の提供、人材の支援、財政的な支援、情報の提供及び広報、連携・協力事業の開催などがあります。

子どもの権利の保障のとりくみでは、行政とは異なる立場からの民間の活動が大変重要な役割を果たしており、行政でしかできない役割と民間の自主的、機能的な役割との連携を図っていくことが、子どもの権利保障を進めるにあたっては、今後ますます重要なものとなると思われます。

第二章　人間としての大切な子どもの権利

▼趣旨

この章は、川崎における子どもたちの状況をふまえ、条例骨子案の検討作業のなかで表明された子どもたちの思いや願いを受けとめ、とりわけ川崎の子どもたちにとって大切に尊重されるべき権利を宣言する形で整理しています。

したがって、子どもの権利条約や日本国憲法で保障されている子どもの権利をすべてこの第2章にまとめて列挙したものではなく、また、この章にとりあげた権利だけが、他の章で使用している権利の定義でもありません。

また、まとめるにあたっては子どもたちの表現も参考にしており、本条例の特色の一つとなる権利の宣言を示した章となっています。

▼構成

二章では、まず九条で、この章でまとめている権利が子どもにとってとりわけ大切なものとして保障されなければならないことをおさえ、次の一〇条から一六条で、その具体的な内容を子どもの権利条約や憲法で規定されている権利を根拠として七つの内容にまとめていますが、本条例により新しい権利を創出したものではありません。

七つの内容にまとめる際の根拠づけとなる個々の権利規定については、おもには子どもの権利条約に基づいていますが、まとめるにあたっては引用している権利の重複もあり、また個々の権利が意図しているものを積極的に解釈して表現しているものもあります。

▼解説

（子どもの大切な権利）

第九条　この章に規定する権利は、子どもにとって、人間として育ち、学び、生活をしていく上でとりわけ大切なものとして保障されなければならない。

九条は、次の一〇条から一六条までの規定を導くもので、一〇条から一六条までに整理し掲げられた権利が、子どもにとって大切な権利であると同時に、市及び市民としても大切にしていくことが求められる権利であることを定めたものです。いわば、この章全体の位置づけをした規定となっています。

なお、二章の各条文のなかで「保障されなければならない」という規定の仕方をしていますが、これは、権利は保障されなければならないという一般的な原則を示したものですが、この章で示している権利は、他の章で規定している権利を念頭に置きながら、重要と思われる権利の主要なものを宣言したものとなっています。

ほかのさまざまな権利とともに、この章で提示している大切な子どもの権利を保障していくためには、国や自治体が努力するのはもとより、行政とともに市民レベルでの権利保障の努力も求められています。

（安心して生きる権利）

第一〇条　子どもは、安心して生きることができる。

そのためには、主として次に掲げる権利が保障されなければならない。
(1) 命が守られ、尊重されること。
(2) 愛情と理解をもってはぐくまれること。
(3) あらゆる形態の差別を受けないこと。
(4) あらゆる形の暴力を受けず、又は放置されないこと。
(5) 健康に配慮がなされ、適切な医療が提供され、及び成長にふさわしい生活ができること。
(6) 平和と安全な環境の下で生活ができること。

子どもが安心して生きるために主として保障されなければならない権利を、次の一号から六号までに掲げて「安心して生きる権利」という標題をつけてまとめています。

つまり、一号から第六号までの権利が保障されるなかで、子どもは安心して生きることができる、という構成となっています。以下一六条まで、この一〇条と同様なまとめ方をしています。

安心して生きるために主として保障されるべき権利としては、子どもの権利条約で規定されているものを根拠にしていますが、権利によってはその意図をわかりやすく解釈して表現しているものもあります。ただし、六号はおもに日本国憲法を根拠としています。

〈対応する憲法、条約など〉

・一号は子どもの権利条約六条〔生命への権利〕に対応しています。
・二号は同条約七条〔親を知り養育される権利〕のほかに前文、八条、九条、一〇条、一八条に対応しています。「愛情と理解をもって育まれる」としているのは、国連子どもの権利宣言以来の子どもの権利の理念であり、乳幼児の権利、家庭における子どもの権利を意識しています。
・三号は同条約二条〔差別の禁止〕に対応しています。
・四号は同条約一九条〔親による虐待・放任・搾取からの保護〕の他に三七条に対応しています。
・五号は同条約二四条〔健康・医療への権利〕に対応しています。「成長にふさわしい生活」とは、条約二四条、二五条、二六条、二七条の社会保障を念頭においた表現となっています。
・六号は同条約の前文、日本国憲法の前文・九条・二五条に対応しています。

（ありのままの自分でいる権利）

第一一条　子どもは、ありのままの自分でいることができる。そのためには、主として次に掲げる権利が保障されなければならない。

(1)　個性や他の者との違いが認められ、人格が尊重されること。

(2)　自分の考えや信仰を持つこと。

(3)　秘密が侵されないこと。

(4)　自分に関する情報が不当に収集され、又は利用されないこと。

(5)　子どもであることをもって不当な取扱いを受けないこと。

(6)　安心できる場所で自分を休ませ、及び余暇を持つこと。

子どもがありのままの自分でいるために保障されなければならない権利を、次の一号から六号までに掲げて、「ありのままの自分でいる権利」という標題をつけてまとめています。つまり、一号から六号までの権利が保障されるなかで、子どもはありのままの自分でいることができる、という構成となっています。

ここでいう「ありのままの自分」とは、独立した人格と尊厳性がそのまま大切に認められ、だれもがその子として生きていくことの大切さをメッセージとして表現したものであり、そのまま向上しないでよいという意味ではありません。

なお、まとめにあたっては、全市の子ども集会における子どもたちの次のように訴えを受けとめ参考にしたものでもあります。

「わたしたちは、一人ひとりが個性をもち、さまざまな生き方をしています。けれども、成績やからだのことで悩んだり、性別や国籍、障害などを理由に、いじめや差別にあったり、また一人で心を痛め、苦しんでる子どももいます。いま求められているのは、一人ひとりの違いが個性として認められ、自分が自分であることを大切にされることです。わたしたちも自分を大切にし、他の人も大切にしなければなりません。」（一九九九年十二月川崎子ども集会アピールの一部）

ありのままの自分でいるために主として保障されるべき権利としては、子どもの権利条約で規定されているものを根拠にしていますが、権利によってはその意図をわかりやすく解釈して表現しているものもあります。

〈対応する憲法、条約など〉

・一号は子どもの権利条約二条、一六条、日本国憲法一三条に対応しています。

・二号は同条約一四条〔思想・良心・宗教の自由〕に対応しています。

・三号は同条約一六条〔プライバシー・通信・名誉の保護〕に対応しています。なお、プライバシーの権利を子どもにも実感できるように「秘密」という言葉で表現しています。このプライバシーの権利は、「私生活」や市民個人の情報、個人的な活動として守りたいものなど広く含む用語として定着しています。

・四号は同条約一六条〔プライバシー・通信・名誉の保護〕に対応しています。

・五号は同条約二条〔差別の禁止〕の他に同条約前文に対応しています。

・六号は同条約三一条〔休息・余暇等の権利〕に対応しています。

〈自分を守り、守られる権利〉

第一二条　子どもは、自分を守り、又は自分が守られることができる。そのためには、主として次に掲げる権利が保障されなければならない。

(1)　あらゆる権利の侵害から逃れられること。

(2)　自分が育つことを妨げる状況から保護されること。

(3)　状況に応じた適切な相談の機会が、相談にふさわしい雰囲気の中で確保されること。

(4)　自分の将来に影響を及ぼすことについて他の者が決めるときに、自分の意見を述べるのにふさわしい雰囲気の中で表明し、その意見が尊重されること。

(5)　自分を回復するに当たり、その回復に適切でふさわしい雰囲気の場が与えられること。

子どもが自分を守り、また守られるために保障されなければならない権利を、次の一号から五号までに掲げて「自分を守り、守られる権利」という標題をつけてまとめています。つまり、一号から五号までの権利が保障されるなかで、子どもは自分を守り、また守られることができる、という構成となっています。

「守られる」とは、子どもはすべての者から守られ、また守られることを要求できる、〈保護を受ける権利〉という意味で使用しています。

〈対応する憲法、条約など〉

・一号は子どもの権利条約三五条・三七条・四〇条をはじめとする権利侵害からの保障を内容とする条約の規定に対応しています。

・二号は同条約三二条・三三条・三四条・三六条・三八条に対応しています。「育つことを妨げる状況」の具体例としては、児童労働、薬物、虐待、搾取などがあげられます。

・三号は同条約一二条・一六条・三七条・四〇条に対応しています。

・四号は同条約一二条に対応しています。

・五号は同条約三九条に対応しています。「回復にふさわしい雰囲気」とは、たんに物理的な場所だけではなく、回復の支援にふさわしい精神的・心理的な環境、人間関係全般も含めて考えています。

〈自分を豊かにし、力づけられる権利〉

第一三条　子どもは、その育ちに応じて自分を豊かにし、力づけられることができる。そのためには、主として次に掲げる権利が保障されなければならない。

(1)　遊ぶこと。

(2)　学ぶこと。

(3)　文化芸術活動に参加すること。

(4)　役立つ情報を得ること。

(5)　幸福を追求すること。

子どもが自分を豊かにし、力づけられるために保障されなければならない権利を、次の一号から五号までに掲げて「自分を豊かにし、力づけられる権利」という標題をつけてまとめています。つまり、一号から五号までの権利が保障されるなかで、子どもは自分を豊かにし、力づけられることができる、という構成となっています。

力づけられるとは、子どもが自らに自信をもち自らを否定的にとらえず自尊感情がもてるように力づけられること（エンパワーメント）を意味しており、その子の成長に応じた形でのこのような勇気づけを受けるなかで、子どもは自分を高め豊かにしていくことができるものととらえています。このエンパワーメントを、ここでは「力づけられる」と表現しています。

子どもに対して「自分自身の力への気づき」と「自分自

身の力での克服・解決」を支援する営み全般を、この表現で意図しています。

骨子案の検討段階では、子どもがさまざまな事情により児童相談所などに一時保護された際に、現状の制度では学習支援ができないという実状について指摘がありましたが、一時保護の目的が学習支援ではないこともあって、条例では解決が困難な課題として残っています。

自分を高め豊かにしていくために必要とされる権利として(1)～(5)までを掲げています。

〈対応する憲法、条約など〉

・一号は子どもの権利条約三一条〔休息・余暇、遊び、文化的・芸術的生活への参加〕に対応しています。
・二号は同条約二八条〔教育への権利〕・二九条に対応しています。
・三号は同条約三一条〔休息・余暇、遊び、文化的・芸術的生活への参加〕に対応しています。
・四号は同条約一三条〔表現・情報の自由〕・一七条〔マスメディアへのアクセス〕・二八条に対応しています。
・五号は日本国憲法一三条に対応しています。

> **（自分で決める権利）**
>
> **第一四条**　子どもは、自分に関することを自分で決めることができる。そのためには、主として次に掲げる権利が保障されなければならない。
>
> (1)　自分に関することを年齢と成熟に応じて決めること。
>
> (2)　自分に関することを決めるときに、適切な支援及び助言が受けられること。
>
> (3)　自分に関することを決めるために必要な情報が得られること。

子どもが自分に関することを自分で決めるために保障されなければならない権利を、次の第一号から第三号までに掲げて「自分で決める権利」という標題をつけてまとめています。つまり、一号から三号までの権利が保障されるなかで、子どもは自分に関することを自分で決めることができる、という構成となっています。

自分に関することを決定していく過程に当事者である子ども自身がかかわり、自ら意思表示をし、そのことが尊重されなければならないことを子どもの権利条約で定めており、「子どものためだから」ということを口実に、おとなが勝手に子どものことを決めて行動することは認めていません。

この一四条の自己決定をめぐる内容については、骨子案のとりまとめにあたった調査研究委員会と検討連絡会議においてかなり時間をかけた議論が続きました。「自分で決める」という表現で誤解されないか、無理はないか、「自分で決め、自分で責任を負える人間になれるように支援を受ける権利」ではどうか、「自分で決められるようになる権利」はどうかなど、さまざまな議論がありましたが、いまの子どもたちにとっては、小さい時からまず自分自身で考え、自分で判断し、選択し決めていくという道筋を大切にしていくことが求められているということから、このようなまとめ方に落ちつきました。

成長の途上にある子どもであっても、自分にかかわることを自分で決めていこうとする意欲や態度を育んでいくことがいまの子どもたちにとって非常に重要な意義をもち、このことができるように支援していくことが望まれます。

当然、子どもが勝手になんでも決めることができるという趣旨のものではありません。

〈対応する憲法、条約など〉

・一号は子どもの権利条約一二条〔意見表明権〕に対応しています。

・二号は同条約五条〔親の指導の尊重〕のほかに一二条に対応しています。

・三号は同条約一三条〔表現・情報の自由〕及び一七条〔マスメディアへのアクセス〕に対応しています。

（参加する権利）

第一五条 子どもは、参加することができる。そのためには、主として次に掲げる権利が保障されなければならない。

(1) 自分を表現すること。

(2) 自分の意見を表明し、その意見が尊重されること。

(3) 仲間をつくり、仲間と集うこと。

(4) 参加に際し、適切な支援が受けられること。

子どもが参加することができるために保障されなければならない権利を、次の一号から五号までに掲げて「参加する権利」という標題をつけてまとめています。

つまり、一号から五号までの権利が保障されるなかで、子どもは参加することができるという構成となっています。

「参加」とは、なにごとにも受け身になりがちないまの子どもにとって、能動的な行動、まわりに自発的に働きかける行為全般を権利行使の前提として確保することを意図して用いており、そのなかで〝権利としての参加〟を問う場面では、様々な社会の意思決定への関与を含むことが想定されています。

〈対応する憲法、条約など〉

・一号は子どもの権利条約一三条〔表現・情報の自由〕に対応しています。

・二号は同条約一二条〔意見表明権〕の他に一三条に対応しています。意見表明権は、たんに「意見を聴く機会」の保障としてではなく、いかにして子どもの意見を尊重し生かしていけるかにかかっています。

・三号は同条約一五条〔集会・結社の自由〕に対応しています。

・四号は同条約一二条〔意見表明権〕のほかに二九条に対応しています。ここでいう「社会へ参加する権利」とは、社会を構築する場への参加など積極的な意味をもたせています。

・五号は同条約一二条の他に五条に対応しています。参加に際しての適切な支援とは、具体的には参加に必要な方法や手続き、情報を得る力をつけるような支援を想定しています。

（個別の必要に応じて支援を受ける権利）

第一六条 子どもは、その置かれた状況に応じ、子どもにとって必要な支援を受けることができる。そのためには、主として次に掲げる権利が保障されなければならない。

(1) 子ども又はその家族の国籍、民族、性別、言語、宗教、出身、財産、障害その他の置かれている状況を原因又は理由とした差別及び不利益を受けないこと。

(2) 前号の置かれている状況の違いが認められ、尊重される中で共生できること。

(3) 障害のある子どもが、尊厳を持ち、自立し、かつ、社会への積極的な参加が図られること。

(4) 国籍、民族、言語等において少数の立場の子どもが、自分の文化等を享受し、学習し、又は表現することが尊重されること。

(5) 子どもが置かれている状況に応じ、子どもに必要な情報の入手の方法、意見の表明の方法、参加の手法等に工夫及び配慮がなされること。

子どもが、その置かれた状況に応じて必要な支援を受けるために保障されなければならない権利を、次の一号から五号までに掲げて「個別の必要に応じて支援を受ける権利」という標題をつけてまとめています。

ただし、この一六条は他の一〇条から一五条までの構成とはやや異なり、一号及び二号において子どもの置かれた状況の違いによって差別を受けないという原則を提示し、三号及び四号は、個別の支援が必要となる代表的な内容につき規定しています。

一、二号について

一号で、差別や不利益を被る理由とされない例示をいくつか具体的にあげていますが、これは、子どもの権利条約二条「差別の禁止」と日本国憲法一四条をおもな根拠規定としています。

骨子案の検討段階では、提示する例としてどこまで書き込んだらよいのか、いろいろ議論がありました。人権にかかわる問題では、社会のなかで少数の立場や弱い立場に置かれているものが偏見や差別に傷つき悩んでいるという実情があるからです。

たとえば、一号に例示した以外に、国籍では把握できない民族性や文化的な背景をもつ子ども、性的マイノリティ、病気感染者、非行などからの立ち直りの支援などいろいろ議論がありましたが、最終的には第一号の例示にとどめ、ほかは「その他の置かれている状況」という表現としました。

二号は、たんに差別を受けないというだけでなく、川崎市がこれまで進めている共生の視点を折り込み、さらに子どもたちの願いとして訴えの強かった「違いが認められ尊重されること」を受けとめた内容としています（全市子どもアピール参照）。

三、四号について

差別の禁止にかかわる規定として第一号において例示しているもののうち、障害のある子どもの権利と文化的なマイノリティ（少数者）の権利を、三号・四号として別途独立の規定として設けています。

個別の支援が必要な例としてもっとも代表的であり子どもの権利条約でもそれぞれ条文として規定し保障していることを受け、また市が力を入れてとりくんできている経緯もふまえ、この二つの個別の権利を提示しています。

この、障害のある子どもの権利と文化的なマイノリティ（少数者）の権利については、条例骨子案の検討のなかで、多くの方々から積極的な意見をいただき、最終的にこのような位置づけとなりました。

なお、この一六条に関連し、「不登校」をめぐる問題についてもいろいろ議論がありましたが、条例でとりあげることで、また「不登校」というくくり方そのものが新たな決めつけや制約になりかねないということから、条例骨子案のなかでもあえて「不登校」をめぐる内容規定を避けた経緯がありました（ただし、「学ぶ権利」の保障としては、多様な学びのスタイルがあることへの理解が示されています）。

五号について

五号は、情報の入手、意見の表明や参加にあたって、子どもの置かれた状況により（たとえば障害のあることや言語の違いなどにより）支障がないようにするための規定となっています。

具体的には、子どもの置かれた状況に応じた情報の伝達方法を工夫したり、意見表明のしやすい環境や手だての工夫、参加しやすい場づくりなどの配慮をすることが求められます。

〈対応する憲法、条約など〉

・一号は子どもの権利条約第二条〔差別の禁止〕に対応しています。「差別及び不利益を受けない」としているのは、差別そのものを受けないとともに差別にともなう不利益も受けないという意味です。

・二号は同条約二条〔差別の禁止〕・二九条・三〇条に対応しています。差別の禁止が意図しているものを積極的に解釈するとともに共生をめざす市の姿勢を加味して定めています。

・三号は同条約二三条〔障害のある子どもの権利〕に対応しています。

・四号は同条約二九条〔教育の目的〕・三〇条に対応しています。

・五号は同条約一二条・一七条・二三条・二九条・三〇条に対応しています。

第三章　家庭、育ち・学ぶ施設及び地域における子どもの権利の保障

▼趣旨

この章では、子どもが生活している場における権利の保障のあり方や関係を、「家庭」「育ち・学ぶ施設」「地域」という三つの領域に分け、それぞれを節に分け整理しています。

抽象的な概念としてとらえられがちな「子どもの権利」を、子どもが現に生活している場や子どもの目線からとらえたいということから、このようなまとめ方をしたものです。

各節の内容構成にあたっては、それぞれの場が子どもの権利の保障に果たす役割や責務について示すとともに、保護者、職員、地域住民などがすべきことと、そのための支援の内容等をまとめています。

▼解説

第一節　家庭における子どもの権利の保障

子どもの生活の場に即してその権利の保障のあり方を考えるにあたって、第一節ではまず子どもの基本的な生活の場である「家庭」をとりあげています。

（親等による子どもの権利の保障）

第一七条　親又は親に代わる保護者（以下「親等」という。）は、その養育する子どもの権利の保障に努めるべき第一義的な責任者である。

2　親等は、その養育する子どもが権利を行使する際に子どもの最善の利益を確保するため、子どもの年齢と成熟に応じた支援に努めなければならない。

3　親等は、子どもの最善の利益と一致する限りにおいて、その養育する子どもに代わり、その権利を行使するよう努めなければならない。

4　親等は、育ち・学ぶ施設及び保健、医療、児童福祉等の関係機関からその子どもの養育に必要な説明を受けることができる。この場合において、子ども本人の情報を得ようとするときは、子どもの最善の利益を損なわない限りにおいて行うよう努めなければならない。

一項、二項について

家庭における子どもの権利の保障では、親と子どもの権利の関係を整理する必要があります（この『解説』のなかで「親」というときは、原則として「親に代わる保護者」も含めています）。

子どもの権利条約の一八条では、子どもの養育及び発達に対する第一義的な責任は親にあり、子どもの最善の利益が親の基本的な関心となるべきであり、国はこの親の養育責任を援助する立場にあることが定められています。

本条例二条の解説でもふれたように、同条約ではその三条二項においてまず基本的には親または法的に親に代わる者の権利及び義務を考慮し、国が子どもの福祉に必要な保護および養護を確保することを約束しています。

また、同条約の五条において、親は子どもが自らの権利を行使するにあたって、子どもの発達しつつある能力に応じて適当な指示及び指導をおこなう責任と権利及び義務を有しており、そのことを尊重するとしています。

つまり、子どもが権利を行使するのを親が支え支援するために親に与えられている権利―責任、義務でもあるわけですが―として、その子どもに対して適切な指示及び指導をすることを認めているわけです。

この一七条の一項ではまず親の養育責任について規定し、そのうえで二項において親がその子どもの権利行使にあたって果たす役割を、上でのべたように、子どもの権利行使を支援していく視点からまとめているものです。

三項について

三項は、子どもの権利行使を親が支え支援していくにあたって、子ども自身による権利行使が困難な場合は親がその代わりに権利を行使するという内容を規定しています。

子ども自身による権利行使が困難なケースとしては、子どもが乳幼児や障害のある場合や病気の場合等が想定されますが、親がその子どもの権利行使を代理する際には親の勝手な都合ではなく「子どもの最善の利益」が求められることとしています。

四項について

四項では、親がその養育責任を果たすにあたって、その子どもの養育上必要な情報を関係機関から入手でき、養育に必要な説明を受けることができることを規定しています。

ここで想定している関係機関は、おもには保健・医療機関や乳幼児施設などです。養育上必要な情報の具体例としては、児童福祉施設における生活状態や児童相談所の措置の状況、保健所や病院における健康状態や医師の診断などをさしています（学校にかかわる情報などは、三章二節で定めています）。

この四項においても、「子どもの最善の利益を損なわない限り」という条件をつけており、親と子どもの利害が衝突することのないように、また、子どもの不安感をなくし施設や機関との円滑な関係を築き信頼を損なわないようにすることをめざしています。

（養育の支援）

第一八条　親等は、その子どもの養育に当たって市から支援を受けることができる。

２　市は、親等がその子どもの養育に困難な状況にある場合は、その状況について特に配慮した支援に努めるものとする。

３　事業者は、雇用される市民が安心してその子どもを養育できるよう配慮しなければならない。

一七条において、子どもの養育責任が親にあり、その養育責任を果たすにあたってはその子どもの権利行使を親が支援しなければならないことを規定しました。

この一七条を受けて、一八条一項では、親がその養育責任を果たすための支援に市が努めなければならないことを規定しています。子どもの養育は、社会にとっても重要な営みであり、親がその責任をはたせるように社会全体で支えていく視点が大切になります。

市の支援策の具体例としては、子育て相談、保育サービス、学校教育のほか、児童手当てや医療費補助などの経済的負担の軽減など、市が実施している多様な子育て支援に関する施策があげられます。

この一項も、前条の説明でふれた子どもの権利条約一八条の規定をふまえたものとなっています。

二項では、親への養育支援を市がおこなう際に、親がその子どもの養育に困難な状況にある場合の支援につき定めたものです。

困難な状況として想定される例としては、ひとり親家庭、経済的に困難な家庭、保護者に重い病気や障害のある場合、子どもを放置しがちな家庭などが想定されますが、それぞれのケースに応じた支援策が必要となります。

三項では、市の支援とは別に、事業所に対して雇用する市民の養育支援を求める内容となっています。一章総則において三条四項にも規定がありますが、ここで養育支援上の配慮として想定している例としては、育児休暇取得の奨励や単身赴任時の負担の軽減、保育園への送迎の際の時間的な配慮などがあげられます。

（虐待及び体罰の禁止）

第一九条　親等は、その養育する子どもに対して、虐待及び体罰を行ってはならない。

子どもの権利条例骨子案の検討作業において、虐待問題への市民の関心は深く、またかなり時間をかけた審議をしてきましたが、答申内容の最終まとめの段階で、国において「児童虐待の防止等に関する法律」(二〇〇〇〔平成一二〕年五月成立、十一月二十日施行。以下、「虐待防止法」という)が成立したこともあり、本条例の虐待に関する規定は、その「虐待防止法」と整合性を図る形で整理しました。したがって、当初骨子案で検討していた内容で「虐待防止法」にゆだねているものもあります。

「虐待防止法」二条では、虐待について、次のように定義しています。

1　児童の身体に外傷が生じ、又は生じるおそれのある暴行を加えること。

2　児童にわいせつな行為をすること又は児童をしてわいせつな行為をさせること。

3　児童の心身の正常な発達を妨げるような著しい減食又は長時間の放置その他の保護者としての監護を著しく怠ること。

4　児童に著しい心理的外傷を与える言動を行うこと。

本条例では親の虐待のみにとどまらず、親の懲戒権を逸脱した体罰の禁止についてもふみこんで規定しています。その背景としては、虐待が「しつけとしての体罰」という名目でおこなわれていることがあります。どこまでが「しつけ」で、どこからが体罰なのか虐待なのか判然としない面もありますが、虐待事例をみると、「しつけとしての体罰」が日常化していくことで暴力がエスカレートし虐待にいたっているケースが多くみうけられます。

子どもが最初に出会う社会は家庭であり、人権にかかわる意識や他者の権利との関係性を身につけていく素地も、まずは親子の信頼関係を基盤として培われていくものであることを考えると、その親から虐待を受けることがどれほどの傷を子どもに与えるか、はかりしれないものがあります。

このようなことから、審議のなかで、また市民討議等のなかでも、体罰によらないしつけを支援しめざしていこうということとなり、この一九条にその旨の規定をしています。

罰則規定を設けないのかという市民意見もありましたが、本条例は子どもや親等の支援条例をめざしているため、条例全体を通じて罰則は設けていません。

(虐待からの救済及びその回復)

第二〇条　市は、虐待を受けた子どもに対する迅速かつ適切な救済及びその回復に努めるものとする。

2　前項の救済及びその回復に当たっては、二次的被害が生じないようその子どもの心身の状況に特に配慮しなければならない。

3　市は、虐待の早期発見及び虐待を受けた子どもの迅速かつ適切な救済及びその回復のため、関係団体等との連携を図り、その支援に努めるものとする。

一項、二項について

児童虐待が国内で深刻な問題としてとりあげられるようになり、本市においても例外ではなく、なんとか子どもを救済できないかという市民意見も多く寄せられました。

子どもは、虐待を受けていても、それを訴え救済を求める手段や方法がわからなかったり、救いを求める行動をおとなのようにはとらない、また、とれないという面があり、周囲が気づいた時には手遅れになるケースも多々みられます。

このような背景をふまえ、虐待にあっている子どもの救済について、一項においては速やかな救済と回復にあたっての配慮を規定しています。

なお、一九条とは異なり二〇条では「虐待からの救済」として体罰をはずしています。一九条では親による体罰を禁止するという規定を設けていますが、成立した「虐待防止法」の救済にかかわる規定との関係を整理し、ここでは「虐待からの救済」としています。

虐待により心身に深い傷を負っている子どもの救済や回復にあたって、時に二次的被害が生じることもあります。二次的被害の例としては、虐待を受けたことで大きなショックを受けているにもかかわらず、子どもからの配慮ない事情聴取のしかたで新たに精神的な傷を負わせてしまうとか、虐待の情報が子どもの周辺にもれることで子どもの人間関係に溝をつくってしまうことなどがあります。

このような二次的被害を未然に防ぐねらいから、二項において、そのことへの配慮の必要性につき規定しています。

三項について

緊急時のシェルター的な機能や一項でのべたような迅速性を確保するためには、児童相談所のような公的機関だけでは物理的・時間的に制約があります。この分野ではとりわけ関係団体などと市との相互の連携が必要となっています。このため三項では、救済にあたっての市と関係団体などとの連携とその支援につき規定しています。

関係団体などとしては、民間のシェルターや弁護士会、医師、かけ込み寺的な個人宅などを想定しています。

虐待発見時の通告義務、虐待予防としての親支援などについては「虐待防止法」に準じており、本条例としては規定せず「虐待防止法」にゆだねています。

なお、本市では、二〇〇〇（平成一二）年六月一日より、家庭や地域における児童虐待に関する相談を夜間や休日にも受けることができるようにし、緊急対応が必要と思われる場合には、児童相談所と連携し、緊急保護等の対応も可能な川崎市児童虐待防止センター事業をスタートさせています。

虐待発見時の通告義務、虐待予防としての親支援などについては「虐待防止法」に準じており、本条例としては規定せず「虐待防止法」にゆだねています。

第二節　育ち・学ぶ施設における子どもの権利の保障

子どもの生活の場に即してその権利の保障のあり方を考えるにあたって、二節では、家庭とは異なる場で子どもの育ちや学びにかかわりをもつ施設（具体的には、子どもが任意に利用するものではなく、入所や通所、通学しながら、学び生活している種々の学校や保育園、児童養護施設など）をとりあげています。

文言としてはありませんが、育ち・学ぶ施設が子どもの育ちや学びの保障に際し大変重要な役割を果たす立場にあることが、この二節の前提としてふまえられています。

すでに本市において他の条例などで定められているものや実施されているものも二節の内容として含まれていますが、子どもの権利保障の観点から本条例の内容として再整理し明示する必要があると判断したものも規定することにしました。

> **（育ち・学ぶ環境の整備等）**
>
> **第二一条**　育ち・学ぶ施設の設置者及び管理者（以下「施設設置管理者」という）は、その子どもの権利の保障が図られるよう育ち・学ぶ施設において子どもが自ら育ち、学べる環境の整備に努めなければならない。
>
> 2　前項の環境の整備に当たっては、その子どもの親等その他地域の住民との連携を図るとともに、育ち・学ぶ施設の職員の主体的な取組を通して行われるよう努めなければならない。

二一条では、まず一項において、子どもが生き生きとした環境のもとで育ち学ぶことができるような環境整備を、その設置者、管理者に求める内容を規定しています。

この一項を受け、二項においては、環境整備を図るにあたっての親や地域住民との連携の必要性とともに育ち・学ぶ施設の職員の主体的な取組の重要性を定めています。

この場合、整備に努める環境とは物理的な場所だけをさすのではなく、人間関係などの精神的なものも含んだ環境をさしています。

主体的なとりくみとは、画一的に決められたことを決められた通りにするだけではなく、その場における子どもの状況にもっともふさわしい活動を、子どもの主体性をより生かすために、職員が自らの発意を生かしてとりくんでいくという姿勢を表しています。

（安全管理体制の整備等）

第二二条　施設設置管理者は、育ち・学ぶ施設の活動における子どもの安全を確保するため、災害の発生の防止に努めるとともに、災害が発生した場合にあっても被害の拡大を防げるよう関係機関、親等その他地域の住民との連携を図り、安全管理の体制の整備及びその維持に努めなければならない。

2　施設設置管理者は、その子どもの自主的な活動が安全の下で保障されるようその施設及び設備の整備等に配慮しなければならない。

この二二条では、育ち・学ぶ施設の安全配慮義務につき規定しています。

一項では、授業や行事等における子どもの活動そのものが事故なく安全におこなわれなければならないという活動上の安全配慮義務であり、活動にあたっての災害発生防止とともに事故などの災害が発生した際に被害の拡大を防止するための関係機関や親、地域住民との連携などの管理体制の整備を内容としています。

安全管理体制の整備の例としては、安全指導や事故防止マニュアルの作成、関係者との連携体制などがあげられますが、通学時の安全管理も含めて考えています。

一方二項では、授業や行事以外の子どもの発意に基づく自主的な活動であっても、その活動が事故なく安全におこなうことができるように、施設・設備の整備などに努めることを定めています。

（虐待及び体罰の禁止等）

第二三条　施設関係者は、その子どもに対し、虐待及び体罰を行ってはならない。

2　施設設置管理者は、その職員に対し、子どもに対する虐待及び体罰の防止に関する研修等の実施に努めなければならない。

3　施設設置管理者は、子どもに対する虐待及び体罰に関する相談をその子どもが安心して行うことができる育ち・学ぶ施設における仕組みを整えるよう努めなければならない。

4　施設関係者は、虐待及び体罰に関する子どもの相談を受けたときは、子どもの最善の利益を考慮し、その相談の解決に必要な者、関係機関等と連携し、子どもの救済及びその回復に努めなければならない。

一項について

学校教育法ではその一一条において体罰を禁止しており、学校における懲戒には当然体罰は含まれていませんが、育ち・学ぶ施設における体罰は子どもの権利との関係では依然として重要な課題であるため、一項において、まず体罰禁止規定を置いています。

体罰の定義については、「身体に対する侵害を内容とする懲戒および肉体的苦痛を与える懲戒」という一九四八年当時の法務庁の回答のなかにあるものがいまでも判例の根拠となっています。

学校における懲戒について、子どもの権利条約では、二八条〔教育への権利〕において次のように定めています。

「締約国は、学校の規律（懲戒の訳もある）が児童の人間の尊厳に適合する方法で及びこの条約に従って運用されることを確保するためのすべての適当な措置をとる。」

児童福祉施設に関する規定としては、「児童福祉施設最低基準等の一部を改正する省令」（一九九八〔平成一〇〕年二月十八日公布）により新たに九条の2（懲戒に係る権限の濫用禁止）が補足され、「児童福祉施設の長は、入所中の児童に対し懲戒を行うとき又は懲戒に関してその児童の福祉のために必要な措置をとるときは、身体的苦痛や人格を辱める等その権限を濫用してはならない」ことが規定されました。

この省令改正にともない、厚生省より一九九八〔平成一〇〕年二月十八日付で各都道府県・指定都市・中核市民生主管部（局）長あてに「懲戒に係る権限の濫用禁止について」の通知があり、この通知のなかでは、懲戒に係る権限の濫用禁止規定の趣旨が、「施設における児童の権利を擁護するために創設されたもの」であることが示されています。

懲戒に係る権限の濫用に当たる具体例としては、「例えば、殴る、蹴る等直接児童の身体に侵害を与える行為のほか、合理的な範囲を越えて長時間一定の姿勢をとるよう求めること、食事を与えないこと、児童の年齢及び健康状態からみて必要と考えられる睡眠時間を与えないこと、適切な休息時間を与えずに長時間作業を継続させること、施設を退所させる旨脅かすこと、性的な嫌がらせをすること、当該児童を無視すること等の行為」を、この通知のなかではあげています。

なお二三条の標題が「虐待及び体罰の禁止等」となっているのは、「虐待防止法」で定義する虐待以外に、体罰も禁止する趣旨です。

二～四項について

二項は、虐待及び体罰防止のための職員研修について規定しています。

三項は、体罰などで被害にあった子どもや被害者でなくても体罰等に関して相談したい子どもが安心して相談できるしくみを育ち・学ぶ施設内に整えることを定めています。相談担当職員やスクールカウンセラーの配置など育ち・学ぶ施設内の相談体制の充実を図ることなどもこれにあたると考えられます。

四項は、相談を受けた際の子どもの救済にあたって、必要な関係者や機関と連携をとることを定めています。具体的な連携の例としては、市の機関では人権オンブズパーソン、児童相談所などが中心となり、地方法務局、人権擁護委員、民生委員、児童委員、病院、弁護士、医師などと連携することが想定されます。

（いじめの防止等）

第二四条　施設関係者は、いじめの防止に努めなければならない。

2　施設関係者は、いじめの防止を図るため、その子どもに対し、子どもの権利が理解されるよう啓発に努めなければならない。

3　施設設置管理者は、その職員に対し、いじめの防止に関する研修等の実施に努めなければならない。

4　施設設置管理者は、いじめに関する相談をその子どもが安心して行うことができる育ち・学ぶ施設における仕組みを整えるよう努めなければならない。

5　施設関係者は、いじめに関する子どもの相談を受けたときは、子どもの最善の利益を考慮し、その相談の解決に必要な者、関係機関等と連携し、子どもの救済及びその回復に努めなければならない。この場合において、施設関係者は、いじめを行った子どもに対しても必要な配慮を行った上で適切な対応を行うよう努めなければならない。

一〜三項について

いじめは子どもたちの心身に大きな影響を及ぼす深刻な問題であり、その原因もさまざまで、子どもたちの心理的側面や学校や施設における人間関係、家庭におけるしつけの問題なども深くかかわっており、緊急かつ長期的な解決のとりくみが求められています。（文部省、一九八五〔昭和六〇〕年「児童生徒の問題行動に関する検討会議」からの「緊急提言―いじめの問題の解決のためのアピール」通知文での基本認識から）

このような状況から、一項は、いじめ防止に努めなければならない義務を学校や施設の設置者、管理者及び職員に課している規定となっています。

いじめの被害にあっている子どもは、親にも学校などの職員にもなかなか打ち明けることができないということもあり、周囲の者が発見しにくいということが指摘されています。

また、いじめが権利侵害にあたるという意識が希薄である要因としては、子どもたちが権利についての学習をこれまであまりしてきていないということも考えられます。

二項、三項はこのようなことをふまえ、子どもたちへの啓発と職員自らの研修等について規定しています。

四、五項について

被害者がいじめについて打ち明けにくい背景には、学校や施設のなかに安心して相談できる場がないことや、場があったとしても信頼して相談できる関係が子どもと職員の間でつくられていないことなどがあります。

四項はこのようなことをふまえ、学校や施設のなかに子どもが安心して相談できるしくみを整えることを定めています。

スクールカウンセラーや心の教室相談員の各学校配置が図られ、学校によっては、相談担当の教諭を置いたり養護教諭との連携を図るなどのとりくみも進められておりますが、今後、このような校内の相談体制の一層の整備が求められています。

いじめの事実がわかったとしても、どのように被害者を救済するかが課題となります。難しいのは、被害者と加害者を切り離せば解決するというわけではなく、まずいじめそのものの行為をやめさせ被害者が安心できる状況をつくることにあわせ、加害者に対してはいじめの問題性の所在に気づかせ、なおかつ被害者と加害者の関係性を修復していくことが求められます。

五項はこのようなことをふまえ、被害にあった子どもの救済と回復をはかるための連携のとり方とともに、加害者への適切な対応につき規定しています。

関係機関などの具体例としては、市の機関では人権オンブズパーソンをはじめ、教育相談センター、青少年センター、児童相談所などがあり、市の機関以外では、地方法務局、人権擁護委員、民生委員、児童委員、弁護士、警察などが想定されます。

いじめの問題では、被害者と加害者が学校や施設において生活の場をともにしていることが一般的なため、上記の機関以外にも学校や施設の関係者、保護者と協力しとりくんでいくことが必要です。なお、一般的ないじめの定義としては、次の文部省見解があります。

「自分より弱いものに対して一方的に身体的・心理的に攻撃を加え相手が深刻な苦痛を感じているもの」

しかし、いじめの問題には「定義」にとらわれず、いじめられた子どもの立場にたって判断し、対応することが求められています。

(子ども本人に関する文書等)

第二五条 育ち・学ぶ施設における子ども本人に関する文書は、適切に管理され、及び保管されなければならない。

2 前項の文書のうち子どもの利害に影響するものにあっては、その作成に当たり、子ども本人又はその親等の意見を求める等の公正な文書の作成に対する配慮がなされなければならない。

3 育ち・学ぶ施設においては、その目的の範囲を超えてその子ども本人に関する情報が収集され、又は保管されてはならない。

4 前項の情報は、育ち・学ぶ施設のその目的の範囲を超えて利用され、又は外部に提供されてはならない。

5 第一項の文書及び第三項の情報に関しては、子どもの最善の利益を損なわない限りにおいてその子ども本人に提示され、又は提供されるよう文書及び情報の管理等に関する事務が行われなければならない。

6　育ち・学ぶ施設において子どもに対する不利益な処分等が行われる場合には、その処分等を決める前に、その子ども本人から事情、意見等を聴く場を設ける等の配慮がなされなければならない。

二五条は、学校や施設が子どもたちに対してより開かれたものになるために必要な規定ですが、一項から五項までは主として情報の作成と公開などに関する内容であり、六項は適正手続きの保障に関する内容となっています。

一項から五項までの情報に関する規定については、市の個人情報保護条例に基づいて内容整理をしており、この個人情報保護条例と内容的には共通するものです。

すでに市にある制度を追認する形になっていますが、子どもの権利の観点から、学校や施設における情報の作成と公開などの意義をとらえ直し、またその制度を子どもたちが理解し活用できることもねらってこの一項から五項までに定めています。

まず一項では、個人情報の保護の観点から子ども本人にかかわる文書の管理、保管について定めています。学校での子ども本人にかかわる文書としては、児童個人表、家庭記録表、保健調査表、健康記録カード、成績資料、通知表、指導要録などがあります。

次に二項では、子ども本人にかかわる文書の作成にあたって、とりわけ子どもの利害に影響するものについては、子ども本人か親の意見を求めなければならないことを定めています。

たとえば、事故報告書は、事実関係を客観的に把握し、公正な文書の作成が求められることから、当然のこととして事故にかかわった子どもや親等の意見を求める必要が生じてきます。このように事実関係を客観的に把握する必要がある文書を、この二項で「利害に影響するもの」として考えています。

その際、学校での「事故報告書」だけではなく、福祉施設もカバーできるように「子どもの利害に影響するもの」という表現をとっています。

ただし、内申書は、子どもの成績などに対する評価や評定に基づき作成されるもので、その作成にあたっては、評定者の判断に全面的にゆだねられているという性質から、ここでいう「利害に影響する」文書には該当しません。

次に三項では、子ども本人にかかわる個人情報の目的の範囲を越えた収集や保管を禁止しています。目的の範囲とは、学校や施設それぞれの教育活動や生活指導に必要な範囲ということです。

次に四項では、前項（三項）で収集、保管している情報の目的外利用や外部提供を禁止していますが、この場合も、くわしくは市の個人情報保護条例に準じて運用することとなります。

次に五項では、一項及び三項の情報についての子ども本人への提示や提供について定めています。この提示や提供も市の個人情報保護条例に基づいておこなわれることとなります。

最後の六項は、いわゆる適正手続きの保障についての規定となります。これは、学校において停学や退学、家庭謹慎、出席停止などの処分が決められる時には、子ども本人から事情や意見を聴くなどの弁明の機会を設けることが必要であることを定めたものです。この根拠となる規定は、子どもの権利条約一二条や一八条二項です。

第三節　地域における子どもの権利の保障

子どもの生活の場に即して子どもの権利の保障のあり方を考えるにあたって、第一節では「家庭」、第二節では家庭以外の「育ち・学ぶ施設」をとりあげましたが、この第三節では、家庭や育ち・学ぶ施設を包み込む「地域」が子どもの権利保障に果たす役割について整理しています。

（子どもの育ちの場等としての地域）

第二六条　地域は、子どもの育ちの場であり、家庭、育ち・学ぶ施設、文化、スポーツ施設等と一体となってその人間関係を豊かなものとする場であることを考慮し、市は、地域において子どもの権利の保障が図られるよう子どもの活動が安全の下で行うことができる子育て及び教育環境の向上を目指したまちづくりに努めるものとする。

2　市は、地域において、子ども、その親等、施設関係者その他住民がそれぞれ主体となって、地域における子育て及び教育環境に係る協議その他の活動を行う組織の整備並びにその活動に対し支援に努めるものとする。

まず一項では、地域が子どもの権利の保障に果たす役割を大きく二つの側面からとらえています。一つには地域は子どもの育ちの場であるという「子育て環境」としての地域という位置づけです。二つには地域は人間関係をつくる場であるという「教育環境」としての位置づけです。

このように、地域が子どもの育ちの場、人間関係をつくる場になるためには、家庭や学校その他のさまざまな施設などが一体となっていくことが大切であることをおさえ、市が子育て及び教育環境としてのまちづくりに努めることを定めています。

「子育て環境」の整備としては、公園や子どもにかかわる施設の適正配置や道路などの安全性の確保などがあげられます。「教育環境」としては、子どもの健やかな成長に不可欠な豊かな人間関係を地域に再生し作りあげていくことなどがあげられます。

次に二項では、地域を成り立たせているさまざまな者、すなわち子ども、親、教職員、住民などが地域で自主的に話し合い活動する組織の整備について、市がそれを支援するよう定めています。

既存の組織の代表例としては、地域教育会議がこれにあたります。

（子どもの居場所）

第二七条　子どもには、ありのままの自分でいること、休息して自分を取り戻すこと、自由に遊び若しくは活動すること、又は安心して人間関係をつくり合うことができる場所（以下「居場所」という。）が大切であることを考慮し、市は、居場所についての考え方の普及並びに居場所の確保及びその存続に努めるものとする。

2　市は、子どもに対する居場所の提供等の自主的な活動を行う市民及び関係団体との連携を図り、その支援に努めるものとする。

子どもたちは「居場所」を求めています。この二七条は、子どもたちのそうした思いや願いをふまえまとめられています。一九九九年十二月に開催された川崎子ども集会のアピール文から、この居場所に関係する部分を引用してみます。

「わたしたちは望みます。安心して話ができる人がいて、自由に自分を表現できる場があることを。友だちと語り合い、楽しく遊べてホッとできる場所があることを。わたしたちの生活している家庭や学校、地域はそんな居場所になっているでしょうか。子どもたちはみんな安心できる居場所を求めています。」

一項は、ここに引用した子どもたちの願いにそった表現により、居場所の大切さを定めています。居場所とは、たんに空間的な場所だけをさすのではなく、場における人間関係もさしています。また、市が居場所についての考え方やその意義等について地域社会に普及し、子どもにとっての居場所の確保などに努めることを定めています。

次に二項では、市が子どもたちに居場所を提供し、また居場所を提供している市民および民間団体を支援し連携を図ることを定めています。

（地域における子どもの活動）

第二八条　地域における子どもの活動が子どもにとって豊かな人間関係のなかで育つために大切であることを考慮し、市は、地域における子どもの自治的な活動を奨励するとともにその支援に努めるものとする。

地域における子どもの自治的な活動の奨励と支援につき定めています。

現在とりくまれている活動としては、地域教育会議による自主的な子ども座談会の開催や子ども会活動、子どもによる地域ボランティア活動などがありますが、子どもたちの発意による活動が広がるように努めていくことが望まれます。

また四章で新たに制度化を図っている川崎市子ども会議が、地域における子どもたちの自治的な活動とつながり、双方が発展できるように工夫していくことも大切な視点となります。

第四章　子どもの参加

市民・子どもの参加を得ながら検討作業が進められた骨子案づくりのなかでは、この子どもの参加の意義をめぐっても積極的な話し合いがもたれました。

子どもが現代の市民社会において、その市民社会をともに築いていく「市民」としての自覚をもつことが、子ども自身の成長にきわめて大切であり、いまの社会に生きている実感をともなってこそ子どもたちは勉学や生活に張りがもてるようになることなどが、そのような議論のなかで指摘されました。

このような経緯をふまえ、川崎の地域を支え、おとなとともに地域をつくる主体として子どもたちが育つ環境づくりこそ、この条例のねらいとする基本的事項の一つであるという考えに立ち、この四章において、子どもの参加の意義と、子どもの参加を促進していくためのいくつかの具体的な制度につき定めています。

（子どもの参加の促進）

第二九条 市は、子どもが市政等について市民として意見を表明する機会、育ち・学ぶ施設その他活動の拠点となる場でその運営等について構成員として意見を表明する機会又は地域における文化・スポーツ活動に参加する機会を諸施策において保障することが大切であることを考慮して、子どもの参加を促進し、又はその方策の普及に努めるものとする。

子どもは、おとなとともに社会を構成するパートナーであり、現在の社会の一員として、また、未来の社会の担い手として、社会のあり方や形成にかかわる固有の役割があるとの考え方（前文）に立ち、市は、「市政に市民として参加し意見を表明すること」、「育ち・学ぶ施設に構成員として参加し意見を表明すること」、「地域の中で諸活動に参加し他者との関係や相互理解を深めること」など、子どもが生活する場面に応じた参加活動が促進されるよう、諸施策の整備や普及啓発に努めることをうたっています。

ここでいう「市政」とは、市行政のみならず、子どもたちの身近な地域の問題、たとえば、地域の生活環境や美化の問題、地域住民のモラルにかかわる問題なども含めて広く考えています。

▼**解説**

（子ども会議）

第三〇条 市長は、市政について、子どもの意見を求めるため、川崎市子ども会議（以下「子ども会議」という。）を開催する。

2 子ども会議は、子どもの自主的及び自発的な取組により運営されるものとする。

3 子ども会議は、その主体である子どもが定める方法により、子どもの総意としての意見等をまとめ、市長に提出することができる。

4 市長その他の執行機関は、前項の規定により提出された意見等を尊重するものとする。

5　市長その他の執行機関は、子ども会議にあらゆる子どもの参加が促進され、その会議が円滑に運営されるよう必要な支援を行うものとする。

一項では、子どもが市政などに意見を表明する機会を保障するため、川崎のこれまでのとりくみの成果をふまえ、さらに発展させることをめざし、新たに「川崎市子ども会議」を設けることをうたっています。

現在、市内各区や多くの中学校区で、子どもの意見表明の場として子ども会議や子ども座談会がおこなわれていますが、これはそれぞれの地域教育会議が自主的に発意し開催しているものです。

また、全市的な子どもたちの参加の場としては、全市子ども集会や「子ども・夢・共和国」事業が展開されており、本条例の制定にかかわり「子ども委員会」も活動してきました。

このようなこれまでのとりくみをふまえ、子どもの意見表明の場づくりから、表明された意見をどのように受けとめていくかという制度的なしくみへつなげ、発展させていきたいと考えています。

「川崎市子ども会議」は、公募などによって全市から集まった子どもたちにより構成されるもので、地域における自主的な子ども会議と連携しながら、さまざまな子どもたちの声を取りまとめ、子どもの総意としての意見をまとめていくために設けるものです。

子ども会議は、二項・三項で定めているように子どもたちの自主性・主体性がきわめて重要であることから、付属機関としての位置づけを避け、一項においては「設置する」という表現ではなく「開催する」という表現にしています。

活動は、子どもたちが自主的に決めて実施していきますが、委員公募から意見書のとりまとめまでほぼ年間にわたって活動がおこなわれることが予想され、また、子どもの総意としての意見をまとめていくために「全市子ども集会」を開催することを想定しています。

そして、このような活動を子どもたちが自主的、自発的にとりくむことにより、子どもたちが市政の問題を自分たちのことととしてとらえ、また、社会に参加し、他の子どもやおとなと関係、理解を深めていく力を身につけていくことをねらいとしています。

この制度を生かしていくには、「川崎市子ども会議」だけが子どもの参加の場となるのではなく、学校や施設等において子どもの参加が一層促進されるとともに、また、地域において自主的にすすめられている子ども会議や子ども座談会などとともに連携し、相互に協力し合い補強し合えるようなしくみと運営が大切になります。

なお、五項の市長がおこなう支援としては、必要な情報の入手や発信、施設利用の確保、会議開催費の支出や育ち・学ぶ施設との連絡調整が想定されます。

四月一日の条例施行後、二〇〇一（平成一三）年度は試行期間とし、まず公募による「子ども会議準備会」を発足させ、集まった子ども委員が自分たちで協議しながら「子ども会議」の要綱を定め、その要綱に基づき二〇〇二（平成一四）年度から子どもたちによって本格的に運営されていく予定です。

（参加活動の拠点づくり）

第三一条　市は、子どもの自主的及び自発的な参加活動を支援するため、子どもが子どもだけで自由に安心して集うことができる拠点づくりに努めるものとする。

子どもの自主的、自発的な参加活動を促進するためには、子どもだけで安心して自由に利用できる拠点が大切であること、市はその拠点づくりに努めることをうたっています。

骨子案の検討段階では、このような拠点として、子どもたちの活動を中心としながらも、さまざまな人々との出会いの場、交流の場、体験の場、文化活動の場、情報発信の場などとして活用できる空間がイメージされてきました。

本条例制定後の二〇〇一（平成一三）年一月から、この活動拠点の整備の一環として、市の中央にあたる場所に「子ども夢パーク（仮称）」を創設する準備作業に着手しています。子どもたちが設計段階からかかわり、「川崎市子ども会議」の拠点施設ともなる「子ども夢パーク（仮称）」は、二〇〇三（平成一五）年度後半からの利用をめざして計画が進められています。

なお、各地域で自主的におこなわれている子ども会議の場としては、現在は各区の市民館施設や学校などが活用されていますが、子どもたちの身近な地域での活動場所の整備も想定した規定となっています。

（自治的活動の奨励）

第三二条　施設設置管理者は、その構成員としての子どもの自治的な活動を奨励し、支援するよう努めなければならない。

2　前項の自治的な活動による子どもの意見等については、育ち・学ぶ施設の運営について配慮されるよう努めなければならない。

育ち・学ぶ施設において、その運営などに構成員として子どもが意見を表明する機会を保障するため、子どもの自治的活動を奨励、支援し、その活動による子どもの意見を育ち・学ぶ施設の日常的な運営に考慮するよう努めることをうたっています。

自治的活動とは、生徒会活動など自治のための活動のみならず、行事の実行委員会や日常的な委員会活動など、子どもたちの意見集約や意思形成にかかわる活動も含めて考えています。この学校等における子どもの自治的、自主的活動や日常生活での子どもの参加の促進が図られ、次の三三条の「定期的に話し合う場」と連動するようにしていくことが大切になります。

（より開かれた育ち・学ぶ施設）

第三三条　施設設置管理者は、子ども、その親等その他地域の住民にとって、より開かれた育ち・学ぶ施設を目指すため、それらの者に育ち・学ぶ施設における運営等の説明等を行い、それらの者及び育ち・学ぶ施設の職員とともに育ち・学ぶ施設を支え合うため、定期的に話し合う場を設けるよう努めなければならない。

子どもやその親、地域の住民が、育ち・学ぶ施設の運営などについて説明を受けるとともに、育ち・学ぶ施設の職員などと一緒になって、よりよい育ち・学ぶ施設づくりをめざし、支えあい、課題を担い合い解決を図っていけるような話し合いの場を設けるよう、育ち・学ぶ施設の設置者及び管理者が努めることをうたっています。

開かれた育ち・学ぶ施設づくりをめざすためには、その構成員としての子どもの参加が保障されることがきわめて重要です。

ただし、この話し合いの場は、当然に子どもの年齢や成熟にふさわしい参加のあり方が考慮される必要があり、したがって、育ち・学ぶ施設に応じて設けられることが望ましいといえます。

骨子案では、この協議会的な話し合いの場が、川崎でのこれまでのとりくみをふまえたうえで各学校や施設に応じたしくみや内容などとなるように工夫し、そこでの協議内容などが子どもたちの日常生活上の諸活動や構成員のそれぞれの活動などにも反映され生かされていくことが期待されています。

本条例の施行にともない、この「話し合いの場」は、まず「学校教育推進会議」という形で、個々の市立学校（園）で二〇〇一（平成一三）年度は試行していきます。一年間の試行期間に各学校（園）が独自に工夫しながら、より開かれた学校づくりと子ども参加の促進を図るねらいで、子ども・保護者・地域住民・教職員などからなる「学校教育推進会議」を設置し試行してみて、二〇〇二（平成一四）年度からの本格実施をめざします。

「川崎市子ども会議」と同様に、制度やしくみについても、できる限り関係者が知恵を出し合い工夫しながらつくり上げていく過程を大切にしたいと考えています。

なお、この「話し合いの場」は、学校でのとりくみを参考に、児童福祉施設においてもそれぞれの施設の条件に応じた形で設置が検討されていくこととなります。

（市の施設の設置及び運営に関する子どもの意見）

第三四条　市は、子どもの利用を目的とした市の施設の設置及び運営に関し、子どもの参加の方法等について配慮し、子どもの意見を聴くよう努めるものとする。

子どもの利用を目的とした市の施設とは、こども文化センター、青少年センターなど子どもの利用施設、青少年の家、青少年科学館など青少年教育施設、その他、子どもの利用を主目的とした施設を指しています。

本条では、子どもの利用を目的とした市の施設を設置するに際して子どもの意見を聴き考慮すること、および、設置している当該施設にあってはその運営について子どもの意見を聴き考慮するよう努めることをうたっています。

子どもの参加や意見表明の方法などについては、必要な措置を講じることも含めて、それぞれの施設に応じたしくみが配慮されることとなります。

なお、育ち・学ぶ施設については、運営への意見表明は前条で定めており、設置について意見を聴く機会もその趣旨から当然設けられるものとして本条の規定外としています。

第五章　相談及び救済

▼条例改正の背景

もともと子どもの権利条例は、案の検討段階では「救済」規定を含む総合的な内容となるように検討されてきました。

しかし、本条例の制定時（二〇〇〇年〔平成一二年〕十二月二十一日）には、子どもの救済にかかわる内容は本則としては定めず、「附則」のなかで、権利侵害からの救済をはかる新たな体制の整備につき市の決意をのべる形をとりました（附則2「権利侵害からの救済等のための体制整備」）。

理由としては、子どもの権利条例と並行して、人権救済を目的とする新たなオンブズパーソン制度の条例化が検討されており、その制度のなかで子どもの権利侵害からの救済をはかることが予定されていたからです。

このような経緯を経て二〇〇一年（平成一三年）六月の市議会で、人権オンブズパーソン条例案が審議され制定されることにあわせ、子どもの権利条例と人権オンブズパーソン条例の整合性を図りながら、子どもの権利条例として救済規定を本則に位置づけるように条例を改正いたしました。

「相談及び救済」の規定が本則に入ることで、本条例を学習する子どもたちに人権オンブズパーソンについての情報を伝えることもできるようになりました。

なお、人権オンブズパーソン条例は、子どもの権利の侵害と男女平等にかかわる人権侵害を管轄することとなっていますが、その内容は子どもの権利条例及び答申された条例骨子案の救済部分の趣旨が反映されたものになっています。

▼位置づけ

本章の規定内容を五章に位置づけたねらいとしては、本条例全体の構成上の理由があります。

つまり、前文から二章までの基本的な考え方を受けて、三章では子どもの生活の場ごとの権利保障を示し、四章では子どもの参加を促進する制度やしくみを、次の五章で救済につき規定しています。その上で、前文から五章までを受ける形で市が行動計画を策定することを六章で定め、七章では、制定された条例に基づき市の施策や子どもの権利状況がどのようになっているかを「子どもの権利委員会」が検証していくという構成にし、総合的な内容をもつ条例として各章が関連するように配慮しました。

▼解説

（相談及び救済）

第三五条　子どもは、川崎市人権オンブズパーソンに対し、権利の侵害について相談し、又は権利の侵害からの救済を求めることができる。

2　市は、川崎市人権オンブズパーソンによるもののほか、子どもの権利の侵害に関する相談又は救済については、関係機関及び関係団体等との連携を図るとともに子ども及びその権利の侵害の特性に配慮した対応に努めるものとする。

▼**趣旨**

相談・救済に関する具体的な目的、定義、内容、方法などについては人権オンブズパーソン条例が規定する事項であり、本条例では第五章で人権オンブズパーソンに相談や救済を求めることができることと、さまざまな機関と連携し子ども期に固有の相談・救済にあたる必要があることを定めています。章として独立させているのは、「救済」にかかわる内容が権利保障の一環としていかに重要であるかをおさえたいと考えているからです。

三五条の一項では、権利の侵害などにより苦しみ悩んでいる子どもは、人権オンブズパーソンに相談し、侵害されている場合には救済を求めることができることを定めています。

多くの場合、子どもはなにが権利の侵害かよくわからず、自分の悩みも権利が侵害されているからかどうか判然としないことが多いことから、「権利の侵害について」という表現を使い、侵害かどうかはオンブズパーソンに相談できるという規定にしています。

二項では人権オンブズパーソン以外にも救済機関があること、またオンブズパーソンが個々のケースに応じほかのさまざまな機関などとの連携のなかで解決にあたっていくと想定されるように、相談や救済にあたっては市が関係機関などとの連携・協力に努めていくことがきわめて重要であることを定めています。

二項では、子どもの相談や救済にあたっては、子ども期の固有性に配慮する必要があることもあわせて定めています。子ども期は大変傷つきやすい反面、なにが人権侵害なのかを自覚し認識する力が不十分であるともいえます。また、人間関係を身につける途上にある子ども期において、人権侵害などで受けた傷はその後の成長に深刻な影響を与えるだけでなく、信頼を寄せるおとな（たとえば、親や先生など）や友だちから受けた傷はなかなか回復しにくいものです。自己表現がうまくできない場合もあり、子ども本人の悩み苦しみが外部から見えにくく顕在化しにくいこともあります。

このように、子ども期そのものの特徴と子ども期の権利侵害の固有性の両面をふまえた対応が必要であることをおさえています（これらの特性については、人権オンブズパーソンの制度化の際にも検討されてきました）。

関係機関の具体的な例としては、地方法務局、人権擁護委員、民生委員、児童委員、虐待防止センター、病院、家庭裁判所、警察署などがあります。(市の機関としては、児童相談所、教育相談センター、青少年センター、福祉事務所、保健所などがあげられます。)

関係団体としては、子どもが逃げ込む民間のシェルターや弁護士会などがあり、その他にも個人としての弁護士、医師などが想定されます。なお、この第五章を補足するにあたり、条文の表現・規定の仕方については他の条文全体と整合性を図るように配慮しました。

第六章　子どもの権利に関する行動計画

▼趣旨

この章では、子どもの権利保障にとって市の施策が重要であることから、子どもにかかわる施策の基本的な指針ともなる行動計画の策定や、実施にあたっての基本理念などにつき定めています。

骨子案では、子どもの権利についての広報や学習などの支援、市民活動との連携などについては、この六章の内容に含まれていましたが、本条例では、その部分は一章の総則のなかに位置づけたほうが良いとの判断から、そちらに移しています。

なお、条文としてはありませんが、子どもの権利にかかわる施策の推進については、各局で個別に進められている施策などを相互に調整し、連携を図りながら、総合的に推進していくことが求められており、そのための推進体制の整備も必要となります。

このような観点から、二〇〇一年(平成一三年)四月一日、本条例の施行にあわせ、市民局のなかに新たに「子どもの権利担当」部署が創設されました。

▼解説

(**行動計画**)

第三六条　市は、子どもに関する施策の推進に際し子どもの権利の保障が総合的かつ計画的に図られるための川崎市子どもの権利に関する行動計画(以下「行動計画」という。)を策定するものとする。

2　市長その他の執行機関は、行動計画を策定するに当たっては、市民及び第三八条に規定する川崎市子どもの権利委員会の意見を聴くものとする。

本条は、行動計画の策定について明らかにしています。

子どもにかかわる市の施策は、国の省庁に応じる形でいろいろな局等で独自に進められていますが、その施策の対象となる子どもを権利行使の主体者としてとらえ、その子どもの眼から見て施策が総合的に展開されるようにしていくことが求められています。

この一項は、そのような視点に立ち、行動計画を策定していく意義と必要性を定めています。

行動計画は、市の二〇一〇プランの体系に基づき、二〇〇〇年（平成一二年）十二月に策定された「川崎市人権施策推進指針」における分野別方針の一つに掲げられた「子どもの人権の尊重と自立への支援」を具体化するものとして策定されることになります。

具体的には、三八条に規定する「子どもの権利委員会」にこの行動計画について意見を聴き、策定していきます。成果物の具体イメージとしては、川崎市新女性行動計画「かわさき男女平等推進プラン」などが挙げられます。

既存の子ども総合プランや青少年プランとの関係については、子どもの権利保障の総合的な展開という観点から見た場合に、この行動計画を具体化する計画として各プランが位置づけられます。したがって、既存プランについては、今後、行動計画が策定された後において、各プランの改定の際に策定された行動計画の趣旨が生かされることになります。

（子どもに関する施策の推進）

第三七条　市の子どもに関する施策は、子どもの権利の保障に資するため、次に掲げる事項に配慮し、推進しなければならない。

(1)　子どもの最善の利益に基づくものであること。

(2)　教育、福祉、医療等との連携及び調整が図られた総合的かつ計画的なものであること。

(3)　親等、施設関係者その他市民との連携を通して一人一人の子どもを支援するものであること。

市の子どもに関する施策の推進にあたり、配慮すべき三つの事項を明らかにしています。

まず一項では、子どもの権利条約三条一項に規定されている子どものすべての活動の基本原則となる考え方に基づくものであることを示しています。

次の二項では、子どもに関する施策は、教育、福祉、医療などさまざまな分野にわたることから、たて割りの行政機構による非効率な施策展開に陥りやすいことなどを考慮し、施策間の調整を十分におこない、総合的かつ計画的に推進することによって、効率的かつ一貫性をもった施策の展開を図ることを示しています。

三項では、子どもの権利の保障は、行政としての市のみがとりくむのではなく、市民などとの協働によるとりくみが重要であることを考慮し、子どもに関する施策が、親、親に代わる保護者、育ち・学ぶ施設の設置者、市民などのさまざまな主体の連携の下で、一人ひとりの子どもに対してすすめられるべきものであることを示しています。

なお、子どもに関する施策としては、本市の子育て支援策を明らかにした「子ども総合プラン」及び青少年の健全育成をめざした「青少年プラン」で掲げられている施策のほか、学校教育や社会教育にかかわる施策など、各局が所管する十八歳未満の子どもを対象とした施策を幅広く捉えています。

第七章　子どもの権利の保障状況の検証

▼趣旨

この章では、市における子どもの状況や子どもにかかわる施策を、行政や市民との対話をするなかで子どもの権利の観点から検証し、市長に答申や意見具申する第三者的な機関として設置する「川崎市子どもの権利委員会」について規定しています。

▼解説

（権利委員会）

第三八条　子どもに関する施策の充実を図り、子どもの権利の保障を推進するため、川崎市子どもの権利委員会（以下「権利委員会」という）を置く。

2　権利委員会は、第三六条第二項に定めるもののほか、市長その他の執行機関の諮問に応じて、子どもに関する施策における子どもの権利の保障の状況について調査審議する。

3　権利委員会は、委員一〇人以内で組織する。

4　委員は、人権、教育、福祉等の子どもの権利にかかわる分野において学識経験のある者及び市民のうちから、市長が委嘱する。

5　委員の任期は、三年とする。ただし、補欠の委員の任期は、前任者の残任期間とする。

6　委員は、再任されることができる。

7　第四項の委員のほか、特別の事項を調査審議させるため必要があるときは、権利委員会に臨時委員を置くことができる。
8　委員及び臨時委員は、職務上知ることができた秘密を漏らしてはならない。その職を退いた後も同様とする。
9　前各項に定めるもののほか、権利委員会の組織及び運営に関し必要な事項は、市長が定める。

三八条では、子どもの権利委員会の設置とともに、設置にあたって条例により定めておくことが必要となる内容につき、二項から九項までに整理し規定しています。

子どもの権利委員会は、市の子どもに関する施策の検証によってとられる市の措置などが、子どもの権利の保障を推進することにつながるという基本的な考え方に基づいて設置されるものであり、市長の附属機関として、市長の諮問に応じて子どもの権利の保障状況を調査審議します。

三項で委員を十名以内としたのは、審議する際の適正規模を考えたものです。また、五項で任期を三年としたのは、この権利委員会が、諮問に応じた評価項目の作成、子どもの権利状況の実態把握、行政や市民との対話、保障状況についての審議とその内容のとりまとめなど、その作業内容を考えると二年では短いと判断されたからです。

また、七項で臨時委員につき定めていますが、これは、調査審議にあたって、権利委員会の委員の専門性とは異なる分野等について審議する必要がでた場合などにも対応できるように配慮したものです。

この子どもの権利委員会については、条例上の規定以外に、詳細な内容については「規則」や「要綱」などを作成することとなります。条例施行にあわせ定めた「川崎市子どもの権利委員会規則」は、本書巻末資料を参照ください。

権利委員会委員には公募の市民も入るため、そのための手続きを経たうえで委員を選考し権利委員会を設置することとなるため、発足は二〇〇一（平成一三）年九月でした。詳細な「子どもの権利委員会運営要綱」は、第一回の委員会開催時に決定されました（本書資料編参照）。

（検証）

第三九条　権利委員会は、前条第二項の諮問があったときは、市長その他の執行機関に対し、その諮問に係る施策について評価等を行うべき事項について提示するものとする。

2　市長その他の執行機関は、前項の規定により権利委員会から提示のあった事項について評価等を行い、その結果を権利委員会に報告するものとする。
3　権利委員会は、前項の報告を受けたときは、市民の意見を求めるものとする。
4　権利委員会は、前項の規定により意見を求めるに当たっては、子どもの意見が得られるようその方法等に配慮しなければならない。
5　権利委員会は、第二項の報告及び第3項の意見を総合的に勘案して、子どもの権利の保障の状況について調査審議するものとする。
6　権利委員会は、前項の調査審議により得た検証の結果を市長その他の執行機関に答申するものとする。

三九条では、市の子どもに関する施策を検証する流れを明らかにしています。

検証に際して、市自らが子どもの権利の観点から子どもに関する施策の評価をおこなうことになりますが、どのような視点に基づいて施策の評価をおこなうことが適切であるのかについて、権利委員会が検討し、その内容を市に提示します。たとえば、各施策における子どもの参加の状況を評価しようとする時に、学校においては、運動会などの行事の運営に子どもが参加している状況があるかないかで評価をおこなうことにするのかどうかを検討し、その項目を提示するというイメージです。市はこれを受けて自ら施策の評価をおこない、その結果を権利委員会に報告します。

権利委員会は報告された内容をもとに各施策における子どもの権利の保障状況について把握するとともに、保障状況の向上をともに図る観点などから市民（子どもを含む）に意見を求めます。

権利委員会はこれらの意見を含めて施策の評価内容を総合的に勘案して検証をおこない、その結果について答申します。

（答申に対する措置等）
第四〇条　市長その他の執行機関は、権利委員会からの答申を尊重し、必要な措置を講ずるものとする。
2　市長は、前条の規定による答申及び前項の規定により講じた措置について公表するものとする。

権利委員会からの答申に対する市の対応、答申及び答申に基づいて講じた市の措置についての報告書の作成、公表について明らかにしています。この報告書は、権利委員会が実施しまとめた調査結果や答申内容、市の措置などを含む「子ども白書」的なものを想定しています。

第八章　雑則

（委任）

第四一条　この条例の施行に関し必要な事項は、市長その他の執行機関が定める。

「この条例の施行に関し必要な事項」としては、第六章の「行動計画」にかかわる事項、七章「子どもの権利委員会」にかかわる事項などが想定されます。

「その他の執行機関」としては教育委員会があります。

附　則

（施行期日）

1　この条例は、平成一三年四月一日から施行する。

（権利侵害からの救済等のための体制整備）

2　市は、子どもに対する権利侵害の事実が顕在化しにくく認識されにくいことと併せ、子どもの心身に将来にわたる深刻な影響を及ぼすことを考慮し、子どもが安心して相談し、救済を求めることができるようにするとともに、虐待等の予防、権利侵害からの救済及び回復等を図ることを目的とした新たな体制を早急に整備する。

子ども権利条例検討連絡会議により答申された権利条例骨子案では、その第七章で、子どもの権利救済にあたる子どもオンブズパーソンについて詳細に定めています。

子どもの救済にあたっては、おとなの救済とは異なる子ども固有のしくみが必要であり、子どもが安心して相談や申立てができ、そのなかで子どもが力をつけ、また、必要に応じて速やかに救済・保護され、ケースによってはそこから導き出された教訓を通じオンブズパーソンが市の機関に勧告・提言できるしくみとして検討されまとめられています。

一方、本市においては、市民オンブズマン制度が制定されて十年を経過し、この間の著しい社会変化などを背景として、現行の市政に対する苦情処理機能のほかに、市民間の差別や虐待などの権利侵害に対する予防や調整、救済といった新たな機能・役割が求められており、このため一九九九（平成一一）年度より、既存の市民オンブズマンのほかに新たな人権救済型オンブズパーソンを設置し相互に補完しあう統合的オンブズマン制度の設計にむけ準備が進められてきました。

このように、子どもの権利条例骨子案で検討されてきた子どもの救済の内容については、後に条例化する予定で検討作業が進められていた新たな人権オンブズパーソン制度のなかで実現が図られることとなっていたことから、本条例の制定時には附則に権利侵害からの救済及び回復などに資することを目的とした新たな体制の整備につき規定して関連をもたせることとしました。

▼条例の一部改正を受けて

このような経過があったことから、二〇〇一年（平成一三年）六月に人権オンブズパーソン条例が制定されることにあわせ、関連して本条例も一部を改正しました（五章として「相談及び救済」規定を本則に追加挿入）。

なお、本則に新たに挿入した「相談及び救済」規定と、この附則二項「権利侵害からの救済等のための体制整備」の関係についても検討しましたが、今後、オンブズパーソンが子どもからの相談を受け面接などをするためのより適切な場所の確保、虐待などからの緊急的な避難を受け入れる機能、権利侵害によって傷ついた子どもの回復のためのカウンセリングなどの人的、物的体制の整備なども課題として考えられることから、当該附則についてはそのまま残しています。

附　則

この条例の施行日は、市長が定める。

子どもの権利に関する条例は、二〇〇〇年（平成一二年）十二月二十一日に制定され、二〇〇一（平成一三）年四月一日より施行されていますが、二〇〇一（平成一三）年六月二十二日の市議会において一部を改正し、本則のなかに五章として「相談及び救済」にかかわる規定を新たに挿入しました（ただし、挿入部分以外の条文に変更はありません）。

新たに挿入した五章では、市が設置する人権オンブズパーソンに相談及び救済を求めることができるという内容となっていることから、この五章の施行期日に限っては人権オンブズパーソン条例の施行期日にあわせ、「市長が定める」としています。五章は二〇〇二（平成一四）年五月一日から施行されます。

Ⅱ

条例でなにが変わるか

子どもの権利の理念

この条例は、子どもの権利についての理念、家庭・学校・施設・地域など子どもの生活の場での関係づくり、子どもの参加や救済のしくみ、子ども施策の推進や検証のあり方などを規定し、子どもの権利保障を総合的にとらえ、理念、制度・しくみ、施策などが相互に補完し合うような内容になっています。また、この内容は、子どもの権利理論や子どもの権利条約の認識・解釈というレベルで議論していた子どもの権利と、家庭・学校・施設・地域等で実際に直面している子どもの権利をめぐる問題や本音との間の乖離を、子どもの権利保障の方向で現実的にうめていこうとするものです。

条例の子ども観や子どもの権利のとらえ方は、おもに前文と第二章に規定されています。この部分もほかと同様に、川崎市の子どもをとりまく現実から出発しており、それらを反映しています。この部分は、子どもたちとの対話のなかから生まれたところが多く、その意見を相当活かしておりり、子どもの参加の実態をつくっているところでもあります。また、この理念の部分は、子ども施策の推進や検証、子どもの参加や救済、あるいは子どもの権利の普及などの基準となるものです。

この理念の部分を論じるにあたっては、先にのべたことに加えて、条例はあくまでも出発点であり実施状況をふまえて検討する必要があること、条例は制度・しくみや施策などの根拠付けに主要なポイントがあること、この条例の特徴はその総合性にあることなどを考慮する必要があります。

条例の子ども観、子どもの権利のとらえ方（前文）

子どもは権利の全面的な主体

前文の出発点は「子どもは、それぞれが一人の人間である」ことです。子どもも独立した人格と尊厳をもつ存在です。「個性や他の者との違いが認められ、自分が自分であることを大切にされたいと願っている」という箇所は、子どもたちの意見をそのまま反映しています。

第二段落では、子どもは「権利の全面的主体」であると規定しています。これは、国連・子どもの権利委員会が強調している点でもあり、また、子どもの権利はたんに保護を受ける権利だけではなく、市民的な権利などを含め権利の全面的な主体であるという考え方を普及するよう、日本に勧告していることなどをふまえています。

また、「子どもにとって権利は、人間としての尊厳をもって、自分を自分として実現し、自分らしく生きていくうえで不可欠なものである」という権利認識を示しています。

子どもの権利と責任

第三段落は、子どもの権利・義務・責任をめぐる問題で、制定過程でいちばん議論になったところです。子どもの「義務」についてですが、「権利ばかり主張して義務を果たしていない」「義務を果たせないので権利をいう資格がない」というような考え方をとっていません。ここでいう子どもの権利は、何かの義務を果たすから権利があるとか、果たさないから権利がないという問題ではないわけです。人間一人ひとりがもっているかけがえのない価値や尊厳を保持していくために必要なものが権利であり、子どもの権利は子どもが一人の人間として成長していくうえで必要不可欠なものであることなどについて、制定過程でかなり議論しました。また、他の者の権利を侵害しないというのは非常に大切なことですが、それは義務ということではなく、権利行使のありようの問題として考えることが必要ではないでしょうか。

次に、「責任」の問題について。論点の一つとして出てきたのは、「損害賠償責任など法的な責任が負えない、社会的な責任が充分に負えないから、子どもの権利は制限される」というような責任論ではなく、現在の子どもをとりまく状況や子ども同士の関係を考えてみると、責任にも言及しなければ権利についての誤解や権利の濫用が生じる、という危惧でした。その一方で、義務や責任に関する規定が子どもを萎縮させ権利行使の制約につながる、という指摘もありました。子どもたちからは、「権利は自分だけに保障されているものではないので、まわりの子どもの権利も守り尊重しあうことが大切だ」というような意見が出されました。議論をすすめるなかで、子どもの責任とは自分の権利を知り、活用できるようになること、実際に権利を学んだり権利を行使したりするなかで、他の人の権利を尊重する力もつくようになることなど、責任のあり方や権利の相互尊重についての考え方が合意されました。そこで、「子どもの権利について学習することや実際に行使することなどを通じて、子どもは、権利の認識を深め、権利を実現する力、他の者の権利を尊重する力や責任などを身につけることができる。また、自分の権利が尊重され、保障されるためには、同じように他の者の権利が尊重され、保障されなければならず、それぞれの権利が相互に尊重されることが不可欠である」という規定になっています。

社会を構成するパートナー

もうひとつの重要な点は、第四段落で示された「子どもは、おとなとともに社会を構成するパートナーである」というとらえ方です。この点も、子どもの権利に関する国際文書において強調されるところです。子どもは、社会の構成員としてふさわしい役割があるし、その役割にもとづいて社会に参加をする権利があります。そのためにも、社会は子どもに開かれなければなりません。

また、第五段落においては、地球市民という考え方を示し、「子どもは、同時代を生きる地球市民として国内外の子どもと相互の理解と交流を深め、共生と平和を願い、自然を守り、都市のより良い環境を創造することに欠かせない役割を持っている」と定めています。

さらに、子どもの権利だけが突出して保障されるわけでもありませんし、共生をめざす川崎市の条例であることをふまえ、「市における子どもの権利を保障する取組は、市に生活するすべての人々の共生を進め、その権利の保障につながる」と規定しています。

子どもの権利の具体的な内容（第二章）

子どもの現実や思いをもとに

第二章では、子どもの権利が川崎の子どもの現実や願いに即して子どもの生活の場において保障されるように、七つの権利群に分類し具体的に示しています。第二章は、川崎の子どもたちにとって大切に尊重されるべき権利を整理したもので、子どもの権利条約等で保障されている権利をすべて列挙したものではありません。七つの権利群は相互に関連しています。権利の体系が完全にできるわけではないので、この条例では子どもたちとずいぶん議論して、その意見を取り入れながら、子どもが生活のなかで実感できるよう配慮しています。

個々の条文の内容についても、子どもたちの声をできるかぎり活かせるように工夫し、それを裏づける法的な根拠を、おもに子どもの権利条約や日本国憲法から引用するよう努めています。

第二章は、子どもの権利の普及・救済・保障等の基準であるとともに、子どもへのおとなからのメッセージでもあります。

七つの権利群

第二章では、安心して生きる権利（一〇条）、ありのままの自分でいる権利（一一条）、自分を守り、守られる権利（一二条）、自分を豊かにし、力づけられる権利（一三条）、自分で決める権利（一四条）、参加する権利（一五条）、個別の必要に応じて支援を受ける権利（一六条）が定められています。

これらの多くは厳密な法律論では、権利そのものというより、さまざまな権利が保障されることで実現される価値・理念にかかわるものです。しかし、子どもたちと条例案を検討していると、「安心」、「ありのままの自分でいたい」、「自分で決めたい」、「参加したい」というようなことがキーワードとして登場してきます。この子どもたちの意見を活かしたいということで、例えば「安心して生きる権利」という見出しをかかげる一方で、その具体的な中身として「命が守られ、尊重されること」ことなど六項目をあげています。子どもが安心して生きられるようにするためには、主として次の権利が保障されなければならないという形で、実際に条約に規定されていたり、憲法に保障されたりしている権利をかかげ、具体的な法的根拠を示し、裏づけをしています。

しかし、このような考え方や整理の仕方は子どもの権利に対して否定的な人、あるいは法律を専門にやっている人などには、なかなか理解してもらえません。

たとえば、「ありのままの自分でいる権利」について、「他者との関係性を断ち切り一人でいさせてもらうこと」というような曲解があります。また、親や教師がその子どもの発達を促し能力を高めようとして働きかけているのに、子どもがありのままの自分でいたいと言うことを聞かなかったり、指導を受けなかったらどうするんだ、というような反発があります。自分そのままを大切にされたい、個性や違いが認められ、人格を尊重されたいという子どもたちの切実な思いを、おとな側が受けとめきれない現状のなかで、この権利を具体的な場面でいかに実現していくかが課題になっています。

「個別の必要に応じて支援を受ける権利」については、川崎の現実からしても、なお生まれや国籍や障害などでの差別が存在しており、そのことに対応する明示的な規定が必要でした。子どもが国籍・性・出身・障害など違いによる差別を受けないこと、違いが認められ尊重されるなかで共生できることなどを規定して、差別を禁止するとともに、違いを認めることが差別につながってはならないということも示しています。また、個別の支援が必要な子どもはさまざま存在していますが、ここでは川崎市のこれまでのとりくみの成果および子どもの権利条約の規定をふまえ、とくに「障害のある子ども」「マイノリティの子ども」の権利について言及しています。

「自分で決める権利」の解釈をめぐって
―子どもの生活の場で具体化を

「自分で決める権利」をめぐっては最後まで議論になりました。法律の世界では、子どもにはおとなと同じような自己決定権があることにはなっていません。子どもに自己決定権をそのまま認めると、かえって子どもが生命その他の危険にさらされることもありますから、「自分で決める権利」という形で子どもの自己決定権を認めているような規定をするのは問題である、という意見が出されました。子どもたちが自分で決めたら何をしでかすかわからない、混乱するという不安も示されました。しかし、自分に関わることは自分で決めるということをメッセージとして子どもたちに送ること、またそのことをまわりが大切にしていくことは子どもの成長や自立において非常に重要ではないか、子どもの意見表明・参加を促し実質化していくうえでも必要ではないかということなどから、盛り込むことになりました。

この「自分で決める権利」および子どもの社会参加が規定されていること、あるいは「子どもの意見表明権が位置づけられていない」ことを理由に、川崎市の条例は「子どもの権利条約とはまったく別物」という批判があるようです。このような見方は、子どもの権利条約や川崎市の条例をホリスティックに（全体を視野に入れながら）とらえていません。

第一に、子どもの権利条約は子どもの自己決定権（自分で決める権利）を全面的に排除しているわけではありません。親の指示・指導が「子どもの能力の発達と一致する方法で」与えられなければならないとされていること（五条・一四条二項）、子どものプライバシーの権利が認められていること（一六条）は、子どもの年齢、成熟および問題の性質によって、子どもに自己決定を認める余地があることを意味しています。実際、たとえば宗教の選択や性に関わる問題（避妊薬の処方等）などについては、一定の年齢に達した未成年者に自己決定権を認めている国が少なくありません。

第二に、川崎市の条例でも、完全な自己決定権を子どもに認めているわけではなく、子どもの権利条約第一二条の規定などをふまえ、「自分に関することを年齢と成熟に応じて決めること」、そしてそのための情報や支援が受けられることが定められています。子どもが充分な情報や支援を提供され、まわりのおとなからもいろいろな意見を出してもらったうえでおこなった自己決定を、その子どもに深刻な影響を与えないかぎりは尊重しようというのが川崎市の条例の趣旨なのです。このような自己決定の尊重は、親や教師などまわりのおとなとの関係を断ち切るものではなく、むしろ子どもが成長していくうえで不可欠なプロセスということができます。

第三に、川崎市の条例では、子どもの意見表明・意見の尊重についても前文や第二章（例えば一二条四号、一五条、一六条五号）できちんと定め、第四章で具体的な制度にしています。このような形で子どもの意見表明・意見の尊重を制度化することの重要性は、国連・子どもの権利委員会もさまざまな形で強調してきたところです。また、第四章では、「子ども会議」以外のさまざまな参加のあり方についても規定しており、個々の子どもの視点や意見が排除されているという批判も当たりません。

なお、第二章の権利は、例えば第三章第三節「地域における子どもの権利保障」において、「子どもには、ありのままの自分でいること、休息して自分を取り戻すこと、自由に遊び、若しくは活動すること又は安心して人間関係をつくり合うことができる場所（以下「居場所」という）が大切であることを考慮し、市は、居場所についての考え方の普及並びに居場所の確保及びその存続に努めるものとする」（二七条）というような形で条例上さらに具体化されています。川崎市の条例は子どもにとっての人間関係の大切さを無視しているという批判も出されていますが、たとえばこのような条文を読めば、そのような批判が条例全体をふまえたものでないことがわかるでしょう。

子どもの権利について意見の交流と共有を

このような子どもの権利の理念について、総則的な規定である第一章のなかでは、「かわさき子どもの権利の日」を設け（五条）、また、子どもの権利についての広報（六条）や学習・研修（七条）について定めることにより、広報・普及が図られることになります。

「子どもの権利の日」は、学校や地域その他子どもの生活の場で子どもの権利を考えられるような日にするということです。子どもの権利条約が国連で採択された十一月二十日にしています。全国の自治体にこういう日ができて、子どもたちが自由にいろいろな形で交流もできる日になればという願いも込められています。二〇〇一年度から「子どもの権利ウィーク」という形で発展的にとりくまれています。

広報や学習・研修については、子ども版を含む条例のパンフレットの普及、小学生版『みんな輝いているかい〜だれもが自分らしく生きるために〜』、中学生・高校生版『わたしもあなたも輝いて』という子どもの権利学習資料の作成および授業実践、あるいは条例についての研修などを通じて積極的にとりくまれています。

少しずつですが、子どもたち自身がすすめている条例の学習・普及はとても意義深いものです。そのなかで、たとえば、子どもたちは第二章のなかでどの権利がいまの自分にとって大切か、あるいは第二章の権利はどんなときに守られていないと思うか、どうしたら保障されるかなどについて、日常生活のなかの事例や言葉で語り合い、条例の規定する権利を具体的にしています。このようなとりくみが家庭や学校や地域でおこなわれることが望まれます。

子どもの権利についての誤解や敵対的な考えがあるなかで、この条例が制定された意義は非常に大きいといえます。この条例や子どもの権利条約などを広報・普及し、子どもの権利についておおいにそして率直な意見交換をしていくことが重要です。子どもとともに、子どもの実態に即して子どもの権利についての考え方を共有していくことが大切です。学習・研修については、家庭教育、学校教育、社会教育などさまざまな教育の場で子どもの権利を学習できるように条件整備をするとともに、学校・施設関係者や医師・保健師などをはじめ子どもの権利保障に職務上関係している者に研修する機会を提供することが求められています。この点を議論しているときに、子どもたちから「どうして自分たちの自主的な学習や研修は保障されないのか」という声が出され、子どもたちが主張した内容をそのまま条文化する形で「市は、子どもによる子どもの権利についての自主的な学習等の取組に対し、必要な支援に努めるものとする」と定められていること（七条三）を付け加えておきましょう。

（荒牧 重人）

生活の場での権利保障

▼第1節 〈家庭と子どもの権利〉

親子の間での子どもの権利保障

川崎市子どもの権利条例には、多くの画期的な条項が含まれていますが、そのなかでも特に意味あるものと考えているのが、一九条で親や保護者による虐待と体罰を禁止したことです。体罰は是か非かという不毛の論争を許さないのです。二〇〇〇年五月に「児童の虐待の防止に関する法律」が制定されましたが、そこにも体罰の禁止までは明記されていませんでした。

この条例は、親からの虐待や体罰が、子どもの権利の著しい侵害であるという認識をきちんと骨組として持ち、親子の間での子どもの権利保障を具体化しようとしています。親が子どもを自分の所有物であるかのように錯覚し、子どもを支配し、自分の価値観を押しつけ、愛情の名のもとに、しつけの名のもとに、子どもへの暴力や差別を当然のこととしているという現実に、正面から切りこもうとするものです。

子どもの権利の基礎は、子どもが最初に出会う人間関係のなか、つまり親子の間で培われていくものであるはずです。そこで子どもは自他の人権の尊重と、社会参加のあり方を学び育てることがめざされています。しかし逆にここで深刻な人権侵害が起きてしまうと、生涯癒しがたいほどの傷となって残ってしまうからこそ、虐待や体罰は厳しく禁じられるのです。

親の責務

一七条は、子どもの権利を保障し、最善の利益を確保することを第一次的な責任を親に課しました。これは権利条約五条、一八条の趣旨をよりいっそう明確にし、親の権利について、子どもの最善の利益に一致する限りにおいて、子どもに代わり行使するものという、厳格な制約をつけて、親権の濫用を戒めています。

さらに親子の間でも、子どものプライバシーはみだりに侵害されてはならないということを前提として、親が子どもの情報を入手するについても、子どもの最善の利益を損なわない限りという限定をつけたのです。親が子どものことをすべて知るのはあたりまえと考えてきたおとなにとっては、子どもとの関係に厳しいくさびを打ち込まれたような気がするでしょう。しかしその自覚なくして、親子間での子どもの権利保障は実現されないのです。

子育てへの社会の支援

一八条は、子どもを養育する親への支援が、川崎市からばかりでなく、親の雇い主である企業などからも受けられるようにならなければならないとしています。子どもの養育は親だけの責務ではなく、社会にとっての重要な営みであることを認める必要があります。養育手当などの経済的支援、育児休暇をとりやすくするなどの労働条件上の支援の充実などが課題となるでしょう。

虐待への対応

一九条は前述した虐待と体罰の禁止、そして二〇条は、虐待を受けた子どもの救済と回復のための市の責任を定めました。虐待の通報件数の激増、虐待で子どもの命が奪われる事件の報道も盛んになり、虐待への関心は高まっています。虐待が見過ごされなくなってきたということは意味のあることですが、その後の対応は法的にも、人的、物的にもまったく不十分といわざるをえません。児童相談所が中心になっての緊急介入、一時保護、児童養護施設への入所という手続きは、かなり強力におこなわれるようにはなってきましたが、救出された子どもの心理的なケア、また子どもと引き離された親のケアをおこなうことのできるシステムはほとんど準備されていません。医師、臨床心理士、弁護士、学校教職員、保育園・学童保育の職員、福祉事務所職員、民生委員など、児童相談所や児童養護施設をとりまく市民との連携を深めることが、不可欠です。

安心して生き、自分を守り、守られる権利を奪われた子どもたちが、親以外のおとなたちの支援を得て、再びその権利を回復することが求められています。

親子のパートナーシップ

親子の間に子どもの権利を守る法を持ち込むという考え方は、おとなの側にはなかなかなじめないかもしれません。しかしそれは、子どもの権利のみを一方的に保障するということではなく、親もひとりの人間として、子どもに依存することなく、たがいに自立し、尊敬しあえるパートナーとして、助け合いながら生きるという道を求めるということであり、それにより親の人権も保障されるということなのです。（坪井 節子）

▼第2節

〈学校と子どもの権利〉

子どもにとっての学校

友だちや教職員とともに多くの時間を過ごし、人間形成に大きな影響を及ぼす学校は、子どもたち一人ひとりの権利を大切にした学びの保障の場でなければなりません。

条例では、学校の設置管理者が子どもの権利の保障を図るよう、学校において子どももみずからが育ち、学べる環境の整備に努めることなどを掲げておりますが、子ども一人ひとりの権利を大切にした学びの場を保障するためにも、直接子どもたちに接する教職員の人権意識への啓発、子ども観の共有もまたたいへん重要な課題となります。

条例の制定後に、子ども委員から自分たちの手でこの条例を他の子どもたちに伝えたいという声があがりました。実施した三回の子ども集会では、七つの権利のなかの「安心して生きる権利」「ありのままの自分でいられる権利」「自分で決める権利」などが子どもにとって大切な権利であるとして多くの意見が出されました。自分たちが毎日通う学校で、これらの権利についてどのように考えていけばよいかと子ども自身が話し合い、とりくみのあり方について考え合っていました。

子どもにとって学校は、のびのびと自分らしく過ごせる楽しい場であり、また安心して友だちや教職員と生活しあい、自分の力が十分に発揮できる場であることが大切です。さらには自分らしく自由に自己表現ができ、自己の存在が大切にされ、ゆとりのなかで学ぶことが保障されなければなりません。子どもの思いを大切にした教育指導や学校運営を進めるためにも、権利学習について子ども自身が計画的に、具体的に学べるよう、カリキュラムの整備などが急務の課題となります。

安心して学べる体制の整備

学校で子どもが安心して学べるよう安全を確保するための救急・防災を含む安全管理体制の整備や、虐待・体罰の禁止などを条例で規定しています。

すでに川崎市では『健康で安全な学校生活を送るために―学校（園）事故防止と対応の在り方』（一九九八年）、『子どもの無言のサインに気づくために―虐待への学校の対応について』（二〇〇一年）、『人権尊重教育の推進と体罰防止の具体的方策について』（一九九一年）など、啓発資料を作成し配布しています。各学校でも、安全指導や事故など災害発生に対する緊急体制整備についてきめ細かい組織などをつくっています。しかし保護者・地域・関係機関の連携のあり方を含め、その体制が真に子どもの権利の保障の視点から機能するかなど、改めてその体制整備の点検・見直しが大切となります。その上で、教職員全員が危機管理の視点に立ち、繰り返し研修などを実施し事故の防止に努めることが必要です。

相談体制の整備

前述の条例を子どもみずから伝えていくという子ども集会では、学校に対する意見がいくつか出されましたが、そのなかでわたしたちの声を聴いて欲しい、相談にのって欲しいという意見が出ました。いじめにあったり、体罰などを受けたりした時、あるいは、そのような場面を見聞きした時に一番身近にいる教職員に相談することができたらと、子どもたちも願っています。

現在、スクールカウンセラーや心の教室相談員の配置、また養護教諭や児童生徒指導担当を中心とした校内相談体制が確立しつつありますが、子どもにとって相談しやすいシステムにはいくつか課題があるのが現状です。一番身近にいる教職員が子どもに寄り添い、相談にのったり、子どもと心を通わせたりすることが一番望ましい姿です。カウンセリングマインドで子どもに対応するなど、相談にかかわる資質・力量を備えるための研修の充実や、人権オンブズパーソンとの連携などと校内体制の整備を図る必要があります。

情報の作成と公開

学校においては、子どもの個人情報が適切に管理され、また適正手続きなどにより関連の文書が作成されることが大切です。すでに川崎市では個人情報保護条例や情報公開条例が策定されておりますが、それらを子どもの権利の保障の視点から子ども本人へ正しく伝えていくことも必要となります。

条例では学校において停学、家庭謹慎、出席停止などの不利益処分がおこなわれる場合は、子ども本人から事情や意見を聴く場を設けるなどの配慮について規定しておりますので、手続きのあり方を含め今後どのようなしくみをつくっていくかが課題となります。

自分にかかわる情報を自分で確認できることで、学校は、今後ますます子どもにも開かれていくことでしょう。

（河野 和子）

〈児童福祉施設と子どもの権利〉　▼第2節

児童福祉施設における子どもの権利保障は、子どもがそこで生活する時間が長いこと、子どもの生活全般に及ぶことなどから、家庭や学校、地域とは異なる観点からの権利保障が必要になります。

環境整備

まず、施設の設置者や管理者は、子どもの権利保障が図られるよう、その環境の整備に努めなければなりません（子どもの権利条例二二条一項）。こうした環境には人的・物的環境だけでなく、施設内の規則や子どもの権利にかかわるしくみなども含まれます。これら環境の整備は、設置者・管理者だけの責任でおこなわれるべきものではなく、地域の住民や施設の職員の自主的なとりくみがあってはじめて実質的な内容をもつことになります（同条二項）。

安全管理

子どもが生活する場である施設では、子どもの安全が図られるように安全管理体制の整備・維持がもとめられます（二二条一項）。とはいえ、安全を優先するあまり子どもの自主的な活動が制限されないような配慮も、同時に必要になります（同条二項）。

施設内虐待の禁止

児童福祉施設内においても、家庭と同じく虐待が禁止されます（二三条）。いわゆる「施設内虐待」の禁止です。虐待がおこなわれる背景には、職員が子どもの権利について十分認識していなかったり、虐待された子ども特有の行動への対応方法などが理解されていないこともありますので、職員に対する研修が重要になります（同条二項）。また、施設内で虐待が生じた場合に、子どもが不利益を受けることなく、安心して相談し癒されるしくみも必要です（同条三項）。この場合、施設内だけの解決では十分でないときには、子どもオンブズパーソンのような関係機関と連携することも大事です。

いじめの防止

施設内のいじめの問題も深刻です。学校と違い、子どもが生活する時間が長く、それだけ子ども同士が接触する機会も多いので、いじめが起きたときの被害が深刻化するおそれがあります。そこでまず、施設としてはいじめの防止に努めなければなりません（二四条一項）。いじめの防止にあたっては、いじめた子どもに対してなんらかの制裁を加えるといった対応ではなく、前文にあるように、子どもがたがいに権利を尊重するべきことを理解させる方法がとられなければなりません（同条二項）。いじめ発生の原因やその対応方法などについて、職員が十分な理解をもっていることが、いじめの発生や被害の拡大防止につながりますので、その研修がおこなわれることになります（同条三項）。

いじめを受けた子どもが安心して相談できるようなしくみが整えられなければならないのは、虐待の場合と同じです（同条四項）。いじめの原因は複雑で深刻なことが多いことから、施設だけで対応するのが難しいことがあります。そこで救済や解決のために施設が関係機関と連携しなければならないとされる点も虐待と同じです。

いじめる子どももかつてはいじめられていたり、いじめなければ別の子どもにいじめられるかもしれないと思っていじめることもあります。ですから、いじめた子どもについてもなんらかの対応が必要になるのです（同条五項）。

子どもの本人に関する文書・情報

施設で生活する子どもについては、さまざまな情報が収集されます。保育所の場合には、入所の申込書や家庭状況の調査書が、児童養護施設では児童記録票や養育状況報告書、児童自立支援計画票などがあります。これらは、子ども自身や子どもの家庭に関する情報が記載されていますから、プライバシー保護の観点から適切に管理されなければなりません（二五条一項）。川崎市においては個人情報保護条例がありますが、子どもの権利条例により子どもに関する情報をより慎重に保護しようとする趣旨です。

これら子ども自身にかかわる記録を作るときには、子どもがもっている「自分で決める権利」（一四条）の観点から、子ども自身の意見や親の意見を聞いた上で、作成するなどの配慮が必要です（二五条二項）。ですから、児童福祉施設入所措置決定通知書や措置解除等の決定書、自立援助計画書などを作成するときには、子どもや親の意見が聞かれなければなりません。また、子どもに関する情報は、その目的のために収集、保管され利用されるべきであり、たとえば子どもの福祉に関する情報が犯罪捜査のために利用されてはならならないのです（同条三、四項）。

子どもに関する文書や収集された情報は、子どものプライバシーにかかわることですから、子ども自身のコントロールのもとに置かれなければなりません。これらの文書や情報は、子どもに示されまたは示されるような配慮が必要になります。施設入所措置の決定書などについても、子どもに提示されるよう配慮されなければならなくなります。もちろんすべての情報を子どもに開示することは、場合により子どもに精神的ダメージを与えたりすることもありますので、子どもへの情報開示は、子どもの最善の利益に合致する方法でおこなわれるべきです（同条五項）。

子どもは、年齢と成熟に応じて自分のことを決定する権利が保障されますので、施設の入所退所や変更等の場合には、子ども自身から事情や意見を聞く場を設けるなどの配慮がなされなければなりません（同条六項）。

おわりに

児童福祉施設で子どもの権利保障を実現するにあたりまず必要なのは、児童福祉の目的は子どもの権利保障にあるのであって、子どもを弱者として保護の対象としてのみとらえるべきではない、という理念を確認することです。かつて福祉は、どちらかといえば恩恵的な意味合いでとらえられ、対象者がなにを必要としているか、どのようにサービス提供をするかを、サービスを提供する側が一方的に判断する傾向がありました。しかし、子どもの権利条例はこうした福祉観の転換をもとめ、子ども主体の福祉制度を設けることを意図しています。児童福祉施設においても、こうした理念にもとづく運用がもとめられていることに留意する必要があるでしょう。

（吉田 恒雄）

▼第3節 〈地域と子どもの権利〉

条例第三章の第三節では、地域という生活の場における子どもの権利の保障についてのべています。そこでは、地域が子どもの権利実現にとってとくに大切と思われる点を三つ取り上げています。

子育ちの場としての地域の確立
—地域教育会議等のNPO・市民活動の支援

一つは「子どもの育ちの場等としての地域」（第二六条）です。

こんにち、家庭や学校は追いつめられています。少年事件や虐待・体罰、いじめや校内暴力など子どもの問題が起きるたびに、親による家庭教育・しつけのあり方や、学校、教員の「指導力」不足、管理教育などが問われ、結局のところ親も教師も孤立しつつ背負いきれないほどの責任を負わされて追いつめられてきました。

これ以上、家庭や学校だけを議論し、追いつめるのではなく、家庭や学校を支え、その不完全さをカバーできる地域をこそ再生していくことが重要です。

二六条一項では、「地域は、子どもの育ちの場であり、家庭、育ち・学ぶ施設、文化、スポーツ施設等と一体となってその人間関係を豊かなものとする場である」とのべ、市は、そのための「まちづくりに努めるものとする」とあります。

同条二項では、市が、そのように地域を再生し、子どもの育ちの場として形成していくために、「子ども、その親等、施設関係者その他住民がそれぞれ主体となって、地域における子育て及び教育環境に係る協議その他の活動を行う組織」、たとえば五十一中学校区で活動している地域教育会議などの団体の「整備並びにその活動に対し支援に努めるものとする」（二六条二）とものべています。地域の再生という場合、応々にして、かつてのプライバシーのない、きゅうくつな〝閉ざされた地域の人間関係〟を思い浮かべがちですが、そうではなく二十一世紀は、自立した市民・NPO・NGOを軸にした再生が求められています。地域における子どもの権利保障は、そのような〝市民的共同〟を通して進められていくことになるでしょう。加えて地域の市民・NPOなどの活動は、本来自主的、自治的に地域に展開されるものであるがゆえに特定の団体名などを挙げていません。PTA、社会教育関係団体や地域のさまざまな自主的な子ども支援NPO、文化団体などが、自治体サービスとは異なる役割を果たしつつ、自治体と連携・協働して地域の再生を図ることが期待されています。自治体による支援とは、このような市民・NPOとのパートナーシップのもとで、相互に支え合うという見地から求められる支援であり、援助するが支配しない（サポート・バット・ノットコントロール）原理であることが確認されるべきでしょう。

地域に子どもの居場所を求めて

地域再生の課題として、とくにいま求められているのが、子ども、若者の居場所です。居場所は、家庭や学校などあらゆるところに必要ですが、とくに地域の役割は大きいといえます。

「制服でお店にいると店員がじろじろ見る。監視されているようでイヤ」「コンビニの前でたむろしていたら、帰りなさいっていわれた」「ファミレスやカラオケはお金がかかる。無料でぼくたちがくつろげるところがない」

こんな意見が中・高校生世代からよく出ます。地域のおとなの子どもを見る目がきつい。監視・管理の対象として子どもを見る傾向が強くなるなかで、条例は〝子どもに優しい地域〟の復活を求めています。

二七条では、「子どもには、ありのままの自分でいること、休息して自分を取り戻すこと、自由に遊び、若しくは活動すること又は安心して人間関係をつくり合うことができる場所（＝「居場所」という。）が大切である」として、市が、「居場所についての考え方の普及並びに居場所の確保及びその存続に努め」、「居場所の提供等の自主的な活動を行う市民及び関係団体との連携を図り、その支援に努める」としています。

条例の審議の際は、「休息して自分を取り戻すこと」とかかわり、「子ども特別休暇」（子どもに対し「欠席扱いにならない休暇」を年間十日間保障する制度―日弁連提唱）を設けるかが議論になりました。地域の中で子どもたちが自分らしく活動していくためには、学校側の協力も不可欠です。この議論は将来の子ども施策の課題として残されましたが、おとな社会が子ども側の切実なニーズにどう応えていくかが問われているといえます。また、今後は、十代の子どもたちのほか、障害のある子ども、外国人市民の子どもなどマイノリティの子どもの居場所についても検討していくことが求められています。

地域における子どもの関係づくり

子どもたちがありのままの自分でいるためには、それを受け止める関係やおとなの存在が不可欠です。子どもへの期待や注文を一方的に押し付けるおとなではなく、子どもの自由で自治的な活動を支えるサポーター、これを支えるファシリテーターが必要です。二八条では、「地域における子どもの活動が子どもにとって豊かな人間関係の中で育つために大切である」との自覚のもとで、市が「地域における子どもの自治的な活動を奨励するとともにその支援に努める」とうたっています。その支援の具体的な施策としては、子どもの自主活動を支える人材養成や拠点づくりが課題となるでしょう。

（喜多明人）

子どもの参加の権利の保障

子どもとおとなのパートナーシップ

子どもは、大人とともに社会を構成するパートナーである。子どもは、現在の社会の一員として、また、未来の社会の担い手として、社会の在り方や形成にかかわる固有の役割があるとともに、そこに参加する権利がある。そのためにも社会は、子どもに開かれる。

（条例前文四段より）

第四章の「子どもの参加」条項を理解していくためには、前文、第二章など関連条文をあわせて考えていくことが大切です。前文に示された子どもの参加の理念は、条例づくり自体における子どもの参加をはじめとして、この条例全体を方向付ける基本的な考え方となっています。子どもが「おとなとともに社会を構成するパートナー」であるという子ども観をふまえつつ、子どもの参加する権利（一五条）の現実的な保障のあり方が第四章に示されていると考えるのが自然な読み方でしょう。そこで示された子ども参加の支援のしくみは、子ども会議や子ども集会など現にこれまで川崎で進められてきた子どもたちのとりくみのうえに、さらにこれを発展させるためのしくみとして構成されています。

条例では、まず一五条で「参加する権利」を規定しました。

そのうえで第四章の二九条で、「市は、子どもが市政等について市民として意見を表明する機会、育ち・学ぶ施設その他活動の拠点となる場でその運営等について構成員として意見を表明する機会又は地域における文化・スポーツ活動に参加する機会を諸施策において保障することが大切であることを考慮して、子どもの参加を促進し、又はその方策の普及に努めるものとする。」（傍点は筆者）と定めています。

ここで子どもは、(1)市民として、(2)構成員として、(3)地域の活動主体として参加する権利を行使していくことが期待されていることに留意する必要があります。

「川崎市子ども会議」の設置

〝市民として〟の参加制度としては、川崎市子ども会議が提案されました。十年以上前からこんにちまで五十一の中学校区単位で活動し始めた地域教育会議では、地域の教育のあり方を地域住民、親・保護者、教職員とともに話し合うとともに、各地で子ども会議を企画・運営してきました。そこでは「子どもたちから出された意見をどう受けとめるのか」が親・住民にとっての実践的課題となっていました。「意見の言わせせっぱなし」では、子どもたちは、二度と参加しないでしょう。

「子どもたちの意見を誠実に受けとめ、市政に反映できるルートがほしい」そのような地域教育会議関係者など子ども参加の支援をおこなってきた人々の意見を反映させる形で三〇条が定められたといえます。

三〇条では、「市長は、市政について、子どもの意見を求めるため、川崎市子ども会議を開催する」とし、子ども会議は、「その主体である子どもが定める方法により、子どもの総意としての意見などをまとめ、市長に提出」、市長などは、その「意見等を尊重するものとする」とされました。

条例上のモデルとなったのは「外国人市民代表者会議」です。国会では外国人市民の地方参政権問題が難航していますが、川崎市はいち早く、参政権を持たない外国人市民の意見を市政に反映するしくみをつくりました。子どもも参政権を持たない市民であるから〈子ども市民〉の声を市の施策に反映させるルートをつくりたい、との思いがここに込められています。

市は、このような「子ども会議にあらゆる子どもの参加が促進され、その会議が円滑に運営されるよう必要な支援を行う」とされていますが、もちろん、子ども会議は、「子どもの自主的及び自発的な取組により運営されるものとする」(三〇条二) ことが基本です。したがって、二〇〇一年度は、子どもたちの参加を募り、「川崎市子ども会議準備会」をおこない、具体化がはかられる予定です。

地域の自治・参加活動の拠点としての子ども会議

以上のべたことは、子ども会議の一面です。子どもの意見を市政に反映するという条例上の機能に限っています。実際に各地域、地区においておこなわれてきた子ども会議では、子ども同士の話し合いのほか、その地域に独自なさまざまな文化・芸術・スポーツなどの活動が展開されていました。そしてそれらの活動を通して、子どもたちは「豊かな人間関係」をつくり出してきたといえます (二八・二九条)。

「最近の子どもたちは、公園なんかであまりみんなで遊ばなくなったように思う。わたしたちのころはみんなで遊んで楽しんでいたのに」。条例審議の場でとびだしたある女子中学生委員の発言です。中学生から見てもいまどきの子どもたち（小学生世代）の関係のおかしさを感じているようです。確かに、いじめ、幼児虐待、学級崩壊や体罰など、子ども同士、子どもと親、子どもと教職員などの〈関係不全〉を裏付ける問題が多く発生しています。

そのようななかで子どもたちが、自力でかつ自然に世代として意思をまとめ、おとな社会に向かって意見表明し参加してくるとは思えません。だからこそ条例では、参加の制度的しくみだけでなく、それ以上にこれを活用できる参加主体の成長と、その支援のあり方に注目してきました。

三一条では、「参加活動の拠点づくり」を掲げ、「市は、子どもの自主的及び自発的な参加活動を支援するため、子どもが子どもだけで自由に安心して集うことができる拠点づくりに努めるものとする」としました。また、施設設置管理者は、「その構成員としての子どもの自治的な活動を奨励し、支援」し、「自治的な活動による子どもの意見等については、育ち・学ぶ施設の運営について配慮されるよう努めなければならない」と規定しました。すでに、この参加活動の拠点として、「子ども夢パーク（仮称）」構想が公表されていますが、これを子ども参加型でどう実現していくか、また各行政や地域ごとにどう拠点を作っていくか、課題は多いといえます。また、人的条件としては子どもの自治や参加活動を支援していけるサポーターないしファシリテーターが必要です。すでに滋賀県が子ども参加のサポーターの公募をおこなっていますが、子ども参加を支える人々の養成と配置が欠かせない課題であるといえます。

学校教育推進会議の試行

〝構成員として〟の参加の具体化としては、条例では以下のように規定されました。

（より開かれた育ち・学ぶ施設）

第三三条　施設設置管理者は、子ども、その親等その他地域の住民にとってより開かれた育ち・学ぶ施設を目指すため、それらの者に育ち・学ぶ施設における運営等の説明等を行い、それらの者及び育ち・学ぶ施設の職員とともに育ち・学ぶ施設を支え合うため、定期的に話し合う場を設けるよう努めなければならない。

この条文の具体化として、現在、福祉施設は別として（準備中と思われる）、「学校教育推進会議」が提案されています。二〇〇一年三月六日に教育長名で川崎市内の市立学校（園）に通知された『「学校教育推進会議」試行のための留意事項について』においては、『「学校教育推進会議」試行のための指針』および『「学校教育推進会議」試行のための留意事項』が添付されました。

『指針』では、「学校教育推進会議は、…学校（園）の運営等について、保護者、地域住民、幼児・児童・生徒、教職員、有識者等の意見の聴取とその説明等を行い、ともに協力し支え合うために学校（園）に置くものとする」とし、委員は十名程度、一年間の試行期間を任期とし、「委員の構成等」として校長（園長）、保護者、住民、教職員のほか、「幼児・児童・生徒」を含めたところに特徴があります。この会議の制度的位置付けについては、二〇〇〇年度に施行規則化された「学校評議員」の機能と子どもの権利条例三三条に規定された「定期的に話し合う場」としての機能の両者を有する、としています。

この指針は、「幼児が園の運営に参加？」といったマスコミネタにもなりましたが、小学生を含め幼児・児童期の子どもの参加をどのように具体化するかは、これからの現場の努力にかかっています。指針・留意事項では、卒業（卒園）生を委員とできることなど「年齢や成熟にふさわしい参加の在り方を配慮する」こととうたわれています。その点を含めて、一年間の試行によって、各地域、各学校の創意工夫がなされ、その学校にあった独特な参加のしくみが創られていくことがのぞまれます。

この学校教育推進会議の試行にとって基本的な課題は、子どもの参加を支援する親・保護者（条例一七条）や地域住民（二六条）が「共に支える」意識で参加し、子どもの意見表明権の行使をバックアップできるか、にあるといえます。これまで、学校は玄人（専門職）の責任で運営することがあたりまえとされ、親や住民、子どもは責任を負わずに要求や意見を出せばいい、という風潮がありました。しかし、これからは、素人である子どもや親、住民などが教職員と「ともに学校を支え責任を共有する」立場から参加することが求められています。とくにその際には、「子どもの参加の権利」を実現する条例の趣旨に則して、親・保護者、住民の代表あるいは教職員も、子ども代表の意見表明・参加を受けとめ、支えつつ会議を進めていける力量が問われることになるでしょう。また、そのような構成メンバーの意識をふまえて、校長がどのように人選するかも今後の課題として残されます。学校評議員制

（教委任命制）とは異なり、「校長の委員選定権」が指針化され、各地域・学校で、校長中心に独特な委員選びの方法が検討されることになるでしょう。

市施設の設置・運営への子ども参加

このほか、条例では、子どもが普段利用する施設の「設置及び運営に関する子どもの意見」の反映を三四条で求めました。すなわち「市は、子どもの利用を目的とした市の施設の設置及び運営に関し、子どもの参加の方法等について配慮し、子どもの意見を聴くよう努めるものとする」とあります。

たとえば、滋賀県近江八幡市では、子ども議員と地元のおとなの住民が入札に参加し、共同して児童公園づくりをおこなっています（朝日新聞二〇〇一年一月四日「社説」など）。また、東京都杉並区では、児童館の建設及び運営に中学生・高校生が参加し注目されました。川崎市においても、これまで子ども・夢・共和国の子どもたちが、地域・まちづくりのための検討や調査をおこなってきました。

子どもが自分たちの生活するまち、利用する施設などについて意見をのべ、そのあり方に関与する経験をつむことは大切なことです。子どもはいまの社会を構成する市民であり、川崎の地域に住んでいる住民です。おとなよりもはるかに長く川崎という地域で生活していくはずであり、これから子育てし、地域を支えていく主体となる存在でもあります。子どもは、地域において環境への権利をもつ主体として尊重されなければなりません。

他方、子どもにとっては、そのような環境づくりへの参加などによる社会貢献によって、「けっこうわたしたちもやれるんだ」と自信を深めるとともに、川崎市民として受け継いでいくうえで欠かせない地域への愛着と帰属への意識を形成していくことになります。そのような環境への参加主体として各地域の子ども会議が中心的な役割を果たすことが期待されており、子どもの参加や居場所となる拠点施設づくりについても計画段階から参加していくことになるでしょう。

（喜多 明人）

▼第5章

子どもからの相談と権利救済

はじめに

子どもの権利条例は、子どもの権利救済について第五章で「相談及び救済」として規定しています（三五条）。その具体的なしくみや救済の方法は、二〇〇一年六月二十九日に成立した「川崎市人権オンブズパーソン条例」で、女性の権利救済とともに定められています。

このような規定形式になったのは、川崎市ですでに活動している「市民オンブズマン」に加えて、人権救済を目的とする「人権オンブズパーソン」を統合した「統合的オンブズマン」制度がつくられたことによります。そのため、子どもの権利条例の本文では、子どもが「川崎市人権オンブズパーソン」に相談できること、子どもの権利救済などについては、子どもの特性に配慮して、関係機関などとの連携を図るのものとした一カ条のみが設けられることになりました。

これにより子どもの権利救済は、川崎市人権オンブズパーソン条例にもとづいて設置される人権オンブズパーソン（同条例一条）が所管する子どもの権利侵害に関する事項として扱われることになります（同条例二条一号）。

人権オンブズパーソン制度は二〇〇二年五月一日から施行され、子どもの権利侵害ケースを担当する人権オンブズパーソンが「子どものオンブズパーソン」として活動することになります。

子ども固有の権利救済制度の必要性

子どもの権利救済制度を考えるにあたり、まず留意しなければならないのは、子どもの権利救済のためには子ども独自の制度が必要である、ということです。

その理由は、第一に、子どもが十分な判断能力をもっていない段階では、子どもにとってなにが権利であるか、権利侵害がどのようなものであるかを子どもが理解するのは困難だからです。ですから、おとなが権利侵害を訴えるのとは異なるしくみが必要になります。

第二に、子どもの権利侵害でなにより特徴的なことは、子どもへの加害が子どもを保護すべきおとな（親や教職員等）によりおこなわれるということです。子どもは、これらの保護者に依存し、その庇護のもとで生活せざるをえません。このような状況におかれた子どもが、その保護者による加害を訴えるでしょうか。また、これらの場合、保護者が子どもの権利救済のために行動するとは考えにくいのです。

第三に、子どもに加えられたこれら行為は、子どもの心身の発達に重大な影響を残すということも指摘されています。こうした影響から子どもを回復させるには、子どもの権利救済と並行して回復のためには子ども独自の支援（たとえば、心のキズを受けた子どものためのカウンセリング）がおこなわれなければなりません。

第四に、子どもの権利侵害は、市の機関によっておこなわれるだけでなく、家庭や地域その他市の機関以外の者によってもおこなわれます。このような「民間」による権利侵害にも対応できるようにしておくしくみが必要になります。

以上の理由から、子どもの権利救済には、権利および権利侵害の啓発、権利侵害の中立や救済の方法、回復などの点で、おとなに対する救済制度とは異なる制度が必要になるのです。この制度は、子どもの最善の利益の確保を目的に、子どもの立場に立って子どもを代弁し、子どもに寄り添って活動する子ども独自の制度（子どものオンブズパーソン制度）でなければなりません。

以上の趣旨から、子どもの権利条例三五条二項では、「子ども及びその権利侵害の特性に配慮した対応に努めるもの」とされ、さらに川崎市人権オンブズパーソン条例（以下、オンブズパーソン条例といいます）では、人権オンブズパーソンは「相談又は救済の申立てに係る事案の特性を踏まえて、その職務を遂行しなければならない。」（同条例四条三項）と規定されています。

子どもの権利救済のしくみ

役割

子どものオンブズパーソンの役割は二つあります。一つは子どもからの相談や権利侵害の申立てにもとづいて、子どもの権利を救済する「個別救済活動」です（同条例三条一項）。もう一つは、子どもの権利侵害状況を是正し、その予防をするためにおこなわれる「監視機能」です（同条例二一～五号）。

相談と申立て

子どもはまず、自分が困っていたり、口惜しかったり、自分が感じている苦痛を他人に聞いて欲しいと思った段階で相談できます（同条例一二条一項）。子どもがその能力や置かれた状況から自分で相談できないときには、子どもに代わっておとなが相談できるようにしておくことも重要です。もちろんこの場合のおとなは、親その他の保護者に限らず、子どもの権利侵害を知った人はだれでも相談できるものとされています（同項）。相談に対しては、子どものオンブズパーソンは必要な助言や支援をおこないますが（同条二項）、勧告・意見表明・公表には次の申立てが必要になります。

子どもの悩みや苦痛がたんなる苦痛や悩みにとどまらず、侵害された権利の救済や回復などをもとめるときは、子どもの権利侵害の申立てがおこなわれることになります（同条例一三条）。申立ては、権利を侵害されたと思う子どもだけでなく、子どもの権利が侵害されたことを知った子どもやおとなも申立をすることができます（同条例一四条一項）。申立ては原則として書面によりおこなわれますが、それができないときは口頭によりおこなうこともできます（同条例一三条二項、一四条二項）。

調査

権利侵害を受けた子どもなどの申立により、子どもの権利侵害事案の調査が開始します（同条例一五条一項）。申立てが子ども本人以外の者からおこなわれた場合には、調査により本人が不利益を受けるおそれもありますので、子ども本人の同意が必要とされます（同条二項、一六条二項）。この他、子どもの権利侵害の申立てがない場合でも、子どものオンブズパーソンが自ら調査を開始することもできます（同条例一六条一項）。

救済

調査や子どもの救済にあたり、市の機関の協力が必要なとき、子どものオンブズパーソンは、市に協力をもとめ、市は速やかにこれに協力しなければなりません（同条例五条二項）。家庭における虐待からの救済における児童相談所との協力のように、救済にあたり市の機関による権限の行使が必要になることもあるでしょう。さらに権利を侵害された子どもが身体的・心理的に回復し、社会復帰することができるようになるためには、民間機関を含む関係機関との連携も考えられます（同条例七条）。

子どもの権利侵害が市の機関によりおこなわれている場合、調査の結果、必要があると認められたとき、子どものオンブズパーソンは、子どもの権利侵害状況を改善するために、市の機関に是正などの措置を講ずるよう勧告をおこなうことができます（同条例一九条一項）。子どもの権利侵害の原因が市の制度それ自体にあると認められるときは、子どものオンブズパーソンは、権利侵害の再発予防のために、制度改善のための意見表明をすることもできます（同条二項）。市は、これら勧告や意見表明を尊重し（同条三項）、勧告については是正措置の報告をしなければなりません（同条五項）。

さらに、子どものオンブズパーソンは、市の機関または市の機関以外の者がとった子どもの権利侵害行為の是正が不十分であると認めるときは、必要に応じてその内容を市民に公表し（同条七項）、または公表するよう市長に求めることができます（同条例二二条二項）。このように、子どものオンブズパーソンの勧告や意見表明は、実際に実現されるような手だてが講じられているのです。

専門調査員

子どものオンブズパーソンの職務に関する事項を調査するために専門調査員が置かれます（同条例二五条二項）。権利侵害に関する調査だけでなく、権利侵害を受けた子どもの回復についても、専門調査員は重要な役割を果たすことが期待されます。もっとも、広域での活動にはおのずと限界があるため、子どもが地域において自分の力で生きていけるようになる（エンパワメントされる）ためには地域や民間機関の支援が不可欠になるでしょう（同条例六条）。

おわりに

川崎市では、全国にさきがけて市民オンブズマン制度がスタートしており、行政や市民の間でかなり根づいていると思われます。しかし新たに作られた人権オンブズパーソンとしての子どものオンブズパーソンは、これまでの市民オンブズマンとは異なる役割をもつものです。この制度が実質的に機能するようにするには、市民の間で子どもオンブズパーソン制度について十分な理解が得られるような啓発が必要であり、同時にこうした活動への連携が不可欠になります（子どもの権利条例三五条二項）。子どもの権利条例の内容を実現するには、子どもオンブズパーソン制度がいかにして実効性をもって子どもの権利保障のために機能するかにかかっているといってよいでしょう。

（吉田 恒雄）

子どもの権利に関する行動計画と保障状況の検証

子どもの権利保障と市の役割

いじめや虐待そのほか子どもをめぐって痛ましいニュースに接したとき、その原因とともに救済のあり方になにかやりきれない思いを持つことがあります。苦痛を受けていると感じたり、あるいはそうした状況に置かれた子どもにとってまずなによりも大切なことは適切な救済がなされることであり、そのしくみを整えておくことは、子どもの権利保障にとってとても大切なことです。しかし、一方で、子どもの権利保障といった場合、こうした救済だけにとどまるものではないということも理解しておく必要があります。

子どもは、権利の主体であり、権利を行使する主体です。子どもの日常の営みは、よりよい権利保障とともになければなりません。いいかえれば、子どもが安心して、ありのままにいることができ、侵害を受けず、力づけられ、主体性をもって、いきいきといろいろな場で自分を発揮できる。つまり、条例の二章や三章にかかれていることを、いつもよりよく保障されていること、そうしたことが必要なのです。

ところでこうした子どもの権利保障には、親、教職員、近所の人たち、あるいは同年代、年齢の異なる子どもなど、いろいろな人たちがかかわり合い、それぞれに大切な役割を果たしているのですが、子どもの生活の「場」が地域を単位としていることが多く、そうした人たちの営みを支える地域自治体＝川崎市の役割が大きいこともまた知っておく必要があります。

子ども施策と行動計画

以上のような市の役割は、自治体がすすめる「子ども施策」という形でおこなわれ、果たされます。基本的には、関係する人たちを力づけ、関係する人たちをネットワークで結び、施設などを整備し、場合によっては、子どもの権利にかかわるサービスなどを直接におこなう、そんな施策がなされるのです。こうした子ども施策をおこなうに当たっては、次の二つの視点が必要です。

①子どもの施策は子どもだけにかかわる施策ではないということ

②子どもの権利保障には法律ごとの行政分野を越えた連携と総合性が必要だということ

市の子どもにかかわる施策は、児童福祉行政、教育行政、青少年行政といった形でおこなわれていますが、子どもの生活の「場」は、それぞれの分野ごとに、また子どもだけの隔離された「場」があるわけではありません。つねに、おとなもかかわるふつうの社会と連続しています。ひょっとしたらおとなと「場」を共有していることの方が多いのかもしれません。通勤のために通る道路は、子どもの通学路であり、子どもが集う公園も、おとなにとって安らぎの場であることがあります。学校や、保育園、幼稚園など子ども専用の場所も、その環境やそれらを支える人たちのことを考えるとけっして隔離された場であるということはできないのです。また、子ども施策を法律や行政の視点からではなく、子どもの「眼」から見たとき、それは○○行政といってわけることのできない側面があることにも注意をする必要があります。

子どもの権利条例は、そうしたことをふまえ、五章で、特に具体的に子どもにかかわることがらについてちぐはぐにならないように、子どもにかかわる施策が、①子どもの最善の利益に基づくものであること、②教育、福祉、医療等との連携および調整が図られた総合的なものであること、③関係する人たちとの連携を通して一人ひとりの子どもを支援するものであることを求め、そして、具体的に総合的な行動計画を市に義務づけています。さらに行動計画をつくる際には、次にみる「川崎市子どもの権利委員会」の意見を聞かなければならないというしくみをとっています。

検証のしくみと子どもの権利委員会の設置

さて、子どもの権利保障のためのさまざまな施策は、法律や条例そして計画を立てて方向づけをしておけば、あとはうまくいくということには必ずしもなりません。子どもに影響がありそして日常的な問題の多くは、当事者や行政には意識しにくかったり見えにくかったり、あるいはいくつもの解決策が必要であったり、関係者が見方や意識を変える必要があったり、難しい問題を抱えているからです。問題をそのままにし、気づかないでいるとき、子どもにとって深い傷として刻まれることすらあります。その子どもの視点に立ってそれを検証し、フィードバックさせるしくみが必要です。

子どもの権利条例では、六章で、そうした役割を「川崎市子どもの権利委員会」（以下、権利委員会）に担わせています。条文では、「子どもに関する施策の充実を図り、子どもの権利の保障を推進するため」（三八条一項）とした上で、市長や教育委員会の諮問を受ける形ではありますが、子どもに関する施策や子どもの権利保障の状況について調査審議し、その検証をおこなうことになります（同条二項）。

検証とその手続

条例では、調査審議＝検証は、市長などの諮問によっておこなわれることになっています。二〇〇一年九月に発足した最初の権利委員会には、「子どもの参加」について調査審議するよう諮問がなされましたが、このように諮問によって検証がはじまるしくみには、権利委員会の検証が行政機関の諮問に枠づけされるのではないかとの心配もあります。いうまでもなく、権利委員会の検証は、子どもの現実に即して市の施策を検証し、子どもの権利をより実効的に保障していこうとするものですから、市長や教育委員会は、権利委員会と十分意見を交換しふさわしい諮問をすることが求められます。一方で、そうした心配の反面、このしくみにおいては、当然に行政機関間あるいは行政機関と権利委員会の「調整」を促すことになりますので、子どものことを思っての真摯な調整がなされれば、むしろあとの検証作業は実りあるものとなるはずです。

検証の手続ですが、条例では、諮問された点についてまずは行政自身が「評価」をし、権利委員会に報告しなければならないことになっています（三九条二項）。そして、「評価等を行うべき事項」（評価事項）については、権利委員会が示すことになっていますが（三九条一項）、なにについて、どのような観点から評価をするのかが示されることになるでしょう。権利委員会が示すこの「評価事項」は検証の作業をはじめるに当たってとても大切なものです。

権利委員会に出された行政の評価は市民に示され、権利委員会によって意見が求められるとともに、子どもの意見もまた聴かれることになります。こうしたことを通じて、子どもが置かれている現実と照らし合わせることになるわけですから、意見を聴くこうした手続はとても大切なものであると考えておかなければなりません。市民の意見といった場合に、もちろん一般的に意見を求めることも必要ですが、子どもとかかわりの深い人、グループ、市民団体とどのように意見交換できるかが大切ですし、市民の方も子どもについての重要な情報や意見は正確に伝えなければばならないでしょう。さらに、子どもとの意見交換は、どういう形で、どういう子どもたちに聴くのかなど、相当に工夫のいるところであり、権利委員会の腕の見せどころです。形式的なものになったり、形骸化してしまうことが許されない場面です。

以上の「評価」と市民・子どもの意見をもとに、権利委員会は、子どもの権利の保障状況について調査審議し、検証作業を終えることになります。そして、その結果は、答申という形でまとめられ、市長や教育委員会に手渡されます。答申は、四〇条によれば、尊重され、さらにそれに基づき必要な措置をとりなさいと規定されていますが、それを確かなものとするためには、権利委員会では、十分な審議をし、委員全員が納得できるような答申に仕上げていくことが大切だと思われます。なお、説明責任を果たすという意味になるかと思いますが、市長は、答申に基づいて講じた措置について子どもや市民そのほかに公表しなければなりません。

子どもの権利委員会のメンバー

さて、子どもの権利保障にとって以上のように「かなめ」の役割を果たす権利委員会ですが、どのような人たちをそのメンバーにするかはとても大切なことです。人数は一〇人以内で（三八条三項）、人権、教育、福祉などの子どもの権利にかかわる分野で見識や実績のある人たちのほかに、市民がメンバーとして予定されています（同条四項）。条例では、市長の委嘱によってメンバーが決まることになっていますが、選考にあたっては、幅広く情報を集め、必要な検討を重ねた上で、子どもの権利保障についてきちんと検証できる人たちを選ばなければなりません。川崎市では、「川崎市子どもの権利委員会規則」とさらに細かい点を要綱という形で定めていますが、それによれば、選考委員会を市長の下に設けて、学会や弁護士会などの意見も聴きながら候補者名簿を作り、それに基づき委嘱をおこなうこととしています。また、市民の委員は、公募に基づいて選考がおこなわれることが規則で定められています。

（野村　武司）

人権オンブズパーソンと統合的市民オンブズマン制度

「川崎市子どもの権利に関する条例」において、子どもは川崎市人権オンブズパーソンに対し、権利の侵害について相談し救済を求めることができるとされ、「川崎市人権オンブズパーソン条例（以下「条例」という）」は人権オンブズパーソンの活動内容を規定しています。わたしは事務局の一員として、一九九九（平成一一）年度から二年間にわたり、「統合的市民オンブズマン制度検討委員会」（以下「委員会」という）の議論にかかわらせていただきましたが、ここでは、「委員会」の提言および「条例」に基づき、新たに創設・施行される「人権オンブズパーソン」の活動イメージを描いた上で、制度設計の概略を説明していくこととします(1)。

人権オンブズパーソンの活動イメージ
―具体的な事例を通じて

以下は、「委員会」提言および「条例」にもとづき、新たに発足する「人権オンブズパーソン」の活動をイメージしたものです。組織ができ活動をはじめ、それですべてが終了するのではありません。新たな組織は地域のなかで子どもや女性の権利が守られるべく、市民社会の苦悩と困惑を抱え込んでいきます。

▼附則

①子どもからの電話が鳴り響きます。専門調査員A（子ども担当）は受話器を握り、子どもが語る言葉の一言ひとことに耳を傾けます。今回の電話は、学校でのいじめに関するものでした。「長い間だれにも相談できなかった」、「心配をかけるので親にも言いたくない」、こういった心の扉が開くまで専門調査員はじっと耳を傾けます。同級生や先生がわかってくれないという悔しさ、心のなかに閉じこめてきた苦しさ、それらを子ども自身が自ら語り出すまで受話器を握りしめます。そして、専門調査員はただ待つだけでなく、「君にとって大切なことを一緒に考えて行こう。困ったことがあれば、いつでも会いに行くよ」と、子どもの孤立感を取り除く努力も続けていきます。

「子どもオンブズパーソン」は、子どもの利益の擁護者であり、子どもの代弁者です。「子どもに寄り添う」存在であることは、「子どもと子どもの関係」においてもなんら変わるものではありません。子どもは初めからそのすべてを語るものではなく、子どもが専門調査員を信頼できる相手として受けとめてくれるまでには相当の時間がかかります。

②子どもの声に熱心に耳を傾けている専門調査員のうしろでは、「子どもオンブズパーソン」が児童虐待に関するケース記録を読んでいます。児童相談所や学校、教育委員会、子どもサポーター（オンブズパーソンと協定を結び地域社会で子どもの支援活動をおこなう市民活動団体）などとの連携のもと、今後の対応方針を決定しようとしているところです。

③別の階にある相談室では、夫の虐待から離婚を決意し、事務局を訪れた母子が、「男女平等オンブズパーソン」、専門調査員C（男女平等担当）、川崎市の婦人相談員を交え、今後の生活のことについて話し合っています。

一カ月前のことでした。夫の暴力に悩んだ女性から電話がかかってきました。専門調査員Cは女性がなにを求めているのかをじっくりと聞きます。本人がなにを求めているのか、どうしたいのか、このあたりの見きわめが本当に難しい。人は常に揺れるものです。五年間耐えつづけてきたこと、自分だけならともかく子どもに手をあげる夫は許せないこと、離婚したいこと、電話の向こうから必死な思いがつたわってきます。

それからも専門調査員は何度か話をかわしました。「意思が堅いのであれば夫の元から子どもとともに逃げる方向で進めよう、あなたはこれまでも十分に耐えぬいてきた。あなた自身がいたらないのではない、努力や能力に欠陥があるのではない、自分を責めてはいけない」「ここを出た後の生活はどうなるのでしょう」という問いかけに、子どもを連れて逃げる場合で、所持金がなければ生活保護の申請をおこなうことになること、しばらくの間、シェルターで生活し、二週間程度の間に自立した生活の方向性をきめていかなくてはならないこともあわせて説明しました。また、いま続けているパート勤務は夫が後を追ってくることを考えると難しくなることや、子どもも現在の保育園に預けることはできなくなるため、新たな生活場所が決まった後、別の保育園への入園手続をふむことなども説明しました。

女性の離婚の意思は堅いものでした。今日は今後の生活も含め最終的な意思確認をおこなう日です。おとなたちの話にあきたらしく、子どもが相談室の床をかけまわり始めました。通りかかった別の専門調査員B（子ども担当）が子どもを抱き上げ、「少し遊ぼうか」と声をかけます。

制度設計の課題について
—既存組織、市民活動団体、ＮＰＯとの有機的な連携

新たにできる「人権オンブズパーソン組織」は、人権オンブズパーソン二名（担当＝子ども及び男女平等）、専門調査員四名、事務局職員三名によって構成されています。活動イメージでのべたとおり、この組織は人権救済に向けて、被害者からの相談を受け付け、加害者を説得し理解を求めます。オンブズパーソンは強制的な権限を有しません。川崎市民の大きな信頼を得ているという権威をもとに、相談を受けつけ、説得し、理解を求めるという、ひたむきな行為を繰り返していくのです。学校や児童相談所などの関係機関と連携をとり、ＮＰＯや市民活動団体の協力を得ながら、被害者の側に寄り添いながら事案解決に向けて活動していきます。

制度設計において第一に考慮されたことは、リクルート事件の反省をふまえ、市民と行政の信頼回復を図ることを主眼として設立された「川崎市市民オンブズマン」と、新たにできる「人権オンブズパーソン組織」をどういうふうに整合性をつけていくのかという点でした。提言によれば、両組織は定期的に開催される「オンブズマン会議」によって意見調整を図り、市民間の人権救済をおこなううえで、川崎市政に問題があれば、「川崎市市民オンブズマン」が現在持っている市政に対する勧告・意見表明権に基づきこれを行使するものとしています。九六頁の図にあるとおり両者は密接な関連を有し、両制度をあわせて「統合的市民オンブズマン制度」と称します。

第二は、組織間の信頼関係に基づき具体的な事業展開をどのように図っていくかという点です。新たな制度を機能させるためにも、既存制度との関係性を明確にしていくことが必要となります。わたしは事務局の一員として、国・県・市の機関、ＮＰＯなど人権救済にかかわる多様な組織の調査をおこないました。傷ついた女性を励まし心の支えとなっている「神奈川県警性犯罪１１０番」の婦人警察官、セクハラ問題に体を張る「神奈川県かながわ女性センター」の職員、家庭内の暴力事案に真っ向から向き合う施設職員、ＮＰＯ・ボランティアの方々など、各地で努力されている多くの真摯な姿がそこにはありました。新たにできる組織はこのような既存組織、さまざまな人との有機的な連携を図り事案の解決にあたっていきます。

第三は、市民活動団体、ＮＰＯなど、地域社会における人権サポート組織といかに連携していけるかです。たとえば、児童相談所での一時保護の後、家庭に戻った子どもが本当に安穏な生活を送っているか、虐待はおこなわれてい

統合的市民オンブズマン制度のイメージ
ー川崎市市民オンブズマンと人権オンブズパーソン

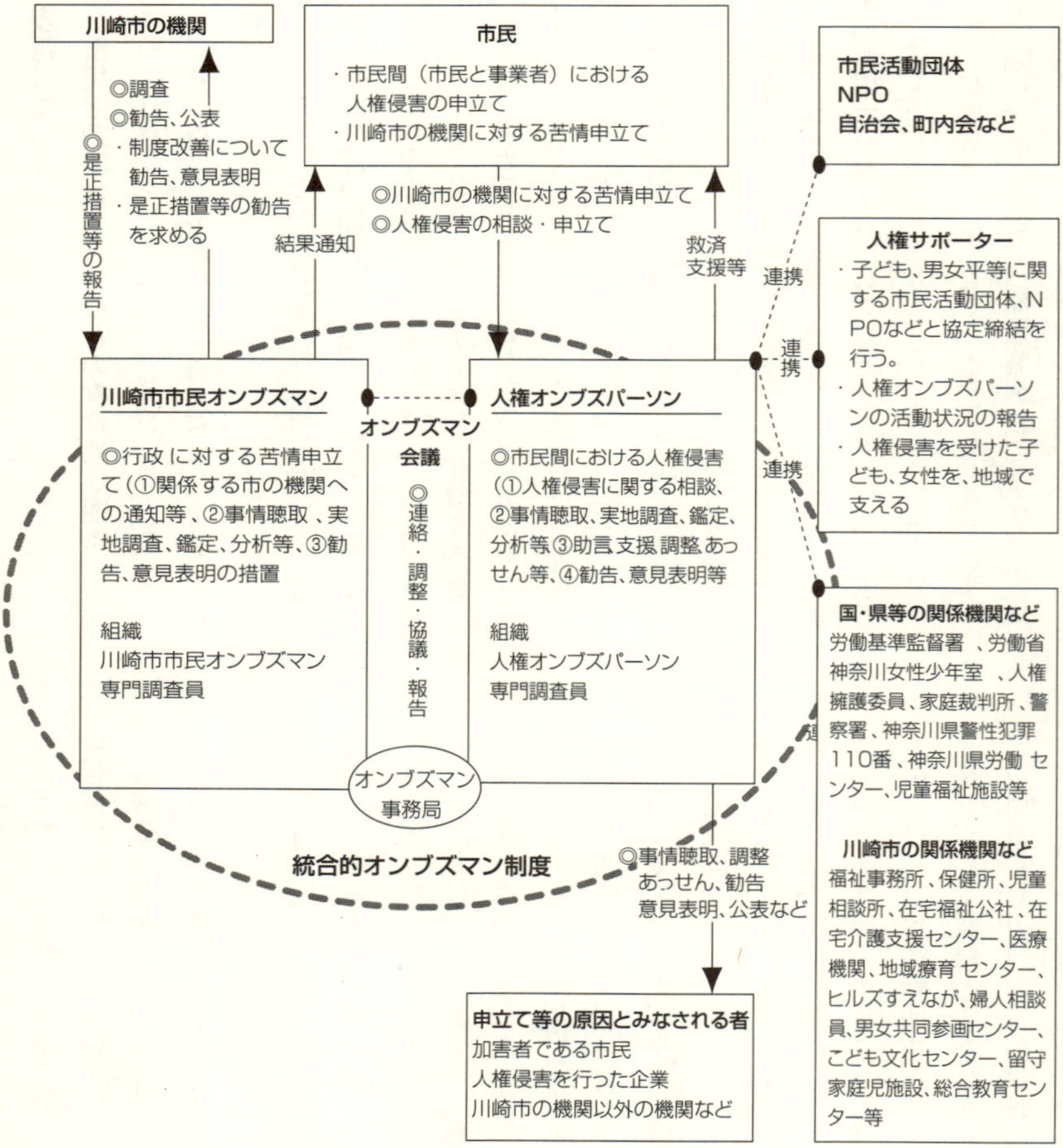
川崎市の機関
◎調査
◎勧告、公表
・制度改善について
勧告、意見表明
・是正措置等の勧告
を求める
◎是正措置等の報告
市民
・市民間（市民と事業者）における
人権侵害の申立て
・川崎市の機関に対する苦情申立て
結果通知
◎川崎市の機関に対する苦情申立て
◎人権侵害の相談・申立て
救済
支援等
市民活動団体
NPO
自治会、町内会など
連携
人権サポーター
・子ども、男女平等に関する市民活動団体、NPOなどと協定締結を行う。
・人権オンブズパーソンの活動状況の報告
・人権侵害を受けた子ども、女性を、地域で支える
連携
連携
川崎市市民オンブズマン
◎行政に対する苦情申立て（①関係する市の機関への通知等、②事情聴取、実地調査、鑑定、分析等、③勧告、意見表明の措置
組織
川崎市市民オンブズマン
専門調査員
オンブズマン
会議
◎連絡・調整・協議・報告
人権オンブズパーソン
◎市民間における人権侵害（①人権侵害に関する相談、②事情聴取、実地調査、鑑定、分析等③助言支援調整あっせん等、④勧告、意見表明等
組織
人権オンブズパーソン
専門調査員
オンブズマン
事務局
統合的オンブズマン制度
◎事情聴取、調整
あっせん、勧告
意見表明、公表など
申立て等の原因とみなされる者
加害者である市民
人権侵害を行った企業
川崎市の機関以外の機関など
国・県等の関係機関など
労働基準監督署、労働省神奈川女性少年室、人権擁護委員、家庭裁判所、警察署、神奈川県警性犯罪110番、神奈川県労働センター、児童福祉施設等
川崎市の関係機関など
福祉事務所、保健所、児童相談所、在宅福祉公社、在宅介護支援センター、医療機関、地域療育センター、ヒルズすえなが、婦人相談員、男女共同参画センター、こども文化センター、留守家庭児施設、総合教育センター等

ないか、地域コミュニティのなかで常に子どもへの支援がおこなわれなければ事態の改善は期待できません。

そのためにも、人権オンブズパーソンは、「子どもの人権」、「男女平等」などにかかわる市民活動団体・NPOとの連携をもとめ、各地域ごと当該団体との間で協定を結び、「人権サポーター」としての活動を依頼していきます。

市民社会の大きなうねりとともに

すでにのべてきたとおり、「人権オンブズパーソン」の創設ですべてが解決するわけではありません。既存組織、市民活動団体、NPOとの有機的な連携がつくりだされない限り、真の解決にはいたりません。子どもの人権救済、男女平等等に関するこのたびの「人権オンブズパーソン」も、市民社会の大きなうねりが一つの形となり、新たな制度を創設させたものです。一つの制度の創設は次の新たな動きをもたらし、真に豊かな市民社会の創設に向けてとどまることのない永続的な改革がこれからも続いていきます。

今回創設された組織が有効に機能するか否かは、市民社会の大きなうねりを「人権オンブズパーソン組織」のなかに呼びこめるか、そのことにかかわっているものと思います。

（伊藤 和良）

注

(1) 当委員会の検討内容及び提言については、「統合的市民オンブズマン制度の調査・研究（二〇〇〇年三月）」、「人権が尊重される地域社会をめざして（二〇〇一年三月）」にくわしい。

Ⅲ

市民参加型条例——これまでとこれから

「川崎市子どもの権利に関する条例」制定の経緯

「川崎市子どもの権利に関する条例」は、二〇〇〇年十二月二一日、川崎市議会において全会一致で可決成立しました。そして、二〇〇一年四月一日から施行されています。

この条例は、日本で初めての「子どもの権利に関する総合的な条例」であり、また、条例案づくりを市民参加でおこなってきたという点でも、おそらく前例のないとりくみだったのではないかと思います。この条例案づくりは大変な作業でしたが、市民や子どもたち、研究者、職員などが子どもの権利について真剣に語り合い、得るところの大きいとりくみでした。

本稿は、川崎市はなぜ「子どもの権利条例」をつくろうとしたのか、そしてなぜ市民参加の条例づくりにこだわったのかを、事務局の立場からまとめたものです。

なぜ子どもの権利条例をつくったのか

川崎市では、一九九八年九月に「川崎市子ども権利条例検討連絡会議」に条例案づくりを諮問し、二〇〇〇年六月に最終答申をいただきました。この答申にそって行政としての条例案をまとめ、同年十二月議会に市長提案で上程して成立したものです。

この条例をつくる背景としては、子どもたちが決して幸福とはいえない現状におかれているという認識に加えて、一九九四年に日本が批准した「子どもの権利条約」があります。条約は、子どもの権利の保障とともに、子どもを保護されるべき「対象」から一人の人間として、権利の全面的な「主体」として見ることを求めています。

川崎市は、人権尊重と多文化共生を基底に据えた「人間都市かわさき」の創造を大きな政策目標として掲げています。そして、子どもの権利の保障を図るのは国だけでなく、自治体も子どもの生活の場で権利実現に努める役割を担っていると考え、すでに子どもの権利条約批准の年から子どもや教職員などに対する啓発、関係団体・機関との連携づくりに努めてきました。これをさらに進め、子どもにかかわる施策や学校・児童福祉施設などでのとりくみ、家庭や地域社会でのおとなと子どもの関係についても、この新しい子ども観に立って見直していくことが必要であるとの考えから、「子どもの権利条例」を策定し、子どもの人権状況の改善や子ども施策の総合的推進を図っていこうとするものです。

また、川崎市がこの条例づくりにとりくんだもう一つの理由に、「地方分権」があります。「市や市民の約束ごとは条例で決めよう」という方針で、市民とともに十分検討し合意の上で条例化することで、条例の実効性の確保とともに市民主権が根づいていくと考えています。

条例案づくりの組織体制

条例案づくりは、「市民とともに」「市全体で」「川崎に根ざしたものを」を基本姿勢に始まりました。学識経験者や市民団体代表などからなる「子ども権利条例検討連絡会議」と、その作業委員会にあたる「調査研究委員会」を設け、検討の過程で市民・子どもと考え合いながらつくりあげていくために、市民参加、子ども参加を積極的に図り、また会議や資料などはすべて公開して話し合いが進められてきました。

また、子どもの施策は教育委員会だけでなく、児童福祉や児童保健、障害者福祉の分野は健康福祉局、青少年健全育成活動は市民局など、多くの部局がかかわっています。そのため、「関係部局幹事会」を設けて条例案づくりの事務局役割を担うとともに、その幹事会が部局間連携の契機になるようしくみづくりをおこなってきました。

このような会議や次に紹介する市民参加の集会など合わせると、二〇〇回を超える会合を繰り返して条例案はつくられてきたのです。

市民、特に子どもとともにつくった条例案

「調査研究委員会」には、おとな委員と一緒に九名の子ども委員が構成メンバーとして参加しました。さらに、権利条例案を子どもの立場から検討する場として「子ども委員会」が小学校高学年から高校生まで公募の約三〇名で組織され、さまざまな立場の子どもの意見を聴いたり、子どもの権利について話し合いをおこなってきました。また、市民の立場での自主的な検討の場として設置された「市民サロン」では、公募の市民約三〇名が月一～二回のペースで研究や話し合いをおこなって、成果を調査研究委員会に報告してきました。

そして、審議の節目ごとに、パンフレット（返信はがき付き）の作成や、子ども集会・市民集会の開催、ホームページなどにより、審議途中の案を提示して意見を求め、寄せられた意見も含めてさらに検討して再提示するという作業を重ねて内容をまとめてきました（次頁参照）。

ほぼ三カ月ごとにおこなわれた市民参加のとりくみは、川崎ではこれが初めてではありません。一九八四〜八五年の二年間、市内全小学校区での市民討議がおこなわれた「川崎の教育推進事業」（その報告書「いきいきとした川崎の教育をめざして」は川崎の教育改革の基盤となった）を先駆として、そのとりくみから生まれた「地域教育会議」により、市民・学校・行政が一体になって子どものことを考え合う土台が培われてきたからこそ、今回のような大規模な参加が可能になったといえます。

このようにしてつくる条例案は全国でも例を見ないと思われますが、地方分権の流れに即して考えれば、「市民立法」の一形態といえるでしょう。

市民参加の条例案づくりから見えてきたこと

子どもの権利条例づくりを市民参加でおこなった結果、次のような成果が得られたと考えています。

まず、市民や子どもたちから多様な意見が出され、条例案の骨格に大きな影響を与えました。川崎の子どもたちが求めているのは、「ありのままの自分」でいられることであり、おとなと同等の一人の人間として見てほしいということが多くの子どもたちによって語られ、条例案の子どもの権利は、このような思いを受けてまとめられました。また、市民の意見でもっとも多かったのが、「権利と義務、責任」についてでした。「これ以上子どもを甘やかすな」といった意見や、「子どもの荒れの原因は子どもの権利が侵害されていることだ」などの意見で論争は続きましたが、「他人の権利を侵害しないことが大切で、権利を正しく使う責任はある」という意味から、「権利の相互尊重」という言葉でまとめられました。

次に、市民参加が、市民・行政双方にいくつかの変化をもたらしたことがあげられます。

一つは、相互学習の成果です。市民にとっては、この間の市民討議や審議会傍聴は子どもに対する認識を変え、子どもの権利やおとなの役割を改めて考える機会になったと思います。市民サロンでは、討議を重ねるにつれて個々の主張に止まらず、多角的な視点での議論が展開されていきました。また、子ども委員会では、年齢による差はあるものの、課題を捉え、理解し表現する力を着実に身につけてきました。行政も、市民や子どもの生の声、子どもと接する現場の率直な意見を聞くことによって、机上ではつかめない一人ひとりの子どもの現実に即して考えることの大切さを知らされました。

一方、子どもたちは、年齢による差はあるものの課題を捉え、理解し表現する力を着実に身につけてきました。条例ができたときに、子ども委員会の委員は「条例を子どもたちが本当にわかったらいじめはなくなる」と言い切り、また、「まずおとなが幸せでないのに子どもだけ幸せになれない」という発言を行っています。おとなと子どもの関係性を的確に捉えた発言であると同時に、おとなに対する連帯のアピールともいえるでしょう。

二つ目は、相互関係の変化です。市民は、行政や学校に要求だけしても解決にはならず、ともに知恵を出し合い担い合うことこそが大切だと気づき、行政も、市民と対等の立場で議論することから、よりよい政策や協力関係が生まれていくことを実感しています。市民サロンのメンバーや子ども委員からは、今後は子どもの権利の学習会を学校や地域の中で自主的に開いていきたいという声があがっています。条例の普及啓発が大きな課題といわれているなかで、市民と協働のとりくみは今後の展望を開くものです。

市民参加のとりくみは膨大なエネルギーを必要とします。審議途中の考えが次々に外に出ることで、誤解や混乱もかなり生じました。しかし、討議過程が見えることは、審議会の信頼を増すことにもつながりました。それは行政に対しても同じで、できないことはなぜできないのかを説明し、その政策のもつメリット・デメリットをはっきりさせたうえで政策決定について市民とともに考えあう。そのような市民に納得いく説明をする責任が行政には求められていると感じました。そのうえで、市民にも要求だけでなく参加を、責任を担い合う姿勢を求めていくことが、分権の時代における「協働」の意味といえると思います。

条例は市民との約束

市民参加でつくった条例案では大きな柱だった「権利侵害からの救済」の条項が、制定された子どもの権利条例には入っていませんでした。それは、救済の要になる川崎市の市民オンブズマン制度の見直しがおこなわれている時期だったからですが、二〇〇一年六月の「人権オンブズパーソン条例」の制定に合わせて子どもの権利条例も一部改正をおこない、「第五章　相談および救済」が追加されました。これでやっと、実質的にも市民参加でつくった条例と言えるようになりました。

子どもの権利条例は、子どもが一人の人間として尊重され自分らしく生きていくことを支えるための市と市民（おとなと子ども）の約束です。

この条約が市民に普及し、子どもの権利や人権を理解する市民や職員や教員がもっと多くなること、そして市民と行政が協働の関係を築いていくこと、そのような関係ができた時に（それはいまの子どもたちがおとなになり、次の子どもたちを育てる頃でしょうか）、地域社会は生き生きとした子どもの権利保障の場になり、また、すべての人の人権が尊重され、子どももおとなも「ありのままの自分」でいられる地域になるだろうと期待しています。

子どもの権利条約制定に関する年表

一九九八年
一二月　子どもたちの思いやをとりまく状況について意見を求めた最初の呼びかけパンフレットを作成配布。（市民版・子ども版　計一二万五〇〇〇部、以下同じ）
同月　川崎子ども集会の開催（多様な立場の子どもたちの意見交流）。

一九九九年
三月　市民集会「子ども権利条例案の策定にむけて」の開催（課題別分科会）。
六月　現状をまとめ、権利保障の柱を提示した『中間報告書』を検討連絡会議から市長に提出。七月：市民・子ども向けパンフレット（中間報告の概要）作成・配布。
九月　市民集会開催。中間報告の課題にあわせ五分科会を設定し意見交換。
一二月　川崎子ども集会の開催。集会アピール文は権利条例案へ反映。
同月　市民集会開催。子ども権利条例イメージ案の概要報告と市民との意見交流。

二〇〇〇年
三月　子ども権利条例第一次骨子案（調査研究委員会原案）を公表し、市民・子ども向けパンフレット作成・配布。各行政区（七区）で市民集会を開催。
六月　答申を検討連絡会議から市長に提出。
七月　市民集会を開催し答申内容を報告。
一二月　「川崎市子どもの権利に関する条例」可決成立、同日公布

二〇〇一年
三月　条例報告市民集会・子ども学習会、条例おとな版パンフレット作成・配布
四月　「川崎市子どもの権利に関する条例」施行
六月　条例一部改正、人権オンブズパーソン条例可決成立
九月　「川崎市子どもの権利委員会」発足
一一月　条例子ども版パンフレット作成・配布

（山崎　信喜）

地域教育会議が条例を活かす

▼親と子がとことんトーク

「とことんトーク」は当地域教育会議でスタート以来おこなってきた活動です。講演会方式でなく、自分たちの言葉で自分たちの周りから考えてみようと、おとなと子どもが一緒に考えるスタイルでおこなっています。

第四回は川崎市子ども権利条例制定を機会に「条例」をみんなで考えてみよう、というテーマにしました。小学校六年生から中学生、高校生とサポートをする大学生で子ども部会をつくり、勉強会が六回おこなわれました。子どもたちは「権利ってなに?」のレポートを作成しました。「権利というのは、法律で守られている一人ひとりが持っている自由」「子どもだからっておとなに差別を受けない」「いじめられたり、虐待を受けたりしたら相談室みたいなところや子ども一一〇番にかけ込むこともできる。友だちや近所の人にも話せる」と、小・中学生が報告。司会は高校生委員が務め、地域教育会議委員・おとながそれを聴き、とことんトークしようと始まりました。

議論は「権利」から具体的な学校での〈荒れ〉に展開していきました。折しも学校では一部でいじめや授業が成立しない状況があり、クラスで話し合いが繰り返され、親による授業参観がおこなわれていること、しかし〈荒れ〉はなかなか解決のきざしを見いだせないでいることが子どもたちから話されました。深刻な状況に「先生はなにをしているのか」「親はどうしているのか」と聞くおとな委員。おとな委員の「親がだめなんだよ」の話に、〈荒れ〉のまっただなかにいる子どもたちは「じゃあ、もしおじさんたちがそのなかにいたらなにをしますか?」と迫りました。これに「う〜ん」腕を組み、言葉を失ってしまったおとな委員でした。

子どもの権利条例は「子どもは、権利の全面的な主体である」「権利について学習することや実際に権利を行使することなどを通して、子どもは、権利の認識を深め、権利を実現する力、他の者の権利を尊重する力や責任を身に付けることができる」としています。問題の当事者として悩み解決の糸口を探している子どもたちに「社会を構成するパートナー」としておとなが子どもを支え、子どもとともに考えていく意味と方向を条例は示しています。条例に励まされて「親がだめなんだ」ではなく「よし!一緒に考えよう」の一歩を進めたいと考えています。

(牧岡　英夫)

▼条例づくりに参加して

子どもの権利を学習してきた子どもたちが、十五の春をのりこえ、わたしたちに感動を残して巣立っていきました。

地域教育会議では子どもの権利条約第一二条（子どもの意見表明権の保障）として子ども会議をおこない七年目になり、子どもたちの声を条例に届けてきました。

条例づくりでは市民代表で参加しました。条例検討委員会では子どもの権利行使には「義務と責任がともなう」「権利行使こそが大切」と意見が分かれました。また、オンブズパーソンについては「総合的な市民オンブズマン制度」になりますが、子どもだからこそ相談しやすいところとして整備してほしいと思います。

子どもたちのメッセージから「おとなが幸せになってください。おとなが幸せでないと、子どもに虐待や体罰がおきます」との言葉は深く心に残りました。わたしたちおとなの責任は大きく、おとなのために条例が大切なことだと気づかされました。

子ども会議での調査では、子どもたちの安心できる居場所として「家庭や家族が一番」と多くの子どもたちが答えていました。また安心できない所として学校があり、そのなかでも「プライバシーの保護」「差別はいけない」「内申書は中学生の生活を萎縮させている」「知りたい」「自由に休みたい」「受験競争をなくして」などが多く、無視や言葉による暴力、体罰なども具体的に出されていました。

条例を活かしていくために、子どもを一人の人間として認め、子どもの意見を尊重するおとなの子ども観の意識改革が必要だと思われます。地域教育会議では、子ども会議、教育を語るつどいなどを通して啓発活動と条例が本当に活かされているのか検証をしていきたいと思っています。条例が施行されましたが、子どもの権利保障のためにいまからがスタートです。

（佐野　愛子）

市民サロンが果たした役割

▼「ありのままの自分」を認め合う場として

一九九八年十一月に発足した「子どもの権利を考える市民サロン」の活動を通じて、条例づくりに参画した経緯と感想をのべます。

全員公募で集まったサロンメンバーは、川崎の子ども施策の実態と権利条例策定に深い関心を寄せており、教員ＯＢ、保育関係者、主婦、企業人などで構成されています。前半の約一年は、川崎市の子どもの実態を調査するグループと、子どもの権利条約を中心に子どもの権利保障のあり方を研究するグループに分かれて活動しました。後半は市民サロンの意見をできるだけ条例に反映して欲しいという要望により「調査研究委員会・市民サロン合同研究会」が設けられ、いく度かの会合を持ちました。その過程で権利条例骨子案中の権利と責任の関係、障害児などの権利保障、川崎市子ども会議、学校協議会、子ども権利委員会、子どもオンブスパーソンなどの主要事項について、市民サロンとしての統一見解をまとめて調査研究委員会に提出しました。

この統一見解は骨子案を策定する調査研究員会などを毎回傍聴し、それらをサロンのなかでいろいろな角度から詳細に検討した上で作成されました。条例の中に責任も盛り込むべきであるという意見が一般市民の間では大勢を占めたようですが、市民サロンは「ありのままの自分」を認め合う、「権利の相互尊重」という点で意見が一致しました。障害のある子どもの権利は、「安心して生きる権利」などの六つの基本権利とは切り離すこと、また学校協議会と子ども権利委員会に対してはできるだけ多くの公募市民を入れることを要望しました。これら市民サロンの意見の一部は条例のなかに取り入れられた思います。昨年二月から三月にかけておこなわれた、七行政区単位の市民集会はサロンメンバー主導で運営し、実質的で深い議論を引き出しました。

一年半に及んだ市民サロンでは何時も活気に溢れる話し合いがおこなわれました。時にはおたがいの思索が交錯し議論が空転する場面もありましたが、最後はありのままの自分を認め合う「権利の相互尊重」の理念で意識が一致しました。子どもを権利の全面的主体と見る点でユニークに思える権利条例は、実はわたしたちおとな自身の権利に深くかかわっていることを学びました。

市民サロンは昨年六月に解散し有志で構成される「子どもの権利実現を支援する市民サロン」に引き継がれました。これまでに月一回サロンを開き、障害児の権利保障、児童虐待の実態、児童相談所の実態、子どもの権利観などを調査研究しながら、権利条例の普及啓発に努めてきました。

今年十一月二十日の川崎子どもの権利の日記念事業として「特別なニーズのある子どもと権利条例」のシンポジウムの開催などの活動をしています。

（浅原 勝）

▼条例は市民参加でつくられたのか

　とくに子どもの権利について興味があったわけではないし、くわしく知っているわけではありませんでした。そんなわたしの市民サロン参加理由は、子どもをとりまく環境がなにか変だと感じたからです。

　幼稚園で華やかな行事を求めたり、クラス編成に苦情をいう親、それに対応しなければいけない幼稚園。小学校では、授業参観中におしゃべりの花が咲く親。一方的に自分の価値観を押し付け子どもの声を聞かない先生。どんなに市民が求めても行政の方針で変化していく子育て環境。これって子どもにとってどうなんだろう、なにをどうしたらいいのかわからないままの参加でした。参加者の皆さんの活動や経歴を知り、なにも知らない自分がここに参加していいのだろうか?そんな不安を感じながら「わたしこそ一般市民だ!」との開き直りで毎回出席してきました。

　初めは市民サロンをどういうものにしていくか試行錯誤しながらおたがいの意見を出し合っていき、実態調査グループと子どもの権利条約学習グループに分かれて活動することになりました。この段階で子どもオンブズパーソンによせる期待の大きさ、いま人権を侵害され声に出せない子どもの多さ、そんな子どもたちをなんとか救っていきたいおとなの熱い思いがいっぱいでした。そして行政サイドに事務局があるメリットで、会議の日程を詳細に知ることができ、調査研究委員会や検討連絡会議をなん人かでつねに傍聴し、市民サロンのなかで報告するようになりました。そして条例のなかに盛り込んでほしい内容をまとめ、なんらかの形で提案していこうということになりました。

　一方、ここで出された意見がどう生かされるのか先が見えず、行政の市民参加のアリバイづくりに利用されているだけではないかという人もいました。それでも会議の傍聴、市民集会での発言、「川崎市子どもの権利に関する条例」市民サロン中間報告を調査研究委員会に提出とできる限りのことをしました。

　いよいよ条例が施行されます。しかし多くの市民が求めた権利侵害からの救済はまだ形が見えない状態ですし、家庭や学校、施設で子どもの権利が浸透するのか、そのためにはなにをどうしていくのか、具体的に動き出した時初めて市民参加の条例になるのではないでしょうか。この条例は市民参加でつくられたというより市民参加を呼びかけたものであり、市民が条例を活用していくことで市民参加の条例になるのではないでしょうか。

（平木信枝）

市民・NPOが条例を活かす――居場所づくりの現場から

（子どもの居場所）

第二七条　子どもには、ありのままの自分でいること、休息して自分を取り戻すこと、自由に遊び若しくは活動すること、又は安心して人間関係をつくり合うことができる場所（以下「居場所」という。）が大切であることを考慮し、市は、居場所についての考え方の普及並びに居場所の確保及びその存続に努めるものとする。

2　市は、子どもに対する居場所の提供等の自主的な活動を行う市民及び関係団体との連携を図り、その支援に努めるものとする。

第二七条が、条例のなかに入ったことの意義は大きいです。条例に目を通されて気づかれた人も多いかと思いますが、「不登校」の文字はどこにも出てきません。これは骨子案作成の段階で、不登校児童・生徒の権利保障が検討されなかったということではもちろんありません。むしろ不登校を特別視することで、それがあたかも問題行動であるかのように扱われ、不登校している子どもや親にとって望んでもいない対策が組まれることを懸念したからです。

学校のなかに「居場所」を見出せない子どもたちにとって、家庭や地域は重要な意味を持ってきます。フリースペース「たまりば」は、まずもってそんな不登校の子どもたちの居場所として、いまから十年前に川崎で産声をあげました。いまでは、学校のみならず、いろいろなところにみずからの居場所を見出せない知的「障害」者や心に病をもつ人々も通ってきています。

学校帰りに学童クラブに行くかのような感覚で通ってくる小学生も増えてきました。子育てに不安を抱えている母親たちおとなも合わせれば、登録している会員数は実に一五〇人を超えます。日々通ってくる子どもたちの数は三〇人以上います。毎日持ち込まれる相談の数もかなりの数にのぼります。学校や施設などの公的機関や病院から排除され、行き場を失ったケースや、長い引きこもりの後、社会に出たくても安心して受け止められる人間関係（受け皿）が見つからずに困っているケースなどあとを絶ちません。虐待や種々のアディクションを背景に持った相談も増えてきました。

わたしたちのような民間のNGO（NPO）には、行政の課題がたくさん持ち込まれているのです。しかも、児童相談所や学校などの公的機関や病院からも紹介され訪ねてくる人たちが増えているというのも現状です。ことここにいたっては、われわれＮＰＯと行政のきちんとした連携が図られなくてはならないときにきているのだと思います。行政が手の届かない、あるいはその手のスキマからこぼれ落ちてしまう領域を、ＮＰＯが担っているのです。

今回の権利条例の制定・施行を受け、ここ第二七条に書かれている条文を絵に描いた餅に終わらせることなく、対等な立場にたった上で支援のあり方が検討されなくてはならないと思います。

その際、忘れてはならないのは、居場所づくりのカギを握るのは、まぎれもなく「ひと」であるということ。ひとを育成し、そこにかかわるひとの最低限の生活が保障されるような支援のしくみを検討すべき時にきているのです。目に見えやすい箱物に何億円もかける時代ではないのです。

今回の条例づくりに携わった収穫のひとつは、行政職員のなかに、この条例をなにがなんでもつくろうとする思いや志をもった人々の存在を確認できたことでした。条例をつくるのもひとならば、それを運用していくのもひと。これらひととの繋がりを大事に育てながら、川崎に根を張った居場所づくりをすすめていきたいと思います。（西野博之）

条例づくりと子ども参加

▼子ども委員会が果たした役割

「子どもの権利に関する条例」が二〇〇〇年十二月の川崎市議会で可決されて以来、他都市からの視察もかなりの数にのぼっています。他都市の方々からよく質問を受けるのは「子ども参加」のあり方についてです。

川崎市で、子どもが全市で意見表明をするという場は、一九九四年の「川崎市子ども議会」からであると考えています。その後、行政区や中学校区の地域教育会議のなかの「子ども会議」が発足し、身近な地域のなかで子どもたちをとりまく問題について、子ども同士が話し合う場をもってきました。そして、一九九六年からは、子どもたちが地域で話し合った内容を集約する場として「全市子ども人権集会」や「全市子ども集会」も開かれるようになってきました。また、川崎市の「まちづくり」を子どもの立場から考える事業として、「川崎市子ども・夢・共和国」も一九九七年より開始されています。

したがって、「子どもの権利条例」のとりくみが開始された一九九八年には、川崎市においては「子どもの意見表明の場」や「子ども参加」のしくみがかなり整備されていたといえると思います。「子ども権利条例調査研究委員会」に〈子どもの参加を〉という声があがり、最初に参加した九人の子どもたちは、「川崎市子ども・夢・共和国」に参加している子どもたちでした。この九人の子どもたちが、もっと多くの子どもたちの意見が必要だと考え発足したのが「子ども権利条例調査研究委員会・子ども委員会」でした。公募による子どもたちが三十一名参加し、一九九九年一月より活動を開始しました。子どもたち自身が権利条例についての学習をすすめながら、おもに次のような活動にとりくみました。

①アンケートや手紙、メールで寄せられた意見の集約
②外国人の子どもたちとの交流会の企画と意見収集
③障害のある子どもたちとの交流会の企画と意見収集
④全市子ども集会への企画参加
⑤おとなの市民集会での子ども意見の表明
⑥子ども権利条例のパンフレット子ども版の編集・作成
⑦街頭での子ども権利条例の広報など

この子ども委員会は、市長に答申を報告した二〇〇〇年の六月までおよそ一年半にわたり活動を続けました。答申を報告した時点で条例に対するすべての活動が終了する予定でしたが、参加していた子どもたちから「子ども委員会をこれからも継続してほしい」と強い要望があったため、新たに子ども委員を公募し、名称も「子どもの権利条例・子ども委員会」として二〇〇〇年八月より第二期の活動を開始しました。

二期目の活動の中心は答申案の子ども版のパンフレットをつくり、条例について子どもたち自身の手で子どもたちに内容を伝えるというものでした。子どもたちは精力的に子ども版パンフレットを作成し、街頭で配ったり、地区別「子ども集会」を企画したりして、条例の内容を伝えていきました。「子ども参加」と一口でいうと簡単ですが、子どもたちが本当に集まるかどうか、どこまでやれるのかという心配もありました。ただ、一期目、二期目を通して、感じたことは最初は少ない人数でも子どもたちのつながりで仲間がだんだん増えていくこと。そして、おとなの事務局よりもたいへん熱心に参加してくれるということです。子ども版パンフレットを作成するときは、二ヵ月あまりの間、毎週土・日に集まり内容を意欲的に検討していました。地区別「子ども集会」をやりたいといいだしたときには、本当にやれるのか、本当に他

の子どもたちが参加してくれるのかと心配していました。でも、ある子は同じ学校の友だちを誘い、ある子は自分の卒業した小学校や中学校の校長に直接会って、参加のお願いをしにいくなど、とてもおとなにはできない動きをしていました。おかげで三回にわたっておこなわれた地区別「子ども集会」は、のべ一六〇人あまりの子どもの参加がありました。

これが、約二年半にわたる「子ども委員会」の活動の概略ですが、事務局の担当者としては、子どもたちの熱意に押されて動いてきたといえます。他都市の担当の方から、「子ども参加」についてご質問があるときは、土日もなくて大変ですが、やりがいはありますとお答えしています。子どもたちが回を重ねるごとに成長していく姿が目に見えます。子どもたちが「権利」についてきちっと認識し、みずから活動していこうとする姿が見えます。はじめは、会合の流れを事務局で考えていたのですが、二年目に入るころから子どもたちがその日の流れを作ってくるようになりました。そういう意味で「子ども参加」は、子どもの自治能力や主体的な行動力を高めるということを実感しました。

権利条例を策定する過程で、おとなたちから「権利」は、子どもをわがままにするという論調が多く出された時期がありました。でも、わたしが子ども委員会で得たものは、権利について話し合うことを通して、子どもはみずからのあり方をふりかえり、大きく成長するということです。家庭や学校のなかでも、子どもたちとともに、真剣に話し合う「場」と「時間」がとれることを願っています。

（山田 雅太）

▼子ども委員の声

「条例のこと、多くの人に知ってほしい」

和田 未來子（十二歳）

わたしが、子ども委員会に入ったのは、友だちに誘われて興味を持ったのがきっかけでした。

いままで子ども委員会では、条例についての勉強会、子ども版パンフレットの作成、川崎市子ども集会の企画、イベントでの条例の説明や、地区別子ども集会の企画・運営などの活動をしてきました。わたしは、権利条例のことなんてなにも知らなかったし、子ども委員のみんなの輪に入れるか、とても心配でした。でも、高校生や中学生の皆さんに、いろいろ教えてもらったり、みんなで一緒に勉強したりして、みんなと仲よく権利条例について、学ぶことができました。

できるだけ多くの人に、この条例のことを知ってもらいたいです。子ども委員のみんなは、条例ことをよく知っているので、川崎のみんなの先頭に立って、いろいろな人に知ってもらうためにがんばってくれたらうれしいと思います。

「条例を身近に感じてもらいたい」

海野 沙希（十二歳）

わたしが、子ども委員会に入った理由は、学校に配られたチラシを見た担任の先生が勧めてくれたからです。〈子どもの権利〉なんて全然知らなかったけど、委員のみんなと楽しく学びたいから、入りました。子ども委員になって、条例を勉強したり、その勉強したことを生かして、子どもにもわかりやすい言葉にしたパンフレットを作ったり、子ども集会を企画して、条例の劇をみてもらったりと、いろいろと工夫をして、ひとりでも多くの人に子どもの権利条例について、知ってもらうための活動をしてきました。

子ども集会に参加してくれた子が「とても身近に感じられたよ！楽しく学べてよかった」といってくれて、わたしはこの条例のことを知っている人がどんどん増えたらいいなと思っています。

子ども委員になってよかったと思う時は、条例のことを知った時とか、違う学年の子や、違う学校の子と仲よくなれたことです。友だちが増えてうれしかったし、たくさんの活動のなかでたくさんの人たちと協力し合えてよかったと思います。

この〈川崎市子どもの権利に関する条例〉を知らない人が、まだまだたくさんいると思うので、おとなにも子どもにも、もっと身近に感じてもらえたらよいと思います。

「子どもとおとなが『権利』を理解し合うことが大切」

末永 壽蔵（十四歳）

子ども委員会に入って、ぼくが変わったことは、子どもの権利条約や条例について学び、みんなで話し合うことができるようになったことです。けれども、うちの親は、ぼくがそういう活動をしていることを理解してくれませんでした。今度「子どもの権利条例」が制定されるんだよといったら、あまり興味を示してくれませんでした。このことで、子どもばかりが「権利」を学んでも仕方がないなと思いました。

二〇〇一年四月一日から「権利条例」が始まりましたが、やはり、これからが大切だと思います。子どもとおとなが「権利」について学び、理解し合わないと意味がないと思います。そのことができたら、子どもは変な権利主張をしなくなり、おとなもそれを理解し、ともにいい立場にいられるようになると思います。早くおとなと子どもが理解し合える環境が作れるようになるといいと思います。

「自分を変えた一歩」

栗田 慎也（十四歳）

ぼくにとって、子ども委員会は「自分を変えた一歩」だったと思います。権利条例の学習やスタンツ、話し合いの仕方などとても勉強になりました。特にスタンツは、自分の隠れた才能見つけた思いがしました。「オレって演劇の才能があるんじゃないかな。」と何度か思いました。そして、権利条例の地区別子ども集会での多くの人とのふれあい。たくさんの人と友達になり、「子どもの権利条例」を知ってもらえた!!という実感がわいてきました。

そして、二〇〇一年四月一日には、この条例が実行されました。子どもが生きていく上には、絶対必要なことだから、一生続いてほしいと思います。

子ども委員会は、これからどうなるかわからないけれど、ぼくは、子ども委員になって自分の才能を見つけ、いろいろな人と出会い、権利条例について学びとても楽しかった。

これからおとなになっていくけれど、この経験を忘れずにしていきたいと思います。おとなと子どもが理解し、安心して生きる時代を早くつくりたいです。

「子どもをひとりの人間として認めるおとなの存在が大切」

和泉 亜沙子（十五歳）

わたしは、川崎市「子ども・夢・共和国」の委員をしていて、その活動を通して、子ども委員会のことを知り、子ども委員になりました。

初めは、条例のこととか難しいことはなにもわからなかったけど、少しずつ勉強しながら、考えることができて自分にとってとてもいい経験をすることができました。その経験を通して、わたしたち子どものことを、真剣に考えてくれるおとなもいることに気づきました。

子ども委員になって、たくさん友だちができたし、自分たち子どものことをいろいろな方面から、考えることができました。

子どもにもいろいろな子どもがいるように、おとなにもいろいろなおとながいて、子どものことをひとりの人間として見てくれるおとな、そうでないおとながいる。子どもにかかわるおとながみんな、子どもをひとりの人間として認めてくれるようになるとよいと思います。

「ときには、怒ってくれるおとなも必要」

飯塚 信吾（十六歳）

初めて調査研究委員会の会議に出たときは、おとなの輪のなかに入れなくて、なにも話せませんでした。条例のことを、おとなが説明していても、おとながなにを伝えたいか、わかりませんでした。でも、何度も会議に出ていると、おとながぼくたちに伝えたいことが、なになのかがだんだんとわかってきたので、会議でも自分の意見を素直にいえるようになりました。

自分の意見を素直にいえるようになったのも、子ども委員がいたからです。調査研究委員の子ども九人だけでなくて、その九人の意見を支えてくれた、子ども委員会のみんながいてくれてよかったと思います。

子ども委員会にかかわっているおとなたちは、ぼくたち子どものことを考えてくれているけど、少し子ども委員たちにやさしすぎると思います。やさしすぎることで、ぼくはおとながぼくたち子ども委員のことをひとりの人間として見ていないように感じました。もっと厳しくしていたら、もっと子ども委員会の活動がよいものになった気がします。子どもは怒られることは嫌いだけど、怒られることによって、それが子どもたちの活力になると思います。

たくさんの子どもと、たくさんのおとなと話し合ってきたから、話し合いのやり方を勉強できたり、自分の物の見方が変わったり、すごくいい経験ができました。

子ども委員になって、学校では出会えない人に出会えてよかったと思います。

座談会＝子ども委員、大いに語る 「子どもは条例をどう活かす？」

子ども委員　A〜K　十一名
司会　山田　雅太

司会　今日午後から、みなさんが企画した「地区別子ども集会」があるわけですが、子どもの権利条例案づくりにかかわってきた子ども委員のみなさんから条例についての意見や感想をお聞きしたいと思います。成立した条例を見て、まず、みなさんはどのような条文が気に入っているのか聞かせてください。

A　わたしは、第二章の「自分で決める権利」がすごく大切だと思っています。なぜかというと私は学区にある中学校へ行きたくなくて、それで区役所の人を説得するのにこの権利を使いました。自分でそこへ行きたくない理由を作文に書いてもっていきました。

B　ふつう、そういう手続きをするものなの？すごいね。何枚くらい書いたの？

A　原稿用紙で三枚です。

C　それでどうなったの？

A　認められました。

司会　その学校に、行きたくない理由は何だったんですか。

A　仲のいい人がいないというのと、友だちがその学校の一年の人とトラブルがあって、その関係で私も行きたくなかったんです。

B　すごいね。もう、条例の実践をしちゃったんだ。

司会　それでは、他にどうですか？

C　わたしは、条例を知らせることがあると思うので、学習や研修をしなければならないというところが大切だと思っています。

司会　第一章の七条ですね。

D　わたしは、特に子どもの年齢に近い人が、子どもに呼びかけることが大切だと思います。子どもは、わたしなんかもそうだけど「話し言葉」で話してくれたほうが心に入りやすいんです。

C　わたしは、卒業した小学校や中学校に「地区別子ども集会」に子どもを参加させてほしいとお願いに行ったんです。そのとき、校長先生から、条例を使うときには「責任」があるということを訴えてほしいといわれたんです。最初は、「責任」という言葉を使いたくないと考えていたんですが、「権利」がある裏には「責任」があるということも権利をしっかり知らないと使えないんだよっていうことも知らせないといけないかなって思っています。わたしが卒業した小学校や中学校では「あぶない状況」がある。きっと条例が悪用されるのを心配していってい るんだと思います。「条例を全部自分で理解して納得して使える」。それがわたしは「責任」だと思っています。

E　ぼくも、そう思います。条例は知らないと使えない。今日の午後からおこなわれる「地区別子ども集会」のように子どもが学ぶときは、ぼくたちが率先して伝えるべきだと思います。学校の先生が伝えるよりも、自分の年に近い子どもから投げかけたほうが子どもたちの心に入りやすいと思います。

F　ぼくは、第三四条の「子どもの参加」がとても大切だと思います。ぼくは、この間「読書のまちかわさき」の集会で、図書館はどんなふうがいいかと話し合ったんですけど、図書館はまだおとな向けでしかつくられていないと思います。子どもに対しての配慮が少ないし、幼稚園の子どものことなども考えていないと思います。

A　わたしもそう思う。わたしたち小学生が図書館へ行ってもこわい顔したお兄さんたちが勉強していて、少ししゃべっているとギロってにらまれる。やっぱり子どもが使えるところが必要だと思います。

G　でも、図書館は自分の家では集中できないから図書館で勉強するっという役割もあると思います。やっぱりさわがれるのは迷惑と思うんじゃない？もしも、わいわいいって本を読みたいんなら、家へ持って帰って読めばいいと思います。

司会　小さい子どもがおしゃべりしながら使える部屋もつくってほしいっていうことかな。それでは、もう少し大切にしたい権利や気に入っている条文を話してください。

G　わたしは、勉強が苦手です。人には、向き不向きがあって、どうしてもできないものがあると思います。でも、親はそれを認めてくれません。わたしにとって、この「子ども委員会」は、すごくやりがいがあります。人の意見を聞いて、自分で話しながら自分の考えをもってきたという思いがあります。成績が悪いと親から「全部やめちゃえ」と言われます。勉強できなくちゃという気持ちもあるのですが…。だからわたしにとっては「ありのままの自分でいる権利」が一番大切だと思います。

H　わたしも小学校五年生から「川崎子ども・夢・共和国」の委員になっています。学校では学級委員をやっていて、まじめ系と思われるのがいやで隠していました。六年生になって権利条約や権利条例の学習をしてからみんなに言えるようになりました。それは「ありのままの自分でいる」ということを知ったからです。でも、わたしも嫌いな人がいたんですが、この権利を知って、そういう人もいることを認めていくことが必要なんだと思いました。

I　ぼくもこの権利が大切だと思います。「ありのままの自分でいる権利」というと、好き勝手なことをいう権利みたいに誤解されることもあるけれど、ぼくは、これが一番大切だと思う。ぼくも、勉強は向いていないけど、人と話し合うのは大好きです。人の意見を聞いて成長してきたし、自分の考えももつことができるようになりました。最近、こういう自分って、いいなと思っています。おとなの人にも一番大切な権利だと思います。

E　この権利になるのか、「参加する権利」になるのかよくわからないんですけど、ぼくはボランティアが大好きで、いろいろなところに参加している。でも、家では「自分のこともできないのに、他人のことをやるのはやめなさい」と言われる。いろいろな人に出会ったり、話し合ったりするなかで、なんだか自分のしたいことが、だんだんわかってきた。もう少しで、自分が見えてきそうな気がしている。こういう活動に参加させてほしいと思っています。

J　わたしは、「安心して生きる権利」が一番大切だと思っています。わたしは、いま、小学校の六年生なんですが、中学生から、「お前、むかつくんだよ」といわれ、理由もわからずいじめられる。学校に来たり、家に電話されたりしている。こわいから町のなかにも出られない。だから、「あらゆる形の差別や暴力を受けない」と書かれている「安心して生きる権利」が一番大切だと思っています。

K　「自分を守る」ということは、自分が幸せにイキイキと生きていくことだと思う。幸せに生きていくためには、いやなことは「いや」と言えるようにならないといけないと思っています。そのために、自分も意見を言える力をつけなければいけないけれど、小さい子どもなど、自分を守れない時には、おとなや周囲の人たちが守ってほしい。

司会　そろそろ時間もなくなってきたので、条例が施行されるようになったとき、みんなが望んでいることやおとなに対して言いたいことがあったら聞かせてください。

K　わたしは、「自分で決める権利」がとても大切だと思っているんです。いまでも、親といろいろあって、自分で決めてきたんですけど、そんな間違った判断はしてこなかったと思っています。でも、自分でなにか決めるとき、本当は不安な気持ちなんです。子どもがなにかを決めるとき、周りのおとなが相談にのってくれたり、決めたことを後押ししてくれると自信をもって行動できるんです。子どもが「自分で決める」といっても、親が認めてくれないと自信をもって実行できないんです。おとなは、子どもが決めたことを後押しをしてほしいなと思います。

H　この条例づくりにかかわり、まず、わたしが変わったなと思うことがあります。クラスのなかに大嫌いな人がいたのですが、「ありのままで自分でいる権利」について学習したときに自分も人から決めつけた見方をしてほしくないし、ありのままの自分をだしていきたいと思いました。そうすると、私が嫌いな人も、その人が生きている姿として認めていくことが大切だと思ったのです。できあがった条例を読みながら、子どもたち同士で話し合ったこともこのことに関係していました。それは、この子どもの権利条例が本当に子どもたちが分かったときには「いじめはなくなるね」ということです。おとなや先生のなかには、この条例ができると「ますます子どもが勝手になる」と心配していた人もいたけれど、そうじゃない。みんなが安心して生きることができるようになるということなんです。みんなが安心して生きるということは、他の人の安心して生きる権利をとってはならないからです。

B　わたしたち子どもからおとなへのメッセージというと、「まず、おとなが幸せにいてください」ということです。おとなが幸せじゃないのに子どもだけ幸せにはなれません。おとなが幸せでないと、子どもに虐待とか体罰とかがおきます。条例に「子どもは愛情と理解をもって育まれる」とありますが、まず、家庭や学校、地域のなかで、おとなが幸せでいてほしいのです。子どもはそういうなかで、安心していきることができます。

司会　最後に、わたしを含めたおとなにすばらしいメッセージをいただいた気持ちがします。条例の前文のなかにも「子どもの権利を保障する取組は、すべての人々の共生を進め、その権利保障につながる」という言葉がありますが、まさにおとなが「権利」について学び幸せに生きていくことを考えなければならないということですね。これからの「地区別子ども集会」が、子ども委員会の最後の活動になりますが、今、話し合った内容を生かしていければと思います。今日は、本当にありがとうございました。

全庁的な参加による条例づくり

「川崎市事務職員に併任する教育委員会総務部人権・共生教育担当を命ずる。」

冒頭から私事で恐縮ですが、二〇〇〇年四月一日、当時総合企画局に所属していたわたしに教育委員会に併任する辞令が交付されました。その主旨は、川崎市子どもの権利条例（以下「権利条例」という。）の制定に向けて本市の行政内部の総合調整をおこなえ、というものでした。総合調整とはいったいなにをどのように調整すればよいのか、わたし自身、権利条例の制定に関して、そのとりくみ内容の詳細についての知識がなかった段階で自分に課せられた仕事をどのように進めていくことがよいのか、たいへん思い悩んだことを記憶しています。

本稿では、わたし自身のこの間のとりくみを振り返って、権利条例の制定にあたり、なぜ全庁的な総合調整が必要であったのか、またそのとりくみがどのような内容であったのかを整理してみたいと思います。今後、他の自治体で権利条例の制定にとりくまれる際にわずかでも参考になれば幸いです。

当時の状況と課題—二〇〇〇年四月の状況

本市が権利条例の検討をはじめたのはずいぶん以前に溯ります。その最初の時期を特定することは難しいのですが、おおきな節目として、一九九八年九月四日に「川崎市子ども権利条例検討連絡会議」（座長：篠原一東京大学教授）を設置し、同月、そのもとにワーキング的位置づけで「川崎市子ども権利条例調査研究委員会」（座長：喜多明人早稲田大学教授）を置きました。その後、これらの会議によって、一九九九年六月に権利条例の必要性及びその基本方向を明らかにした中間報告書が、二〇〇〇年二月には権利条例の第一次骨子案（以下「骨子案」という。）がそれぞれまとめられ、同年三月、この骨子案の内容説明と意見交換をおこなう市民集会が市内七区の各会場で開催されました。

わたしに教育委員会に併任する辞令が発令されたのは、ちょうどこの市民集会が開催された直後のことでした。

骨子案にみる総合調整課題

それでは、当時、庁内の総合調整課題とはいったいどのような中身だったのでしょうか。これを骨子案の内容から整理してみます。

骨子案の内容のうち、条例案の検討主体である教育委員会がみずから中心的に実現を図る事項を除いて、庁内のその他の部局との総合調整が必要な課題は、おもに次のような五項目でした。

学校等協議会

骨子案では、子どもの参加権を保障するための体制整備の一つとして、「学校等が、子ども、保護者、教職員、地域住民の参加する協議会を設置するよう努める」とされました。「学校等」の「等」には学校以外の児童福祉施設等が含まれています。したがって、教育委員会だけでなく、このような施設を所管する健康福祉局や市民局との調整が必要でした。

子ども基本計画

骨子案では、「本市の子どもの施策が子どもの権利保障の観点から総合的かつ計画的に実施されるように子ども基本計画を策定する」とされました。そのため、本市で既に策定していた健康福祉局所管の「かわさき子ども総合プラン」(1)や市民局所管の「川崎市青少年プラン」(2)との関係の明確化が課題になっていました。

子ども施策を統括する部署

骨子案では、「本市に子どもの施策を子どもの権利を保障する観点で総合的に実施していくために統括する部署を定める」とされました。権利条例を施行後に所管していく部署をどこに置くのか、後述するように教育委員会と市長部局の権限の範囲にかかわる問題もあり、本市の組織編成の事務を担う総務局との調整が求められていました。

子ども権利委員会

骨子案では、「本市の子どもの施策を子どもの権利の観点から検証をおこなう機関として子ども権利委員会を置く」とされました。そのため、子どもにかかわる機関として既設の健康福祉局所管の児童福祉審議会や市民局所管の青少年問題協議会との関係調整が課題になっていました。

子どもオンブズパーソン

骨子案では、「子どもへの権利侵害に対して救済する機関として子どもオンブズパーソンを設置する」とされました。本市では権利条例の検討と併行して、この子どもオンブズパーソンと、女性への権利侵害に対する救済機関である男女平等オンブズの両方の機能を含めた統合的オンブズマン制度の検討を進めていたことから、これを所管する市民オンブズマン事務局との調整が不可欠になっていました。

市長部局における総合調整の必要性

こうした調整課題に対して、そもそも権利条例を検討してきたのは教育委員会であるのだから、当然庁内の総合調整は担当部局として教育委員会が担っていけば、なんら問題ないではないかという議論がありました。これは、最終的に条例制定後の施行段階において、この条例を所管する部局として教育委員会が位置づけられるはずだという見解が背後にあるのですが、条例案の検討経過のなかで、さまざまな規定が教育委員会以外の各部局に広くかかわることが明白になり、条例施行後も引き続き総合調整を担っていくことは、市長と別の執行機関である教育委員会の権限の範囲を越えると懸念されるために難しいという認識がありました。

また、当時すでに前述の課題などを調整する庁内組織として、子どもの福祉を所管している健康福祉局、青少年の健全育成を担う市民局という市長部局の二局を含んだ「川崎市子ども権利条例関係部局幹事会」が設置されていました。しかし、条例案の条文が明確でない時点で具体的に各局にどのような事務が発生するのか不明確であるために、それぞれの局が主体的に調整にかかわることが難しいこと、さらに、検討していた条例案の内容からみて、この二つの局以外の局との調整事項も想定されていましたが、幹事会の構成員としてそれらの局が含まれていなかったことなどから、幹事会が庁内全体としての調整機能を果たしえませんでした。

にもかかわらず、一方で権利条例案の川崎市議会への上程の時期が、すでにその検討経過のなかで二〇〇〇年内という内部の合意があったことから、それに間に合わせるために早期に庁内調整をおこなう必要があったのです。

このような状況から、市長部局において各施策の総合調整を担う立場にある総合企画局の役割が求められていました。

では、なぜ最初から市長部局において権利条例の検討をはじめなかったのかという逆の疑問が湧いてきます。この疑問に対して若干説明を加えますと、本市ではこの条例案づくりにあたり、当初から子どもの参加を求めようという意思決定がありました。ただし、なにもないところで子どもの参加を求めようとしても無理があります。本市の教育委員会では、これ以前から、子どもたちみずからが身近なまちづくりなどを考える「子ども・夢・共和国」事業や、地域の教育力向上をめざした「地域教育会議」にとりくみ、子どもたちの参加についてノウハウを蓄積していました。つまり、このノウハウを生かして権利条例案づくりをもっとも効率的に進めたいとする意思に基づいて教育委員会での検討がスタートしたものと思います。

全庁的なとりくみ内容

こうした状況をふまえて、二〇〇〇年四月以降庁内関係部局との間でさまざまな調整を進めました。最初に新たに全庁的な調整の場として、区役所も含めてほぼ全局の庶務担当課長を構成員とする「子ども権利条例庁内調整会議」を設置しました。そして、骨子案に対する庁内の意見調整を皮切りに、その後も第二次の骨子案、子ども権利条例検討連絡会議からの答申内容、市議会に上程する条例案などに対する意見調整、さらに制定された条例内容と施行後の対応などについて、一年を通してこの会議を基盤にした調整を図ったわけです。

また、庁内におけるおもな調整課題は前述しましたが、それぞれの調整結果は次のようになりました。

育ち・学ぶ施設における話し合いの場（骨子案では「学校等協議会」と表現）

権利条例では、「より開かれた育ち・学ぶ施設をめざして、施設設置管理者が子ども、その親、その他地域住民に対して施設運営などの説明をおこない、ともに育ち・学ぶ施設を支え合うために定期的に話し合う場を設けるよう努める」とされました。具体的には、二〇〇一年度は市立の小・中・高校、養護学校、幼稚園において「学校教育推進会議」を試行的に設置し、二〇〇二年度からの本格導入をめざすことになり、これ以外の児童福祉施設などでは、学校などにおける成果をふまえながら、一例としては、既存の地域教育会議との連携のなかで、こうした場の設定可能性の有無について検討を進めていく方向にしました。

子どもの権利に関する行動計画（骨子案では「子ども基本計画」と表現）

権利条例では、「市が子どもに関する施策の推進にさいし、子どもの権利の保障が総合的かつ計画的に図られるための子どもの権利に関する行動計画を策定する」とされました。子ども総合プランや青少年プランとの関係については、子どもの権利保障の総合的な展開という観点からみた場合に、この行動計画を具体化する計画としてそれぞれのプランを位置づけました。今後、行動計画を策定すると、その趣旨が後に改定される各プランに反映されることになります。

子ども施策を統括する部署

権利条例では、この統括部署を明示していませんが、最終的に権利条例の施行後の所管部署は、条例の推進にあたり広く庁内の総合調整を進めていく必要があるため、市長部局内に置くことがふさわしいとされました。実際に二〇〇一年四月一日から、本市の市民局人権・男女共同参画室のなかに子どもの権利担当を五名体制で整備しています。

子どもの権利委員会

権利条例では、「子どもに関する施策の充実を図り、子どもの権利の保障を推進するため、川崎市子どもの権利委員会を置く」とし、子どもに関する施策の検証のおもな流れについてもあわせて規定されました。児童福祉審議会や青少年問題協議会との関係については、いずれも市長の附属機関であり、それぞれの役割がありますが、子どもの権利委員会は、本市の子どもに関する施策について子どもの権利保障の観点から検証する機関であり、他の機関の役割と明確な違いがあることを明らかにしています。

なお、この権利委員会については、その組織および運営に関して、条例に加えて別に規則を定めており、二〇〇一年四月一日に公布、施行しています。すでにこの秋に、公募による市民委員二名を含めて総勢十名の委員で構成される権利委員会（委員長：荒牧重人山梨学院大学教授）が発足し、川崎市長から「川崎市における子どもの権利に関する行動計画について」および「川崎市における子どもの参加の検証について」が諮問され、調査審議がはじまっています。

子どもオンブズパーソン

子どもの権利侵害に対する救済機関の設置については、前述のように本市では、統合的オンブズマン制度での実現をめざして権利条例と別の条例で定める方向で検討を進めてきたため、権利条例では、苦肉の策として、附則で「本市が子どもの権利侵害からの救済などを図ることを目的とした新たな体制を早急に整備すること」が明記されています。その後、二〇〇一年六月の川崎市議会で、この統合的オンブズマン制度に基づく「川崎市人権オンブズパーソン条例」が成立しましたので、同時に権利条例を一部改正し、子どもの権利救済について条例本則で規定するにいたっています。人権オンブズパーソンは、その人選について市議会の同意を得たうえで、二〇〇二年五月から具体的な活動がスタートします。

今後の課題

以上のように、権利条例の制定、施行に向けては、全庁的な参加による検討体制のもとでさまざまな調整を図ってきました。このような調整をおこなうことにより、子どもの権利保障を進めるとりくみは、行政においてすべてといってよい部局が、真剣に対すべき重要な課題であるという認識をいっそう高める効果があったものと思っています。しかし、この条例を本当の意味で実効性のあるものとするために、まず行政内部のより強固な推進体制の確立が求められています。これまでの「庁内調整会議」に代わり、現在では新しい全庁的な推進体制が発足していますが、今後、第三者的な機関である子どもの権利委員会や、子どもの権利救済を図る人権オンブズパーソンの実際の活動などと連携して、各部局がそれぞれ主体的に子どもの権利保障にとりくんでいく「条例推進会議」へと発展させていくことが必要です。とりわけ、教育委員会内では、すでに独自に調整会議を設置し、条例を推進する動きがはじまっています。こうしたとりくみが他の部局にも波及して総合的に展開されることが期待されます。

また、子どもの権利保障は、けっして行政だけでやれるものではありませんし、やるべきものでもないはずです。川崎という地域社会のなかで、子ども、親、おとな、市民、事業者、NPO、行政などあらゆる主体がそれぞれの視点で子どもの権利について考えあうこと、全庁的参加どころか全市民的参加のもとで、このような永続的なとりくみを重ねていくことこそが、子どもの権利保障を一歩前に進める原動力になるのだと思います。そのために、こうした確かな土壌を川崎のなかにいかに構築できるのかが、市民の方々にとっても行政にとってもみずからに突きつけた重大な課題であることをあらためて認識し、ともに権利条例を推進していく努力を継続することが重要であると考えています。（土方　慎也）

注

(1) かわさき子ども総合プラン—一九九四年に国が策定したエンゼルプランを受け、川崎市児童福祉審議会からの「川崎市における総合的な子育て支援策について」の答申をふまえ、一九九八年十二月に策定された本市の子育て支援の計画。この計画の基本目標の一つに「子どもの権利を尊重する社会づくり」が掲げられている。

(2) 川崎市青少年プラン—川崎市青少年問題協議会からの「共に生き共に育つ川崎をめざして」の意見具申をふまえて、二〇〇〇年三月に策定された本市の青少年健全育成の計画。この計画において青少年施策の柱の一つに「子どもの権利の尊重」が掲げられている。

川崎における地域教育改革と権利条例

「地方分権法」と国の教育改革

一九九九年七月、いわゆる「地方分権推進一括法」が成立しました。これにともなって、地方教育行政法や学校教育法の改正などがおこなわれ、これらはこれからの学校や教育のありかたに重要な意味をもつといえます。また、国の教育改革の方向性はこれに前後してだされた中教審答申「今後の地方教育行政の在り方について」や文部省の「教育改革プログラム」などでもあきらかにされています。

これらの内容の主たるものは、一つは教育委員会制度に関するもので、教育長の任命承認制度の廃止などです。

つぎは、学校教育に関するものとして「学校の自主性・自立性の確立」として、学校への分権を求めたもので、具体的には「職員会議」や「学校評議員」制度を学校教育施行規則に位置付けたことなどがあげられます。

今次の国の教育改革を総括的にとらえれば、教育行政における中央・地方の関係の改革であり、一九五六年の「地方教育行政法」に代表される教育行政と教育の中央集権化、権力化を大きく転換させるものといえます。また、学校と教育のあり方について「特色ある」というカッコつきでありますが、「自主的」「自立的」な教育活動を展開する観点から学校の裁量権の拡大やその自主性・自立性の確立が提起されているといえます。しかしながら、その運用を一歩誤ると「校長の職務の円滑な執行」を名目に校長権限のみが中心の学校の自主性・自立性に終わる可能性も大きいと指摘せざるをえません。

また、一方では子どもたちの非行化などは戦後教育のせいだとして、教育基本法の改正や道徳教育の推進など国の教育方針を強いるような政策も見え隠れし、分権といいながら、国の教育政策を子どもたちに押し付けようとする政策もあります。

川崎における地域教育改革

国の教育政策に対して、今の川崎の教育の原点というべ

表1　川崎市教育懇談会の報告書「いきいき川崎」（1986年）

報告の柱立て	おもな提言事項
Ⅰ **いきいきとした子どもたちを求めて** ・子どもの生きる力を ・子どもがいきいきするように	＊子どもの声に耳を傾けよう ・子どもの話や悩みや相談を受け止める多様な機会と場の用意 ＊子どもの自立をうながそう ・子どもの自立を促し、自治能力を高める教育を ＊子どものふれあいを育てよう
Ⅱ **いきいきとした学校を求めて** ・ひとりひとりの子どもを主人公に ・学校に自由と自治を ・親、住民と共にある学校を	人間の尊さをうちたてる学校 ・「一校一実践」のすすめ ＊教育条件の整備・改善 ・各区に情緒障害児(自閉症・登校拒否など)学級を設ける。 ＊学校の自律性の回復 ・「教育活動活性化事業」「学校・地域連帯モデル事業」などの拡充による学校裁量の拡大
Ⅲ　**家庭・地域からの教育力の創造をめざし**て ・家庭、地域からの教育改革の課題 ・家庭の人間形成力を強めるために ・地域の教育ネットワークを築くために	＊教職員の力量の向上 ・若手の校長・教頭の任用、女性校長・教頭の任用 ・部活動の顧問補佐制度 ・教員の自主研修(一人一研究、実践)の推進等教職員研修の改善 ＊親・住民と共にある学校を ・子ども・教職員・親・地域住民の知恵の結集としての学校教育目標の設定 ・地域教育会議の創設 ・教育委員会に苦情処理の窓口を
Ⅳ **行政の市民化にむけて** ・いきいきとした教育行政であるために ・まちづくり、施設づくりに市民・子どもの声を ・教育推進事業のよりよい発展をめざして	＊家庭の人間形成力を強めるために ・地域保育相談事業の全市的拡大 ＊地域の教育ネットワークを築くために ・ＰＴＡの自己革新・教育への市民参加を求めて ・教育イノベーターによる教育改革の持続的活動 ・子ども自らが積極的に発言できるような場の設定 ・地域教育要求の掘り起こし運動の更なる発展 ・教育への市民参加システムとしての「地域教育会議」の創設 ・子どもの視点をいかしたまちづくり ・外国籍の子どもが住みやすいまちづくり ・障害児の自立と共生をはぐくむまちづくり ＊身近な教育委員会への努力を ・教育だより「かわさき」の拡充 ＊平和教育と国際理解教育の推進を ・平和・人権教育推進への積極的対応を ・日本語学習の場の設定を ・帰国児童・生徒に対する受け入れ、適応指導や海外生活経験を大切にする指導の充実 ・児童、生徒及び教職員の国際交流の拡充 ＊市民の学習活動を援助するために ・学校施設(特別教室、多目的ホール等)の市民への開放 ＊子どもの活動を充実させるために ・子どもたちへの校庭開放 ・こども文化センターの人的・物的整備 ＊市民・子ども主体のまちづくりを中学校区ごとに「教育の森」を ＊自然とのふれあいをめざす

	各種委員会活動の充実	地域や団体との連携強化	子どもの意見表明
	・役員連絡会（月１回） ・総務部会（６回） ・広報部会（４回） ・調査研究部会（８回） ・子ども会議担当部会(12回)	・区内地域教育会議研修・交流会(講演会・活動状況報告会・交流会) ・教育を語るつどい	・こども会議(3回) ・こども会議の報告会（教育を語る津堂と同時開催）
	・総務部会：保育サポーター会議（２回）区内地域教育会議交流会（２回） ・企画部会：子ども指導者交流会・研修会(2回) 思春期セミナー ・調査研究部会：「学習ボランティアガイド」発行コミュニティルーム見学 ・運営委員会・合同部会：教育を語るつどい・子ども会議の実行委員会・広報誌編集委員会	・子どもグループ指導者交流会開催 ・区内地域教育会議交流会 ・思春期セミナー開催	・子ども会議の開催 ・テーマ「何でもいってみよう」小中高校生グループに分かれて企画・運営から報告書作成までをワーキンググループを作って実施
	・企画調整委員会：夏休み体験学習を事務局と担当　ことんトークの開催　わくわく音楽会の開催 ・調査研究委員会：語るつどいの主催　子ども 110番事業 ・アンケート調査・広報誌の発行	・地区懇談会でＰＴＡと連携 ・夏休み体験学習で中学生が知己の施設・事業所を体験訪問 ・町内会と見越しか次などで連携 ・わくわく音楽会で遊ぼう会、子ども会と連携	・体験学習後のアンケートや感想会を実施 ・子ども部会の随時開催 ・地域の大人との対談「とことんトーク」への意見表明
	・総会 ・運営委員会：行事等の企画検討 ・定例委員会（毎月） ・広報委員会：広報誌の発行講演会等のＰＲ ・情報収集委員会：地域の教育課題の調査・収集	・地域の諸活動や行事に積極的参加を推進 ・施設開放や行司への参加の場の提供 ・ＰＴＡバザー・盆踊り・敬老会・町会運動会・中学校運動会に参加	・子ども座談会「ＬＯＶＥわたしの町僕の町」

表2　2000年度　地域教育会議の活動内容の一部

	重点方針	地域教育会議の理解
A行政区	・自主的・自立的組織へ向けて組織の充実と運営の効率をはかる。 ・中学校区との連携と支援の具体化を図る。 ・青少年や高齢者の課題を生涯学習の視点から深める事業を推進する。 ・教育会議の趣旨を広げていくために、共催・後援事業を積極的に推進する。 ・地域教育会議の趣旨・活動を地域にＰＲする為の広報活動を積極的に展開する。 ・子ども会議の実施	・広報誌年３回発行、発行部数各9500部）
B行政区	・子どもの思いに向き合い、おとなも子どもと共に育つこと（共育）を考え実行する。 ・「子ども会議」「教育を語るつどい」を継続・充実する。 ・広報活動の充実 ・学習ボランティアガイド改訂版の発行	・広報誌（年４回発行、発行部数各7000部） ・講演会「教育化意義の発足から現在まで」 ・区民祭参加
C中学校区	・教育資源としての地域の人と子どもたちの出会いを組織する。 ・中高生による地域内外での体験学習・おみこし担ぎを通して子どもと地域のふれあい交流 ・高齢者が学校へ出向く機会を支援する。 ・子どもと大人の経営活動の可能性を探り、対話集会「とことんトーク」を開催する。	・住民の公募11名 ・総会以外に全体会 ・運営委員会は月１回
D中学校区	・教育会議の趣旨・活動を地域住民にＰRする。 ・各委員会活動の定着化をはかる。 ・地域の教育上の課題を見出す活動をする。 ・地域内諸活動や他の地域教育会議との連携をはかる。 ・会議の望ましいあり方・方向性について学習する。	・広報誌４回発行 ・他学校区の活動の情報収集 ・地区懇談会の開催 ・教育を語る集いをおとな向け子ども向けの2回開催

きものは、一九八六年の川崎市教育懇談会の報告書「いきいきとした川崎の教育をもとめて」（「いきいき教育」）にあります。これは、市教育委員会も教職員組合も、また地域の子どもにかかわる市民団体もこぞって賛意を示しているところですし、十数年たったいまも輝きを失っていません。

教育懇談会は報告書をまとめるにあたって、広く市民に次のような教育の検討の視点を与えました。それは①川崎の子どもたちは元気に生活しているか、②川崎のおとなたち（教職員・保護者）は元気にしているか、③子ども、家庭、学校などをつつむ地域は活力をもっているかということでした。さらに川崎の教育の改善のための「検討の視点」として次の三点をあげました。それは①学校の〝社会化〟②地域の〝教育化〟③行政の〝市民化〟でした。

表1は、「いきいき教育」の最終報告の構成ですが、一九八六年に報告されたことを考えると、川崎の「子どもの権利条例」の原型を見る思いがします。

いきいき教育では、新しい時代（二十一世紀）は「児童の世紀」であり、「子どもたちがその力を発揮して創造すべき時代だ」として、おとなたちは「子どもが自由に行動しうる空間を十分にのこしておく」必要があるとしています。そのためには、子どもが社会の一員であり、権利が保障され、おとなは子どもたちの自立をうながし、人格の形成につとめることが大切であるとしています。

いきいき教育による教育改革と地域教育会議

いきいき教育による教育改革のなかで、地域教育会議は「地域の教育参加」「子どもの参加」という視点からの活動を築きあげてきた経過から、「子どもの権利条例」制定への市民参加・子ども参加がすすめられたことをはじめ、果たしてきた役割は大きいといえます。また、今後とも行政や教育・福祉といったあらゆる場面での「市民参加」「子ども参加」の一つの単位として、大きな母体となっていくと思われます。

地域教育会議は、当初小学校区での実施が提案されていましたが、一九九〇年の三中学校区での試行に始まり、一九九七年からは五十一の全中学校区と七つの行政区でとりくまれてきました。表2はその活動の二〇〇〇年度の内容の一部ですが、地域における教育交流や子ども参加の様子が見てとれると思います。

しかしながら、中学校区・行政区という単位の性格上、地域の教育環境や生涯学習的な発展がすすみ、学校・家庭・地域の連携といった観点でのとりくみが十分でなかった、また、地域教育会議や子ども会議での論議を受けとめる行政や教育の姿勢にも問題があったとの指摘もあります。

いま、「子どもの権利条例」が施行されたことにより、川崎市子ども会議や学校教育推進会議のとりくみがすすめられることになり、これまでの実績をいかした地域教育会議のとりくみがますます重要になってきたといえます。これら三者の連携や行政との関係性も含め、新たなとりくみの必要性も求められていくと思います。

いずれにしても、子どももおとなも、市民も行政もたがいにその地域を支えあっていくことが大切であり、「子どもの権利条例」が子どもという名をかりつつ、市民の権利条例として分権・地方自治の流れのなかでの川崎を確立していきたいものです。

（石垣 喜久雄）

川崎市の人権保障政策の歩みと条例づくり

川崎市が、子どもの権利条例を制定するきっかけになったのは、川崎市が毎年主催する地方新時代市町村シンポジウムの、一九九二年（第五回）、一九九七年（第十回）、一九九八年（第十一回）で子どもの権利条例を制定することの必要性が提言されたことを受けとめたからです。その提言はいきなり生まれたわけではなく、子どもが置かれている社会状況に対して川崎市がとりくんできた実績をふまえ、また子どもだけでなく、外国人・障害者・高齢者などの社会的に弱い立場にある人々の人権を守ることが豊かな地域社会を形成することになるという市民の合意があったからです。

本稿では、なぜ川崎市が子どもの権利条例を制定するにいたったかの経緯をたどるとともに、七番目の権利として一六条の「個別の必要に応じて支援を受ける権利」が明示された経過を川崎市の人権施策と照らし合わせながら概観します。

「いきいき教育」の実践から

川崎市の子どもの権利に関するとりくみは、一九八六年に作成された川崎市教育懇談会の報告書「いきいきとした川崎の教育をめざして」（以下、「いきいき教育」）に始まります。これは、当時、「荒れる学校」を背景に深刻化する青少年問題に対して、二年間にわたる市民討議をもとに、川崎の教育のあり方をまとめたものです。

一九八四年六月に、当時の伊藤三郎市長のいう、「教育は本来、地域に根ざしたものでなければならない。川崎らしい、川崎の地に合った教育を実現させたい」との願いと、非行・校内暴力の多発など出口のない情況に置かれていた子どもや教育に対して、学校・家庭・地域が有機的に連携することを願って「川崎の教育推進事業」が始まりました。

この事業を推進するにあたり、「川崎の教育を考える市民会議」（以下「市民会議」）などの組織がつくられ、二年間で二十四ヶ所、四万人の参加者と六五〇〇人を超える市民からの意見が集まり、教育をめぐる「都市づくりの壮大なドラマ」が展開されました。

「いきいき教育」では、「教育的配慮の名で、子どもの権利を侵害することがままあること」「どの子どもも、生きる価値があり、固有の力を持っている。だから、『ひとりひとりの子どもを主人公』には、学校教育が忘れてはならない原則であること」と、教育における子どもをとらえました。そして、「子どもが社会（学校・家庭・地域）の一員であり、権利が保障され、おとな（教職員・親・市民）は、子どもたちの『自立』を促し、人格の形成に努めることが大切である」として、さまざまな提言をおこないましたが、この「いきいき教育」の報告書に書かれた理念と実践の多くが、権利条例に引き継がれています。

たとえば、この提言を受けて、以下のようにさまざまな事業がとりくまれましたが、そのほとんどが権利条例のなかに反映されています。

・教育活動活性化事業—学校裁量の範囲の拡大、教育活動の自由のいっそうの保障
・学校地域連帯事業—学校を地域に開く、地域の教育力を学校教育に取り入れる
・青少年地域活動促進事業—青少年の自主的地域活動の促進と非行を生まない地域づくりの推進
・地域教育会議—子育て・生涯学習についてのネットワーク化、教育への市民参加の恒常化、地域の教育改革を図る
・学校五日制と遊びの広場—学校が休みになる土曜日の子どもの活動の場として、学校施設の個人開放
・教職員研究研修教育実践活動事業—教職員が自らテーマをもち、教育研究や研修、教育実践を通して次代の変化を見据えた教育観や指導力を身につける
・子ども議会と子ども会議—子ども主体による地域社会や行政のあり方を話し合う場の設定
・川崎子ども・夢・共和国事業—子ども自身による政策づくり、諸事業の実施

地域教育会議について

こうした諸事業のなかでも、「いきいき教育」に基く教育改革の中心的な事業として進められてきたのが、地域教育会議です。

当初は、小学校区を単位としたものを想定しましたが、当面、中学校区に置かれるものとして一九九〇年に試行が始ま

り、九七年度に全中学校区、全行政区に設置されました。それぞれの地域教育会議は、地域の特色をふまえ、自由な活動を展開していますが、この地域教育会議の地道な活動の蓄積が、条例づくりを市民参加でおこなうことになる基礎となり、ひいては川崎市が展開してきた「区づくり白書」や中学校区を単位としたまちづくり運動につながっています。

組合と教育委員会のタッグマッチ

川崎市で子どもの権利条例が制定されていく理由の一つに、川崎市教職員組合（川教組）と教育委員会（市教委）の連携のよさが上げられます。

「いきいき教育」のきっかけになった「荒れる学校」は、現場の教師にとっては切実な課題でした。川教組は、この問題意識を共有化するために、一九八四年六月から市教委がとりくんだ「川崎の教育推進事業」に対して、「下からの、市民合意の教育改革運動をめざし」て、「主体的、積極的に関わる」ことなどを内容とした覚書を市教委と交わしました。そして「川崎の教育を考える市民会議」に全教職員が参加する体制でとりくみ「川崎市教育懇談会」において、学識者との議論も度重ねました。

また、川教組独自のとりくみとして、一九八三年に「川崎の教育を考える専門委員会」を設置し、一九八五年に「川崎の教育は今―その現状と改革のための提言」をまとめました。その報告書は、その後地域教育会議として実現される校区教育会議構想や子ども・夢・共和国事業、教育課程の自主編成などの動きにつながっていきます。

そして、川教組は九〇年代後半から「子どもの人権を大切にした教育」を運動方針の最重要課題として、学校における人権尊重教育を推進・実践し、また「子どもの権利条約」を普及させるためのパンフレットの作成・配布にとりくみました。このような、人権教育の実践は、一九八六年に制定された「川崎市在日外国人教育基本方針―主として韓国・朝鮮人教育」や一九九三年に全国に先がけて市教委が指導要録の全面開示にふみきったことにつながっています。

さらに、市職員労組（市職労）も、（社）川崎地方自治研究センターを通じて、市民、学識者、川教組、市職労で構成する「かわさき子どもの権利研究会」を一九九六年に発足し、市町村シンポジウムでのワークショップを開催しながら、一九九七年「川崎の子どもの権利保障をいっそう充実させるために―子どもの権利条例制定に向けて」という報告書をまとめ、川崎市への提言としました。

川崎市の人権施策について

川崎市は、「多文化共生のまちづくり」を進め、外国人市民施策をはじめとした人権問題に先駆的にとりくんでいますが、その経過を概観してみたいと思います。

都市憲章と総合計画

一九七三年に作成された「都市憲章条例案」は、議会承認を得られることができませんでしたが、市民本位の市政の拠りどころとになりました。

都市憲章条例案の前文では、

「(前略) 互いに自由と人格を尊重しあう個性ある市民社会をつくり出すため、この都市憲章を制定する。(中略) 疎外された人間関係を再建し、真に人間らしい営みを享受できる共同生活の場となるべきである。そこでは、こどもは夢をもち、青年は希望に満ちあふれ、老人は生きがいを感じ、また心身障害者など恵まれない人にはいたわりがある、明るい人間生活の環境が確保されなければならない。(後略)」

と、都市憲章の制定理由の一つとして、人権を尊重した人間都市づくりを格調高く謳い上げています。

この考え方は、一九七四年に策定された「川崎市新総合計画」、八三年に策定された「川崎市総合計画二〇〇一プラン」に盛り込まれ、人権の課題を福祉社会づくりのなかで位置づけています。

七〇~八〇年代の人権施策

川崎市は、市内に多く住む在日韓国・朝鮮人(以下、「在日」とする)の人権保障に積極的にとりくみました。一九七二年の国民健康保険の外国人への適用をはじめとして、一九七四年の市営住宅入居資格・児童福祉手当の国籍要件の撤廃など、国に先がけた外国人の生活保障が進みました。

そのなかでも、一九八五年の外国人登録法に基く指紋押捺制度をめぐる議論のなかで、伊藤市長自らが「法も規則も人類愛を超えるものではない。指紋押捺拒否者を告発しない」との固い決意で、国と対峙してでも、外国人市民の人権を守ろうとしたことに、川崎市の人権施策の真髄が示されています。

また、在日韓国・朝鮮人と日本人とのふれあいを通してともに生きる社会をめざす教育実践が、人権尊重教育の大きな柱となりました。一九八六年に教育委員会は、「川崎市在日外国人教育基本方針—主として在日韓国・朝鮮人教育」

を制定しました。その方針では、

「差別を排除し、人権尊重の精神を貫くことは、人間が人間として生きるための不可欠な事例であるとともに、民主主義社会を支える基本原理である。（中略）。韓国・朝鮮人は教育・就労、福祉等あらゆる生活面で厳しい民族差別を受け深刻な問題となっている。（中略）。川崎市教育委員会は、こうした事実の持つ意味を厳しく受け止め、教育の課題としてとらえ、本市における公教育を推進するにあたっては、市民一人ひとりの差別解消のための不断の努力を促していかなければならない。また、市内に居住する外国人に対して教育を受ける権利を認め、これらの人々が民族的自覚と誇りを持ち、自己を確立し、市民として日本人と連帯し、相互の立場を尊重しつつ生きる地域社会の創造を目指して活動することを保障しなければならない。」

と、人権教育の必要性を高らかに宣言しています。

この方針を受け、神奈川県や市のふれあい教育の研究委嘱校として、在日が多く居住する桜本地区の学校で、日本人と在日の子どものふれあい教育が研究実践されました。

このような、先進的な外国人施策のとりくみがなされた背景には、地域で共生の実践的な活動をおこなっている青丘社や神奈川民族差別と闘う連絡協議会の運動がありました。こうした流れの中で、川崎市は共生をめざす活動拠点として、地域からも要請があった、こども文化センターと社会教育施設機能をもったふれあい館を建設し、青丘社に管理運営・業務委託をおこないました。

九〇年代の人権施策

高橋市政は、人権施策を市政の大きな柱として確立しました。一九九二年に発表された「川崎市基本構想」は、基本理念の第一番目に、「人権の尊重と国際平和の追求」を掲げ、一九九三年に策定された総合計画二〇一〇プランでは、地域社会の国際化の視点から、内なる国際化の施策が明確に位置づけられ、人権の課題を地域社会に不可欠なものとしています。

その成果として、一九九一年に川崎市の外国人市民施策の課題二四項目がまとめられ、川崎市の施策として是正できるもの、国の制度で是正を求めるものなどに分類され、課題ごとにとりくまれていきました。

そのなかで、特筆されるのは、一九九四年の外国人の無年金者に対する高齢者福祉手当の創設であり、一九九六年の市職員採用における国籍条項の撤廃、外国人市民代表者会議の設置でした。

外国人市民代表者会議は、一九九四年の第七回市町村シンポジウムでの提言を受けて条例設置したものですが、外国人の地方参政権がいまだに認められない現在、マイノリティとしての外国人市民の意見を市政に反映するものとして、大きな機能を果たしています。これまでも、外国人市民代表者会議からいくつかの市政への提言がおこなわれていますが、外国人だけでなく高齢者や障害者などの社会的弱者の入居保証制度が盛り込まれた住宅基本条例の制定、ニューカマーを含んだ外国人教育方針の改定などの成果を上げています。

川崎市の人権施策については、大きく二つの方向性がみられます。一つは、外国人市民の社会的権利を保障していく方向です。これまで外国人市民の要求は時代状況を反映し、健康保険、年金、住宅などの差別のなかで貧困生活を強いられていることからの救済を求める生存の権利に基いたものが主でしたが、日本が経済的成熟期を迎え、外国人市民の生活水準も上がり、社会制度的な権利の実現の要求が高まってきたことを受けたものになっています。

二つには、外国人市民の人権だけに限らず、すべての人権の課題を体系化し、市の基本施策に人権の課題を位置づけたことです。一九九六年に市民局に人権問題を専管する人権・共生推進担当を置き、人権懇話会などで二〇〇〇年に人権指針を策定しました。

川崎市が子どもの権利条例を制定するにあたり、七番目の権利として日常生活のなかでも人権侵害を受ける、国籍、民族、性別、言語、宗教、出身、財産、障害などを理由に差別や不利益を受けないことを明記したのは、このような川崎市の人権施策の流れを受けていったものです。

私見をのべさせていただければ、人権問題は、個々の人間にとっての具体的な課題であると思います。多文化共生のまちづくりに基づいた、具体的な施策や事業を具体的にとりくむなかで、人権侵害から解放され、豊かで個性的な地域社会のなかで、すべての市民が対等で平等に暮らしていけるよう、市民とのパートナーシップを築いていかなければなりません。

地域からの地道な協働作業こそが、子どもの教育環境を改善し、子どもが一人の権利主体として認められ、成長していく社会づくりの最善の手法であることとして、地域を構成するものみんなが、権利条例をさらに進化していくことに向けて努力することが求められています。

（板橋洋一）

Ⅳ

〝動き始めた〟川崎

「川崎市子ども会議準備会」と「（仮称）川崎子ども夢パーク」

川崎市子ども会議準備会

「川崎市子ども会議準備会」の発足

「川崎市子どもの権利に関する条例」（以下、「権利条例」という）は、第四章を子どもの参加とし、第三〇条で、「市長は、市政について、子どもの意見を求めるため、川崎市子ども会議（以下、「子ども会議」という）を開催する」と規定しました。

「川崎市子ども会議準備会」（以下、「準備会」という）は、この条文を受けて、川崎市子ども会議の二〇〇二年四月の発足をめざして設置された組織で、六月から活動が開始されました。

準備会には多くの子どもたちが参加しています。市政だよりや学校などに配布されたちらしを見たり、「川崎子ども・夢・共和国」や権利条例子ども委員会などからも参加があり、三十七名でスタートしました。その後参加者の紹介などで増え続け、いまでは小学生二十二名、中学生十九名、高校生など九名の計五十名で活動しています。

「川崎市子ども会議準備会」の活動

子ども会議準備会といっても、最初は何をしたらいいのか、参加の委員はわかりません。権利条例についての意識も、権利条例子ども委員会の委員経験者・「川崎子ども・夢・共和国」委員と初めてこの準備会に参加した人では、まったく違います。もちろん顔見知りもいれば、初対面の人もいます。そこで、まず初めに委員同士が仲よくなることから始め、つぎに子どもの権利について学習しました。サポーター的役割を果たしている委員の、ビンゴゲームによるワークショップもおこない、少しずつ子どもの権利や権利条例と子ども会議の目的や役割についての理解を深めていきました。

委員のなかには、現在地域教育会議を中心におこなわれている、中学校区子ども会議や、行政区子ども会議に参加したことのある人もいますが、ほとんどの委員はまったく経験がありません。

いままでおこなわれてきたこれらの子ども会議は、その多くが一年に一回のイベント的なもので、出された意見を反映する場が保障されていません。「外国人市民代表者会議」を条例上のモデルとした「川崎市子ども会議」は、子どもも参政権を持たない市民であるから、子どもたちの意見を誠実に受けとめ、子ども市民としての声を市政に反映できるシステムづくりとして定められたものです。

子ども会議には、あらゆる子どもの参加が促進され、子どもの自主的・自発的なとりくみにより運営されることになります。そのために、準備会では子ども会議をどのようなしくみにするか、何人くらいでどこでおこなうのか、どうやってみんなに知ってもらうかなどについて、グループでさまざまな意見を出し合い話し合っています。

委員が考えた対象は、

①小学校一年生～大学生

②小学校三年生～十七歳（子ども年齢）

③小学校四年生～高校生（十八歳になっても高校生ならOK）などです。

これらの意見についての委員の考え方は、①については、広く意見を聞きたい。②と③については、意見がいえる年齢から子ども年代までということで一致した意見となっています。

人数や場所についても、市内一カ所で一〇〇人とか、南部中部北部の三カ所でそれぞれ三十人がいいとか、さまざまな意見が出ており、まだ結論が出ていませんが、やっと子ども会議の具体的な話し合いに入ってきたところです。

正式発足に向けた今後の課題

準備会はおとなの事務局とともに、毎月一回の会合を重ねています。子ども会議のイメージもだんだん見えてきています。しかし、この種の子ども対象の継続的な事業の宿命でしょうか。毎月の準備会に参加する委員が一定しないというジレンマがあります。市内の多くの小中高校や私立学校からの参加であり、学校行事などさまざまな理由で仕方がないのかもしれませんが、話し合いがなかなか進まない原因がここにあります。反面、上級生がこない時に伸び伸びと意見がいえる小学生も見うけられ、多くの声を反映してつくられるべき子ども会議では、これも痛しかゆしなのかもしれません。

また、外国人市民の参加や声の出せない子どもたち、たとえば障害のある人、ものがいえない幼児をどう考えるか。代弁者としてだれかを参加させるのか。委員全員を公募にするのか。それとも公募と推薦母体の両立制をとるのか。二〇〇二年四月に正式発足するためには、委員の募集時期など現実的な作業日程も気になりだしています。

これらの会議へは、いわゆるいい子が参加しているのではないかとの認識が一般的のようですが、「川崎子ども・夢・共和国」や権利条例子ども委員会、また中学校区や行政区の子ども会議など、川崎でいままでおこなってきたさまざまな子ども対象の事業には、本当にさまざまな立場の子どもたちが自由に参加しています。川崎市子ども会議もさまざまな立場の子どもたちによる会議になるよう、子どもとおとなの共同作業によるとりくみが求められています。子どもたちの次のような声を反映して…。

「子どもにかかわることを決めるときはわたしたちの考えも大切にしてほしいのです。親や先生の考えだけで一方的に話を進めないでほしいのです。おとなからはまだ頼りなく見えるかもしれませんがわたしたちも真剣に考えています。子どもをおとなより下の存在としてではなく一人の人間として平等に見てほしいのです。そのためにはわたしたちも、自分の考えをはっきり言えるようにならなければなりません。」(一九九九年十二月川崎子ども集会アピール文より抜粋)

(仮称)川崎子ども夢パーク

事業の背景と目的

「(仮称)川崎子ども夢パーク」(以下、夢パーク)は、二〇〇一年四月に施行された「川崎市子どもの権利に関する条例」三一条・三二条・三四条を具現化することを目的に、子どもたちの居場所の確保、地域における子どもの自治的活動への支援、参加の拠点づくり、さらに利用施設への運営参加などをはかること。そして、完全学校週五日制の導入、不登校児童生徒の増加、少子化・都市化など、子どもをとりまく環境の急激な変化に対応する施設として、計画を進めています。

夢パークは、川崎の子どもの、子どもによる、子どものための諸活動の拠点として、また子どもが自分の責任で自由に遊び、そして体験できるプレーパーク的な施設として、川崎市のほぼ中央、高津区下作延(南部線津田山駅前)に面積約九九〇〇平方メートルの敷地をもって、二〇〇三年度のオープンをめざしています。

また、夢パーク事業を実施することにより、市で実施している子ども施策の連携や、市内に点在している青少年関連施設のネットワーク化を推進することにもなり、まさに子どもの活動拠点としての機能を十分果たすことが可能となります。

基本計画づくり

夢パークの基本計画づくりでは、ワークショップやアンケート調査により、子どもたちの意見を聞きました。ワークショップには毎回三十〜八十名の子どもたちが参加。さらに、アンケートには市内の小中高校生一七二五名からの回答があり、FAXやメールでもたくさんの意見が寄せられました。

また、地域の方々や青少年団体の代表・行政職員などで、夢パーク推進委員会も組織され、さまざまな視点から計画が検討されました。ワークショップやアンケートによる夢パークに取り入れたいものとして次のような機能・施設が出ました。

【屋内】

- 交流の場　話をする。友だちをつくる。宿泊する。
- 遊びの場　ゲーム。コンピュータゲーム。
- パソコン　パソコン。インターネット。
- やすらぎの場　やすらぐ。寝る。ぼうっとする。悩みの相談。
- ボランティアの場　ボランティアの拠点
- スポーツの場　室内競技
- 会議の場　子ども会議
- 学習・研究の場　読書。実験。マンガを読む。
- 創作活動の場　工作。焼き物。料理。音楽の練習。絵を描く。
- 芸術とふれあう場　音楽鑑賞。絵画鑑賞。映画鑑賞。

【屋外】

- アウトドア活動　冒険遊び。水辺の遊び。自然のなかでの遊び。キャンプ。
- 学習・観察　自然観察。ビオトープづくり。動物の飼育・観察。
- やすらぎの場　動植物とのふれあい。ひなたぼっこ。外での昼寝。
- 屋外スポーツ　グランド球技。ロッククライミング。サイクリング。
- イベントの場　祭り。バザー。フリーマーケット。○○大会。

夢パークのコンセプト

夢パークは子どもたちがたんなる利用者となる、遊園地やテーマパークではありません。またスポーツ専用や専門施設でもありません。ひとつの物事だけの利用ではなく、創意工夫してさまざまな遊びや利用を生み出していく施設です。

子どもたちのワークショップで多くの意見が出されましたが、この他にも不登校児童生徒の利用機能、子どもの視点での情報発信機能などが必要だと考えられています。

夢パークは子どもたちが遊びながら、考え、つくっていく施設であることをコンセプトとし、オープン時には、子どもたちが安全に遊べる基本的なものだけをつくります。

つまり、子どもたちがまず遊び、そこから自然発生的に考える「遊ぶ→考える→つくる→遊ぶ→…」の循環システムが求められ、子どもたちが主体となってオープン後も施設づくりが続けられていきます。

【オープン時にできるもの】

自由ゾーン　フリースペース。ピロティフリースペース。

学習ゾーン　学習・交流スペース（図書・視聴覚・パソコン）。子ども会議事務局。

創作活動ゾーン　スタジオ。放送室。創作スペース。

全天候広場　雨天の時も利用できる場所。

屋外施設　広場。森。池。イベント広場。サイクリングロード。

今後の課題

夢パークの工事着工は二〇〇二年三月頃の予定です。同時に次のステップとして、夢パークの運営をどうするかを検討することになります。子どもの施設ですが、前にのべたように夢パークにはさまざまな機能が計画されています。その運営に子どもたちがどのように参加すればいいのか、最善の方法を子どももおとなも一緒になって考えていかなければなりません。

子どもの参加の権利を堅持しつつ、おとながどのようにサポートするか。また、子どもの自治や参加活動を支援していけるサポーターやファシリテーターの養成も必要とされ、まさに子どもとおとなのパートナーシップが問われてくることになります。

（夏井　賢）

学校教育推進会議

一九九八（平成一〇）年五月の地方分権推進計画の閣議決定、同年九月の中央教育審議会による「今後の地方教育行政の在り方について」の答申、さらには、一九九九（平成一一）年七月の「地方教育行政の組織及び運営に関する法律」の改正。この一連の流れのなかで、二〇〇〇（平成一二）年一月に「学校教育法施行規則」の一部が改正され、学校評議員についての規定が新設されました。

学校教育法施行規則の第二三条に「小学校（筆者注：他校種も同じ）には、設置者の定めるところにより、学校評議員を置くことができる」とあり、学校評議員が校長の求めに応じて学校運営に関しての意見をのべることができること、当該学校の職員以外の者で教育に関する理解及び識見を有するもののうちから、校長の推薦によって当該学校の設置者が委嘱することとしています。

川崎市教育委員会ではこれを受けて委員会内にプロジェクトチームを編成し、設置に向けての検討を進めました。

施行規則の改正にあたっての文部事務次官通知には、学校評議員の設置の在り方について、「省令に規定する学校評議員ではないが、これに類似するしくみを既に設けている場合、今回の省令改正により、これを廃止又は改正する必要はない」とあります。

類似したしくみを整理するなかでより一層開かれた学校づくりを推進したい、と考えたわたしたちのプロジェクトチームの視野には「川崎市子どもの権利に関する条例（以下、「権利条例」という）」がありました。

権利条例についての詳細は省きますが、その第四章第三三条には「施設設置管理者は、子ども、その親等その他地域の住民にとってより開かれた育ち・学ぶ施設を目指すため、それらの者に運営等の説明等を行い、施設の職員とともに施設を支え合うため、定期的に話し合う場を設けるよう努めなければならない」（部分略）とあります。施設（注：ここでは学校）は、子どもや地域住民や教職員が一緒になって、よりよい学校づくりを進めるようにと定められているのです。

学校評議員の考えと権利条例の考えには、より開かれた学校をつくるために学校が学校運営について考えていることを示し、十分に説明するという共通のねらいがあります。わたしたちは、両者のねらいをあわせ持ったしくみを新たに立ち上げることになりました。学校にとっても、参加する方々にとっても、ねらいに重なりのあるしくみは一つにしぼった方がとりくみやすいだろうと考えたわけです。

各校種校長会などの意見も聴取して、川崎市独自といえる学校教育推進会議の構想がかたまりました。そして、すべての幼稚園と学校で、二〇〇一年度中にその試行をすることになったのです。

学校教育推進会議とは

学校教育推進会議は二〇〇二年の実施を予定していますが、実施に向けて二〇〇一年度中を試行の期間と定めました。試行にあたっては、いわゆるモデル校形式をとらず、すべての幼稚園と学校で試行することにしました。それは、学校・地域によって、これまでの開かれた学校づくりのとりくみの方法などにさまざまな特色があると思われ、それぞれの学校の特色を生かした試行を進めることが大切であると考えたからです。ただし、一定の方向性については示すことが必要であるとも考え、「試行のための指針」と「試行のための留意事項」を各学校・幼稚園に示しました。以下にそのあらましをご紹介します。指針の原文などにつきましては、巻末の資料編を参照してください。

試行の趣旨

二〇〇二(平成一四)年度に学校教育推進会議を設置するにあたって、円滑な導入が図れるようにするための試行であり、二〇〇一(平成一三)年度中に試行することとしています。

二〇〇一年度中としたのは、初めてのとりくみでもあり、会議のテーマ、進行方法、委員の選定のあり方など、校長として試行に入る前に構想を整える期間が必要ではないか、またとりわけ着任したての校長には、地域の特色などを把握するためにも一定の時間が必要であろうなどの考えによるもので、年度内に試行に入ってくださいということです。

設置目的など

「より一層開かれた学校(園)づくりの推進を図るため、学校(園)の運営等について保護者、地域住民、幼児・児童・生徒、教職員、有識者等の意見の聴取とその説明等を行い、ともに協力し支え合うために学校（園）を置くものとする」としています。また、学校評議員的な機能と権利条例の機能の両者を有するものとも規定しています。

このなかで川崎市独自のしくみとなると思われるのは、前述の「学校教育推進会議とは」のなかでもふれたように、権利条例上の「定期的に話し合う場」の構成員として、子どもや教職員も欠かせないものとして加えた点です。

委員の構成など

委員は、校長・園長（以下、「校長」という）のほかに、幼児児童生徒、保護者、学区域住民、教職員、その他校長が必要と認めた者の五つの分野から、校長が選定するものとする」としています。また、委員の数は十名程度、任期は試行期間中とし、謝礼は無償としています。

委員の選定分野のなかに「校長が必要と認めた者」とあるのは、学区外の方のなかにその学校のことや教育について、高い関心や識見を持った方がいれば、その方に会議への協力をお願いできる余地などとして表現したものです。

委員の数については十名程度としていますが、留意事項の二の（二）で「とくに幼児児童生徒については十分発言できるような人数を確保する」と規定しており、そのために全体として十名をこえる人数が選定される例が多いものと考えられます。

謝礼については無償としていますが、高等学校、聾・養護学校など学区域の広い校種もあり、委員によっては交通費を支払うことについて検討しています。

委員の役割について

「委員は、校長の説明等に応じて意見を述べることを基本とし、より一層開かれた学校づくりの推進を担うものとする」とありますが、これは施行規則上の学校評議員の趣旨を受けとめたものです。学校運営の主体者としての校長の立場を明らかにした表現であるともいえます。一方、だからといって、校長の説明のみでは、開かれた学校づくりのねらいと異なるものになりかねません。そのあたりへの配慮も含めて表現したものです。いずれにしても、会議設置の趣旨が各委員に十分に理解されるよう、校長として配慮することが求められています。

運営及びその配慮事項について

会議の形態

配慮事項の一つに「運営にあたっては、委員の意見を聴くなどその在り方及び意見を求める方法等について検討するものとする」とあります。これは、前述の「委員の役割について」でのべた委員の意見表明に対する配慮事項でもありますが、会議の形態についても表しています。

この点についての留意事項を「課題等によって、委員を個別に、または一堂に会するなど適切な形態で実施する」としました。特に複数の委員が集まるなかで会議することによって、たがいの意見を共有できること、会議の透明性を高めることができることなどの長所が生まれるものと考えています。ただし、全体としては幼児児童生徒を加えた会議にしていくわけですが、そのテーマなどによっては、子どもへの負担などを配慮して、子どもを除いたおとなの委員との個別的な会議の形態などもとられてよいものと考えています。

子どもの参加

子どもの参加については、「年齢や成熟にふさわしい参加の在り方を配慮する」としており、子どもが参加しやすい会議の工夫を期待しているところですが、これについても留意事項で「幼稚園、聾・養護学校においては校種の状況によって卒業（卒園）生等を委員とすることもできる」としています。年齢や障害の状況などによっては、会議への参加を求めることがかえってその子どもの負担になることもあり得るとの判断からです。

会議の内容

会議の内容について、指針では「学校（園）の運営等について」と記載しているだけですが、留意事項のなかで「課題は各学校の事情や考え方等によってそれぞれ異なる」としたうえで、学校教育目標・教育計画・学校行事などを具体的に想定される課題としてあげています。また、「その他、学校運営上必要なことについて」とも示しており、校長の判断によってさまざまな話題が展開されるものと思われます。

その他の配慮事項

（記録）　保護者等への説明や情報公開などの点から、会議開催の形態を問わず、開催内容については一定の記録をすることを求めています。委員以外に記録者を置くことができるとしています。

（出席）　課題などの状況に応じては、委員以外の関係者（幼児児童生徒を含む）を出席させることができるとしており、委員以外の子どもたちの発言の機会、課題に関係する担当教員の参加など、さまざまな参加の形がとれるよう配慮しています。

（共通理解）　学校運営をよりよいものにしていくためには、全教職員の理解と協力が欠かせません。留意事項では「試行の実施にあたっては所属職員と十分に協議を行い、学校全体としてより一層開かれた学校づくりに資する学校教育推進会議の設置に努める」としています。

（広報）　試行にあたっては、学校として、会議の趣旨を取り上げられた課題などを、保護者・幼児児童生徒などに、学校だよりなどの広報活動を通して、広く伝えることとしています。委員会としても試行実施についてのパンフレットを配布しました。

（連携）　五十一のすべての中学校区と七つの行政区にある地域教育会議とのかかわりを大切にし、その連携のあり方について工夫することも大切なこととしています。

今後の課題

試行にあたって、各学校では、委員の選定の方法、子どもの参加のさせ方、子ども参加の場合の開催時間などを慎重に検討してきました。また、小学校と幼稚園の合同による会議を企画した学校もあります。教育委員会としても、今後、試行結果の検証を進めて本格的な実施にあたりたいと考えています。

（青木 幸夫）

川崎市子どもの権利委員会

子どもの権利を保障する施策

いま、川崎市では、「川崎市子どもの権利に関する条例」（以下「条例」という。）に基づいた子どもの権利を保障する施策へのとりくみが始まっています。

具体的には、五条の「かわさき子どもの権利の日」事業や、二七条と三一条の子どもの居場所及び参加活動の拠点となる「（仮）子ども夢パーク」事業、三〇条の「子ども会議」、三四条の施設の運営に関する子どもの意見の場ともなる「学校教育推進会議」などがあります。

「子どもの権利委員会」（以下「権利委員会」という。）もその一つで、二〇〇一年九月二〇日に第一回目の会議が開催されました。当日は、川崎市長から各委員に委嘱状を伝達し、その後、正副委員長を選出して、権利委員会の説明や各委員の自己紹介を兼ねた意見表明などをおこなって閉会しました。任期三年で概ね月一回、二〇〇一年度は五回開催しました。

権利委員会の役割

権利委員会は、国連の子どもの権利委員会（COMMITTEE ON THE RIGHTS OF THE CHILD）を参考にしており、川崎市における子どもの状況や子どもにかかわる施策を、委員が行政や市民、子どもとの対話をするなかで子どもの権利の観点から検証し、市長に答申や意見具申する第三者的な機関として設置されたものです。

条例上では、この権利委員会に二つの大切な役割を規定しています。

一つ目が三六条の、子どもの権利の保障が総合的かつ計画的に図られるように市が策定する「子どもの権利に関する行動計画」（以下「行動計画」という。）への意見表明です。

条例の特色の一つは、参加者の自主性の尊重です。権利委員会の運営も互選によって選ばれた委員長が権利委員会

子どもの権利委員会の検証のイメージ図

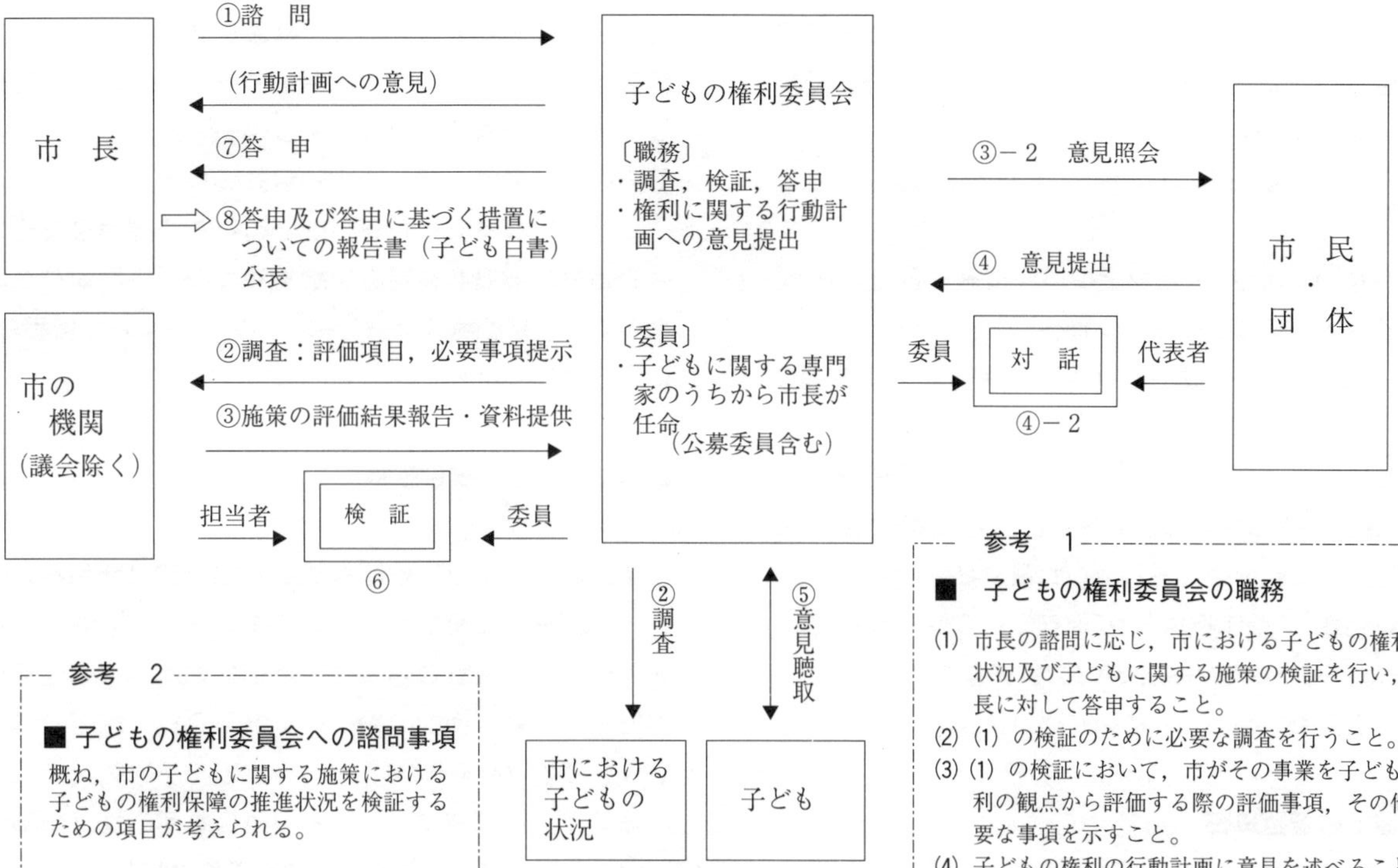

参考　2

■ 子どもの権利委員会への諮問事項

概ね，市の子どもに関する施策における子どもの権利保障の推進状況を検証するための項目が考えられる。

参考　1

■　子どもの権利委員会の職務

(1)　市長の諮問に応じ，市における子どもの権利の状況及び子どもに関する施策の検証を行い，市長に対して答申すること。
(2)　(1)の検証のために必要な調査を行うこと。
(3)　(1)の検証において，市がその事業を子どもの権利の観点から評価する際の評価事項，その他必要な事項を示すこと。
(4)　子どもの権利の行動計画に意見を述べること。

に諮って定めることになります（川崎市子どもの権利委員会規則〔二〇〇一（平成一三）年川崎市規則五五号。以下「規則」という。〕三条及び七条）ので、行動計画に対する意見をどの段階でどのような形で表明するのかということも、権利委員会に委ねられています。

二つ目が三九条の、子どもの権利の保障状況に関する検証です。

この検証のしくみは、条例で規定していますが、図解すると一三九ページの図のようになります。

図の③―2から⑥の手続きでも分かるように、この検証のしくみは、権利委員会が市民・子ども・行政と一緒になってつくり上げていくものであり、たんに結果のみを公表するのではなく、検証の過程においてもすべての関係者が協働することで条例に実効性をもたすことを目指したものです。

そうした性格上、権利委員会は、公開しています。したがって、当日傍聴できなかった市民などには、川崎市のホームページで会議録が閲覧できるしくみを用意しています(1)。

権利委員会への諮問事項

第一期の権利委員会への諮問事項は、二つあります。一つは前述した権利委員会の役割である「子どもの権利に関する行動計画への意見」で、二つ目が「子どもの参加の検証」です。子どもの参加は、条例で規定している七つの権利の一つで、その意義と促進するための具体的な制度について第四章で改めて規定しています。これは、子どもの参加が条例のねらいとする基本的事項の一つであるという考えに立っているからです。全庁的な連絡調整のために子どもの施策にかかわる部局で構成された「子どもの権利施策推進部会」で協議のうえ、市として「子どもの参加の検証」を諮問事項としました。

権利委員会の委員の構成

前述したように、権利委員会は自主的に運営されますので、機能するためには、委員の果たす役割が重要になります。特に、第一期の委員は、今後の権利委員会のあり方に及ぼす影響も大きいと考えられますので、構成のねらいについてのべてみます。

権利委員会の委員には、子どもの権利保障に積極的にとりくもうとする熱意がもっとも要求されます。

次に、権利委員会の役割の一つが、市の子どもに関する施策の検証である以上、権利委員会は第三者機関として市民や子どもに認知されることが大切です。委員の男女比や専門分野などの全体的バランスも考える必要があります。

また、諮問に対して、権利委員会のなかで論議し、市民・子どもと対話しながら答申をまとめていくためには、自分の考えを明確に相手に伝え、相手の考えを聞き、場合によっては自分の意見に固執しないで、全体をまとめようとする意志も要求されます。

こうした点をふまえ、「川崎市子どもの権利委員会委員選考委員会」は、第一期の委員として、学識経験のある委員としては、憲法・国際人権法、教育法、児童福祉法および教育行政学の研究者四人とNGO代表者、小児科の医師、障がい児問題のカウンセラーおよび児童虐待にとりくんでいる弁護士の実践者四人を選びました。

また、市民のうちから委嘱される委員（規則で公募によるものと定められています）として、応募者から二人（男女各一人）を選考しました。

おわりに

以上みてきたように、市における子どもの状況や子どもに関する施策を検証するしくみである権利委員会は、同時に条例の実効性を担保するしくみでもあり、そのなかに市民や子どもの参加の推進と自主性の尊重という条例づくりにおける基本的な考え方を一貫して保持しています。

その意味では、権利委員会というシステムが機能し、子どもの権利の保障が図られるためには、第一期の委員と子どもを含めた市民と行政との今後の協働が非常に重要です。第一回権利委員会では、各委員の子どもの権利保障への熱意や協働への意気込みを目の当たりにできましたので、権利委員会が、川崎市における子どもの権利保障を推進していくうえで大きな力になるものと確信しています。

（土屋 和彦）

注

(1) 川崎市子どもの権利担当ホームページのアドレス http://www.city.kawasaki.jp/25/25zinken/home/kodomo/

子どもたちが夢と希望をもって元気に過ごせるまち・かわさきを

「川崎市子どもの権利に関する条例」が、二〇〇一年四月一日から施行されました。

この「子どもの権利条例」は、子どもの権利について子どももおとなも共通に理解しよう、そして子どもを一人の人間（権利の主体）として尊重し、権利侵害から守り、自分らしく生きていくことを支えていこうという思いでつくられたものです。

「人間都市かわさき」が全国に先駆けて制定したこの条例の精神は、二十一世紀の川崎の教育の基盤として、大きくその役割を果たすものと考えております。この条例の意味するところをわたしたちは十分に理解し、日々の教育実践にあたらなければなりません。

二〇〇一年三月二十四日におこなわれた「子どもの権利条例報告市民集会」では、子どものパネラーの一人が「この条例は自分たちがつくったんだという実感がわいてきた。言葉だけじゃなく実行が大事という意味で、いまは条例ができてよかったと思う」と発言しています。子どもの権利保障について、その意義を生かしたとりくみを実践することを通して、学校のあり方、家庭のあり方、地域のあり方をもう一度考え、見直していきたいものです。特に、学校においては、条例の趣旨を教職員相互に確認し、また子どもたちに伝えるなかで、一人ひとりが違いを認め合い、違いが豊かさとして響きあう「ともに生きる」地域社会をつくり上げていく力を育む工夫と努力を進めていただきたいと考えております。

この条例に関連した事業としては、子どもたちの活動拠点や居場所になる「子ども夢パーク」を、子どもたちの願いやアイデアをもとに創っていきます。また、市政や地域社会に子どもたちの声を届けるシステムとしての「川崎市子ども会議」もつくります。さらに、「学校教育推進会議」を、二〇〇一年度は各学校で試行することにいたしました。子どもや保護者・地域の声を反映して、より一層開かれた学校づくりを推進していきます。

また、わたしたちは、条例に子どもたちを合わせるのではなく、子どもたちの幸せのために条例ができたということをふまえたうえで、子どもたちをとりまく心の環境や、教育環境、社会環境に目を配り整備していかなければなりません。

子どもは、多くの人々との交流をもつなかで、世の中にはいろいろな人がいて、いろいろな人々が集まりながら生活していることを学び、地域の一員としての自分に喜びや誇りを抱くことでしょう。学校・家庭・地域が連携して、子どもの心を支えあい、子どもたちの豊かな育ちをともに支えあう関係づくりを推進していくことを期待しています。

子どもはわたしたちみんなの宝です。川崎や日本の、そして、世界や宇宙のホープです。そんな子どもたちが夢と希望をもって元気に過ごせる学校を、『いきいきとした川崎の教育』を、わたしたちはわたしたちの手で築いていきたいものです。

（二〇〇一年度教育大綱より抜粋）

（松下 充孝）

結び　子どもの権利条例のすすめ

条例づくりは各地で進行中

子どもの権利保障にかかわる条例は少しずつですが、つくられ始めています。

たとえば、兵庫県川西市（一九九八年）のように、「子どもの人権オンブズパーソン」を設置し、子どもの権利の救済をすすめるという、個別の問題・課題に対応する条例があります。ほかにも、岐阜県岐南町「子どもの人権オンブズパーソン条例」（二〇〇一年）、埼玉県「子どもの権利擁護委員会条例」（二〇〇二年）があります。また、大阪府箕面市「子ども条例」（一九九九年）は、子どもの権利保障の原則を定めた条例です。施行後にどれだけ制度や施策を具体化できるかが課題になっています。世田谷区「子ども条例」（二〇〇一年）は、基本となる政策を示し、その推進計画と評価そして推進体制のあり方を定めるという、最近の国の「基本法」に類似したものです。そして川崎市「子どもの権利条例」（二〇〇〇年）は、本書で詳細に検討しているように、子どもの権利の理念、家庭・学校・地域などでの子どもの権利保障と関係づくり、参加や救済のしくみ、子ども施策の推進と検証など、子どもの権利を総合的かつ現実的に保障する内容になっています。この川崎市の条例を参考にして、北海道奈井江町でも「子どもの権利条例」（二〇〇二年）が制定されています。

現在進行中のものとして、「子どもの権利条例」の制定をめざしているところは、富山県小杉町、東京都日野市などです。このほか、高知県、愛知県高浜市などでもとりくまれています。

なお、市民レベルでも、「子どもの権利条例東京市民フォーラム」、「千葉県子どもの人権条例を実現する会」などができています。

小論では、川崎市の条例のつくり方やその内容に学びながら、また子どもにかかわる条例づくりにおいてよく出される意見などを意識しつつ、子どもの権利を基本においた条例づくりの意義と必要性などについて検討し、「子どもの権利条例」制定のすすめをしたいと思います。

なぜ「子どもの権利条例」か

最初に、条例づくりにおいてもっともよく出され、最後まで議論になるなぜ「子どもの権利」なのかについて考えてみましょう（前掲「子どもの権利の理念」も参照）。

①子どもの権利を守り、子どもの成長を保障するため

権利（人権）は、わたしたちが人間として価値や尊厳をもって、自己実現していく、そして「自分らしく」生きていくうえで不可欠なものです。このことは子どもにとっても同じです。また、子どもが豊かな子ども時代を過ごすには、固有の権利保障が必要です。子どもにかかわることがらや問題を権利の視点から考えとりくもうとすることは国際的な動向でもあります。子どもにかかわる世界共通の基準である子どもの権利条約は、生まれる親や環境などを選べない子どもがどこで生まれ、どこで生活しても、一人の人間として成長し自立していくことができるよう権利を定めています。条約は、日本では一九九四年五月に発効しました。これにより、条約は日本国憲法に次ぐ法的効力をもつ国内法規範になりました。

②子どもの権利が侵害されているから

また、なぜ子どもの権利か、それは子どもの権利が侵害されているからだと端的に指摘することもできるでしょう。こんにち、子どもの権利侵害は多様かつ複雑な形で生じており、一方で子どもが育ち成長し自立していくには多くの困難が存在しています。権利侵害から子どもを効果的に救済する、あるいはその育ちや成長を支援していくためには、現在の法律や制度・仕組みが不充分なことは多くの事例・事件が証明しています。

③子どもの権利が伝えられていないから、誤解・混乱があるから

「子どもの権利なんていうから…」というような形で、子どもの権利についてさまざまな批判がありますが、実際には、子どもに権利を伝えることなく、子どもに権利を充分に保障しない、行使させない一方で、子どもの権利の前で戸惑ったり、子どもの権利の主張や行使を敵視したりしているのではないでしょうか。こんにち「子どもに権利なんてない」というような議論は、少なくとも現在の民主主義や法律など前提とするかぎり成り立ちえないものです。しかし、現実には子どもの権利をめぐって誤解や混乱があるからこそ、あえて子どもの権利という視点や内容にかかわる問題を提起していくことが重要です。子どもの権利とはなにかについては、条例で決着

をつけてしまうのではなく、子どもの権利について考えるきっかけを提供し、意識変革が課題になっています。もっと日常的に話し合い、明らかにしていくことが、子どもとおとなの「よい関係」を築いていくことにつながるでしょう。

なお、「子どもの権利」という表現ですが、「子どもの人権」という言い方もされます。これは強調点の違いと考えてよいでしょう。「子どもの人権」という場合、「子どもだから」という理由で、とくに表現・思想・集会・結社・プライバシーなど市民的な権利が制限されてきた現実に対して、子どもも権利の主体として市民的な権利を含めて保障されることを強調します。「子どもの権利」という場合、人権一般の子どもへの適用ということも重要なのですが、子どもは子どもであって、親やおとなの保護や援助が必要であり、そのことに伴う子ども固有の権利も含めて子どもの権利であるということを強調します。

なぜ、条例か

次に、憲章・宣言・要綱あるいは計画ではなく、なぜ法的な効力を持つ条例なのかについて検討しておきましょう。

①地域住民・生活者としての子どもの権利の現実的な保障

自治体は、地域住民としての子ども、生活者としての子どもといちばん近いところで向き合っています。子どものおかれている現実から出発し、それに応じた権利の救済・保障をしていくことができます。

現実に、子どもにかかわる仕事の大部分は自治体またはその機関の権限とされています。さらに、地方分権化がすすんでおり、自治体の持つ役割と権限はいっそう大きくなっているといえます。

②自治体レベルでの子どもの権利条約の実施

また、子どもの権利条約を批准しているにもかかわらず、国連・子どもの権利委員会の「総括所見」で懸念や勧告が示されたように、国レベルでは条約を本格的に実施できていないことも、自治体レベルで条例づくりが必要な理由の一つです。自治体も条約の実施主体として、条約の実施を積極的にすすめなければなりません。また、国レベルの立法・行政が子どもの権利保障とは違う方向に行こうとする、行っているとすれば、自治体レベルで国際基準をふまえ、それに対置する方向、つまり本来の方向を示すことが大切でしょう。

③法的な根拠づけ

条例というのは、自治体がその自治権に基づいて制定する自主的な法です。条例は、とくに子どもの権利救済や意見表明・参加のしくみなどをつくる根拠になりますし、そのしくみの権限などが明確になり、市民にもわかりやすいものになります。また、子どもにかかわる法制度が福祉・教育・少年司法など縦割り的なものであることにともない、自治体の行政も縦割りになりがちですが、条例はその弊害を克服し、子どもの権利の総合的な保障を促進することにつながります。さらに、条例で子どもの権利についての考え方の原則を示すことによって、子ども自身や子どもに関係する人たちの意識を喚起し、権利意識の進展をはかることができます。

④条例は条件整備

条例づくりをしていくときには、「最初に条例ありき」ではないという点に留意しておきたいと思います。むしろそこでは、条例がないとできないこと、条例があればよりすすむこと、条例になじまないこと、などを整理しておく必要があります。たとえば、子ども施策の原則などは条例の対象ですが、具体的な数値目標などは、小論で提案しているような基本的条例にはなじまず、それを受けた計画・施策のなかで示していった方が現実的ですし、より具体的になります。条例はあくまでも、「条件整備」です。

⑤子ども最優先

女性、高齢者、障害のある人、外国人その他いろいろな主体の権利保障が重要ななかで、「子ども」を優先してとりくむ理由や意義はどこにあるのでしょうか。その一つは、子どもが一人の人間として成長するにはおとなの保護や援助が必要であるという、子どもの社会的な存在からです。二つには、子どもは社会で生じるさまざまな問題の影響を非常に強く受ける存在だからです。しかも、そのことに対して有効な対策をとる力も社会的な影響力も充分に持たされていないし、持っていません。だこらこそ、子どもの権利条約は、子どもにかかわる活動や養育などにおいて、子どもの最善の利益を第一義的に考慮するよう求めているのです。

もちろん、子どもの権利が突出して保障されることはありえず、社会全体の権利保障の進展が必要です。

条例化にあたっての視点
—子どもの権利条例の基本的な考え方

自治体の現状から出発して、自治体に即した内容

どの自治体にも当てはまる理想的な条例など存在しませんので、その自治体の子どもがおかれている現実、また子どもにかかわるさまざまなとりくみの現段階から出発をして、その自治体に即した条例をつくることが大切です。このことは、「なぜこの自治体でつくるのか」という意見に対するもっとも有効な回答でもあります。また、その自治体における子どもの権利保障を現実的にかつ着実にすすめる鍵です。そのためには、さまざまなアンケート調査、子どもを含む多くの関係者からのヒヤリング、訪問調査、子どもや市民との意見交換や対話などできるかぎりの方法で、子どもや子ども施策の現状を検証することが求められます。他の自治体と同じようなことがらであっても、子どもがおかれている状況によって、権利保障の方向性や内容あるいは優先順位は違ってきます。条例は、その自治体での子どもに関するさまざまな施策やとりくみを検証し、そのなかで、子どもの権利保障に貢献するものを継承し進展させるものでなければなりません。この点では、子どもにかかわる市民あるいは市民グループ・NPO・NGOの視点がとても大切になります。

　また、自治体での子どもをめぐる現状についてどう見るか、施策やとりくみをどう評価するか、それらをもとにどのような方向をとるかなどについては、いろいろな意見がありますが、その自治体の子どもの思いや願いをもとに条例の基本的な考え方や内容を作成していくことが重要です。

自治体にかかわるすべての子どもの権利保障

　右と関係しますが、条例はその自治体に現に生活しているさまざまな子どもの存在に即した内容にしなければなりません。障がいがあったり、外国籍あるいは民族的な少数者であったり、あるいは施設で生活をしていたりして、とくに「困難な状況におかれている子ども」のことがきちんとふまえられる必要があります。学校に通っていない子どもなどに対する視点も大切です。また、その自治体の住民である子どもに加えて、自治体に通学などしている子ども、自治体にある他の自治体・国立施設あるいは民間施設内の子どもなどを含めて考えていくことが必要です。

将来の世代を見据えた条例
—子どもの権利条約をふまえた条例

　いま必要とされる条例は、子どもの問題が起こったときにそれへの対策的な内容にとどまるのではなく、子どもの将来を見据えたものが求められています。そのためには、子どものための世界共通の基準である子どもの権利条約など国際基準をふまえなければなりません。

　子どもに関連する条例の代表的なものとしては、「青少年健全育成条例」というものがあります。この条例の基本的な発想は、おとなの目から見て、子どもになにが「有害」かを決め、それらをいかに子どもに与えないようにするか、「有害」な環境から子どもをいかに守ってやろうかというものです。国会でも、同様の発想と内容を持つ法律、「青少年有害社会環境対策基本法案」が提出されるという動きもあります。子どもを有害な環境から守ることは非常に大切ですが、その発想や方法が問題になっています。

また、どの自治体も国際交流に熱心にとりくんでいますが、国際化の時代にあって、子どもたちを国際的な動向から取り残されないようにし、国際化時代にふさわしい条例化をすすめるには、やはり子どもの権利条約の趣旨や内容をふまえることが大切です。そのさいは、条約の実施を監視するためにつくられた国連・子どもの権利委員会による条約の解釈・運用に基づくことが求められます。とくに、国連・子どもの権利委員会が日本の子どもの権利状況を審査したうえで出した「総括所見」(懸念や勧告、一九九八年)を、自治体としても考慮に入れる必要があります。

条例づくりおよび条例の実施における(子どもを含む)市民の参加と共同

子どもの権利にかぎらず権利・人権保障にかかわることがらの大部分は、議会や行政任せでは実現しません。市民あるいは市民グループ・NPO・NGOのかかわりが不可欠ですし、そのため条件整備が求められます。市民の参加は、行政や関係者だけでは見えない子どもの現実やとりくみの実態などを明らかにすることに貢献し、条例の内容とその実施をより現実的で効果的なものにするでしょう。

子どもの権利条例づくりは、家庭・学校・施設・地域および行政等を子どもの権利保障でつなぐきっかけでもあります。また、子どもの権利保障にかかわるこれまでのしくみやとりくみとの連携をすすめることにつながります。

子どもの権利条例の主な柱

子どもの権利の総合的な保障

以上で検討したような点を考えると、子どもにかかわる条例は川崎市のように、子どもの権利を総合的に保障する「子どもの権利条例」がよいと思われます。子どもの権利保障を総合的にとらえ、子どもの権利についての理念、子どもの参加や救済をはじめ子どもの権利保障の制度やしくみ、子ども施策の推進や検証などが相互に補完し合うような条例づくりが望まれます。また、このような条例は、子どもの権利や子どもの権利条約についての理論や解釈というレベルで議論していたことがらと、家庭・学校・施設・地域などで実際に直面している子どもの権利をめぐる問題や本音との間のすれ違いや乖離を、子どもの権利保障の方向へ現実的に一歩すすめようとするものです。

もちろん、このような総合的な条例は、その内容が盛りだくさんなので、それぞれが自治体の現実に即したふさわしいものかどうか、相互に補完しあう効果的なものになっているかどうかなど、制定過程が簡単ではありません。さらに制定後の運用においても、人やお金をはじめ人的、物的な条件整備などたいへんなことがたくさんあります。

子どもの権利条例の骨子案

ここでは、総合的な条例を作成するにあたって必要とされる骨子を検討します。繰りかえしになりますが、条例は自治体の現状から出発をして自治体に即したものでなければなりませんから、これはあくまでも参考ですし、このなかのある部分を中心に条例をつくることもあるでしょう。

なお、条例文は、一定年齢の子どもにも読め理解できるように平易な文章にしたり、ふりがなをつけるなど、配慮と工夫が必要でしょう。

全体構成としては、以下のようなことが考えられます。

(1)条例の趣旨(前文)
(2)条例の総則的な規定
・条例の目的
・条例の対象となる子どもの範囲
・市などの責務
・市民および市民活動に対する支援と連携
・国・他自治体との協力関係
(3)子どもの権利の理念と普及
・子どもの権利の考え方
・子どもの権利の理念の普及
(4)子どもの生活の場での権利保障とその担い手の支援―子どもの権利保障、成長のための関係づくりにむけて
ア　家庭および親・保護者
・親・保護者は子どもの権利保障の第一次的責任者
・子育てにおいては、とくに子どもの最善の利益を確保することが原則
・子育て・親育ちに対する支援とそのネットワーク
・虐待の禁止、虐待からの救済および回復とそのためのネットワーク、二次的な被害の防止
イ　学校・児童福祉施設およびその職員
・学校や児童福祉施設およびその職員は子どもの権利保障の担い手
・子どもの教育や成長のための環境の整備と教職員の支援
・体罰、いじめ、不登校、「引きこもり」などに対するいっそうのとりくみ、相談・救済・連携など
・学校の説明責任や教育情報へのアクセスなど
ウ　地域住民、地域

・「子どもの居場所」づくりとその支援
・子どもの遊びや活動の場づくり
・地域における子どもにかかわる人のネットワークづくりとその支援
(5)子どもの権利を保障する制度・しくみ
ア　子どもの相談・救済
・子ども固有のオンブズパーソン
・権利救済のための連携とネットワークづくり
イ　子どもの意見表明・参加
・権利としての子どもの意見表明・参加
・市、学校・施設、地域など多様なレベルと形での子どもの意見表明・参加のしくみ
・子どもの意見表明・参加への支援
ウ　子ども施策の推進
・「子どもの権利に関する行動計画」
・子ども施策を総合的に調整し促進する担当部署
エ　条例の実施を検証するしくみの創設
＝「子どもの権利委員会」の設置

おわりに――条例の策定にむけて

市民・子ども参加型条例づくり

すでにのべたように、実際に活用され、子どもの権利保障に貢献する条例にしていくためには、制定過程を大事にし、子どもを含む市民ができるだけ多く意見表明・参加することが必要です。そのためには、条例の活用をも視野に入れた情報提供と広報が不可欠です。

また、子ども参加を考えるさいには、直接参加できない、また参加しづらい状況の子どもたちの存在を視野に入れ、また、声をあげられない市民の声も拾いあげていくように配慮していくことが必要です。また、「見せかけ」「操り」「飾り」の参加ではなく、参加した子どもがエンパワーメントするような参加にするための支援や工夫が求められます。子ども参加、市民参加については、当事者の知恵と経験を活かすことが大切です。

行政の全体的なかかわり・参加

条例の制定過程は、子ども関係の行政を総合化する過程でもありますので、行政の全体的なかかわりや参加が不可欠です。行政サイドで、子どもに関連する施策を担当するすべての部署が参加する「連絡会議」のようなものをつくっておくことが必要です。条例制定後、このような会議の役割はいっそう重要なものになるでしょう。

（荒牧　重人）

資料

資料①

川崎市子どもの権利に関する条例

二〇〇〇年一二月二一日・川崎市条例第七二号、最近改正二〇〇二年三月二二日

目　次

前　文

子どもは、それぞれが一人の人間である。子どもは、かけがえのない価値と尊厳を持っており、個性や他の者との違いが認められ、自分が自分であることを大切にされたいと願っている。

子どもは、権利の全面的な主体である。子どもは、子どもの最善の利益の確保、差別の禁止、子どもの意見の尊重などの国際的な原則の下で、その権利を総合的に、かつ、現実に保障される。子どもにとって権利は、人間としての尊厳をもって、自分を自分として実現し、自分らしく生きていく上で不可欠なものである。

子どもは、その権利が保障される中で、豊かな子ども時代を過ごすことができる。子どもの権利について学習することや実際に行使することなどを通して、子どもは、権利の認識を深め、権利を実現する力、他の者の権利を尊重する力や責任などを身に付けることができる。また、自分の権利が尊重され、保障されるためには、同じように他の者の権利が尊重され、保障されなければならず、それぞれの権利が相互に尊重されることが不可欠である。

子どもは、大人とともに社会を構成するパートナーである。

子どもは、現在の社会の一員として、また、未来の社会の担い手として、社会の在り方や形成にかかわる固有の役割があるとともに、そこに参加する権利がある。そのためにも社会は、子どもに開かれる。

子どもは、同時代を生きる地球市民として国内外の子どもと相互の理解と交流を深め、共生と平和を願い、自然を守り、都市のより良い環境を創造することに欠かせない役割を持っている。

市における子どもの権利を保障する取組は、市に生活するすべての人々の共生を進め、その権利の保障につながる。私たちは、子ども最優先などの国際的な原則も踏まえ、それぞれの子どもが一人の人間として生きていく上で必要な権利が保障されるよう努める。

私たちは、こうした考えの下、平成元年一一月二〇日に国際連合総会で採択された「児童の権利に関する条約」の理念に基づき、子どもの権利の保障を進めることを宣言し、この条例を制定する。

第一章　総則

(目的)

第一条　この条例は、子どもの権利に係る市等の責務、人間としての大切な子どもの権利、家庭、育ち・学ぶ施設及び地域における子どもの権利の保障等について定めることにより、子どもの権利の保障を図ることを目的とする。

(定義)

第二条　この条例において、次の各号に掲げる用語の意義は、それぞれ当該各号に定めるところによる。

(1)　子ども　市民をはじめとする市に関係のある十八歳未満の者その他これらの者と等しく権利を認めることが適当と認められる者

(2)　育ち・学ぶ施設　児童福祉法(昭和二二年法律第一六四号)に規定する児童福祉施設、学校教育法(昭和二二年法律第二六号)に規定する学校、専修学校、各種学校その他の施設のうち、子どもが育ち、学ぶために入所し、通所し、又は通学する施設

(3)　親に代わる保護者　児童福祉法に規定する里親又は保護受託者その他の親に代わり子どもを養育する者

(責務)

第三条　市は、子どもの権利を尊重し、あらゆる施策を通じてその保障に努めるものとする。

2　市民は、子どもの権利の保障に努めるべき場において、その権利が保障されるよう市との協働に努めなければならない。

3　育ち・学ぶ施設の設置者、管理者及び職員（以下「施設関係者」という。）のうち、市以外の施設関係者は、市の施策に協力するよう努めるとともに、その育ち・学ぶ施設における子どもの権利が保障されるよう努めなければならない。

4　事業者は、雇用される市民が養育する子ども及び雇用される子どもの権利の保障について市の施策に協力するよう努めなければならない。

(国等への要請)

第四条　市は、子どもの権利が広く保障されるよう国、他の公

共団体等に対し協力を要請し、市外においてもその権利が保障されるよう働きかけを行うものとする。

(かわさき子どもの権利の日)

第五条 市民の間に広く子どもの権利についての関心と理解を深めるため、かわさき子どもの権利の日を設ける。

2 かわさき子どもの権利の日は、一一月二〇日とする。

3 市は、かわさき子どもの権利の日の趣旨にふさわしい事業を実施し、広く市民の参加を求めるものとする。

(広報)

第六条 市は、子どもの権利に対する市民の理解を深めるため、その広報に努めるものとする。

(学習等への支援等)

第七条 市は、家庭教育、学校教育及び社会教育の中で、子どもの権利についての学習等が推進されるよう必要な条件の整備に努めるものとする。

2 市は、施設関係者及び医師、保健師等の子どもの権利の保障に職務上関係のある者に対し、子どもの権利についての理解がより深まるよう研修の機会を提供するものとする。

3 市は、子どもによる子どもの権利についての自主的な学習等の取組に対し、必要な支援に努めるものとする。

(市民活動への支援)

第八条 市は、子どもの権利の保障に努める市民の活動に対し、その支援に努めるとともに、子どもの権利の保障に努める活動を行うものとの連携を図るものとする。

第二章　人間としての大切な子どもの権利

(子どもの大切な権利)

第九条 この章に規定する権利は、子どもにとって、人間として育ち、学び、生活をしていく上でとりわけ大切なものとして保障されなければならない。

(安心して生きる権利)

第一〇条 子どもは、安心して生きることができる。そのためには、主として次に掲げる権利が保障されなければならない。

(1) 命が守られ、尊重されること。

(2) 愛情と理解をもってはぐくまれること。

(3) あらゆる形態の差別を受けないこと。

(4) あらゆる形の暴力を受けず、又は放置されないこと。

(5) 健康に配慮がなされ、適切な医療が提供され、及び成長にふさわしい生活ができること。

(6) 平和と安全な環境の下で生活ができること。

(ありのままの自分でいる権利)

第一一条 子どもは、ありのままの自分でいることができる。そのためには、主として次に掲げる権利が保障されなければならない。

(1) 個性や他の者との違いが認められ、人格が尊重されること。

(2) 自分の考えや信仰を持つこと。

(3) 秘密が侵されないこと。

(4) 自分に関する情報が不当に収集され、又は利用されないこと。

(5) 子どもであることをもって不当な取扱いを受けないこと。

(6) 安心できる場所で自分を休ませ、及び余暇を持つこと。

（自分を守り、守られる権利）

第一二条　子どもは、自分を守り、又は自分が守られることができる。そのためには、主として次に掲げる権利が保障されなければならない。

(1) あらゆる権利の侵害から逃れられること。
(2) 自分が育つことを妨げる状況から保護されること。
(3) 状況に応じた適切な相談の機会が、相談にふさわしい雰囲気の中で確保されること。
(4) 自分の将来に影響を及ぼすことについて他の者が決めるときに、自分の意見を述べるのにふさわしい雰囲気の中で表明し、その意見が尊重されること。
(5) 自分を回復するに当たり、その回復に適切でふさわしい雰囲気の場が与えられること。

（自分を豊かにし、力づけられる権利）

第一三条　子どもは、その育ちに応じて自分を豊かにし、力づけられることができる。そのためには、主として次に掲げる権利が保障されなければならない。

(1) 遊ぶこと。
(2) 学ぶこと。
(3) 文化芸術活動に参加すること。
(4) 役立つ情報を得ること。
(5) 幸福を追求すること。

（自分で決める権利）

第一四条　子どもは、自分に関することを自分で決めることができる。そのためには、主として次に掲げる権利が保障されなければならない。

(1) 自分に関することを年齢と成熟に応じて決めること。
(2) 自分に関することを決めるときに、適切な支援及び助言が受けられること。
(3) 自分に関することを決めるために必要な情報が得られること。

（参加する権利）

第一五条　子どもは、参加することができる。そのためには、主として次に掲げる権利が保障されなければならない。

(1) 自分を表現すること。
(2) 自分の意見を表明し、その意見が尊重されること。
(3) 仲間をつくり、仲間と集うこと。
(4) 参加に際し、適切な支援が受けられること。

（個別の必要に応じて支援を受ける権利）

第一六条　子どもは、その置かれた状況に応じ、子どもにとって必要な支援を受けることができる。そのためには、主として次に掲げる権利が保障されなければならない。

(1) 子ども又はその家族の国籍、民族、性別、言語、宗教、出身、財産、障害その他の置かれている状況を原因又は理由とした差別及び不利益を受けないこと。
(2) 前号の置かれている状況の違いが認められ、尊重される中で共生できること。
(3) 障害のある子どもが、尊厳を持ち、自立し、かつ、社会への積極的な参加が図られること。

(4)　国籍、民族、言語等において少数の立場の子どもが、自分の文化等を享受し、学習し、又は表現することが尊重されること。

(5)　子どもが置かれている状況に応じ、子どもに必要な情報の入手の方法、意見の表明の方法、参加の手法等に工夫及び配慮がなされること。

第三章　家庭、育ち・学ぶ施設及び地域における子どもの権利の保障

第一節　家庭における子どもの権利の保障

（親等による子どもの権利の保障）

第一七条　親又は親に代わる保護者（以下「親等」という。）は、その養育する子どもの権利の保障に努めるべき第一義的な責任者である。

2　親等は、その養育する子どもが権利を行使する際に子どもの最善の利益を確保するため、子どもの年齢と成熟に応じた支援に努めなければならない。

3　親等は、子どもの最善の利益と一致する限りにおいて、その養育する子どもに代わり、その権利を行使するよう努めなければならない。

4　親等は、育ち・学ぶ施設及び保健、医療、児童福祉等の関係機関からその子どもの養育に必要な説明を受けることができる。この場合において、子ども本人の情報を得ようとするときは、子どもの最善の利益を損なわない限りにおいて行うよう努めなければならない。

（養育の支援）

第一八条　親等は、その子どもの養育に当たって市から支援を受けることができる。

2　市は、親等がその子どもの養育に困難な状況にある場合は、その状況について特に配慮した支援に努めるものとする。

3　事業者は、雇用される市民が安心してその子どもを養育できるよう配慮しなければならない。

（虐待及び体罰の禁止）

第一九条　親等は、その養育する子どもに対して、虐待及び体罰を行ってはならない。

（虐待からの救済及びその回復）

第二〇条　市は、虐待を受けた子どもに対する迅速かつ適切な救済及びその回復に努めるものとする。

2　前項の救済及びその回復に当たっては、二次的被害が生じないようその子どもの心身の状況に特に配慮しなければならない。

3　市は、虐待の早期発見及び虐待を受けた子どもの迅速かつ適切な救済及びその回復のため、関係団体等との連携を図り、その支援に努めるものとする。

第二節　育ち・学ぶ施設における子どもの権利の保障

（育ち・学ぶ環境の整備等）

第二一条　育ち・学ぶ施設の設置者及び管理者（以下「施設設置管理者」という。）は、その子どもの権利の保障が図られる

よう育ち・学ぶ施設において子どもが自ら育ち、学べる環境の整備に努めなければならない。

2　前項の環境の整備に当たっては、その子どもの親等その他地域の住民との連携を図るとともに、育ち・学ぶ施設の職員の主体的な取組を通して行われるよう努めなければならない。

（安全管理体制の整備等）

第二二条　施設設置管理者は、育ち・学ぶ施設の活動における子どもの安全を確保するため、災害の発生の防止に努めるとともに、災害が発生した場合にあっても被害の拡大を防げるよう関係機関、親等その他地域の住民との連携を図り、安全管理の体制の整備及びその維持に努めなければならない。

2　施設設置管理者は、その子どもの自主的な活動が安全の下で保障されるようその施設及び設備の整備等に配慮しなければならない。

（虐待及び体罰の禁止等）

第二三条　施設関係者は、その子どもに対し、虐待及び体罰を行ってはならない。

2　施設設置管理者は、その職員に対し、子どもに対する虐待及び体罰の防相談をその子どもが安心して行うことができる育ち・学ぶ施設における仕組みを整えるよう努めなければならない。

3　施設設置管理者は、子どもに対する虐待及び体罰に関する相談をその子どもが安心して行うことができる育ち・学ぶ施設における仕組みを整えるよう努めなければならない。

4　施設関係者は、虐待及び体罰に関する子どもの相談を受けたときは、子どもの最善の利益を考慮し、その相談の解決に必要な者、関係機関等と連携し、子どもの救済及びその回復に努めなければならない。

（いじめの防止等）

第二四条　施設関係者は、いじめの防止に努めなければならない。

2　施設関係者は、いじめの防止を図るため、その子どもに対し、子どもの権利が理解されるよう啓発に努めなければならない。

3　施設設置管理者は、その職員に対し、いじめの防止に関する研修等の実施に努めなければならない。

4　施設設置管理者は、いじめに関する相談をその子どもが安心して行うことができる育ち・学ぶ施設における仕組みを整えるよう努めなければならない。

5　施設関係者は、いじめに関する子どもの相談を受けたときは、子どもの最善の利益を考慮し、その相談の解決に必要な者、関係機関等と連携し、子どもの救済及びその回復に努めなければならない。この場合において、施設関係者は、いじめを行った子どもに対しても必要な配慮を行った上で適切な対応を行うよう努めなければならない。

（子ども本人に関する文書等）

第二五条　育ち・学ぶ施設における子ども本人に関する文書は、適切に管理され、及び保管されなければならない。

2　前項の文書のうち子どもの利害に影響するものにあっては、その作成に当たり、子ども本人又はその親等の意見を求める等の公正な文書の作成に対する配慮がなされなければならない。

3　育ち・学ぶ施設においては、その目的の範囲を超えてその子ども本人に関する情報が収集され、又は保管されてはならない。

4　前項の情報は、育ち・学ぶ施設のその目的の範囲を超えて利用され、又は外部に提供されてはならない。

5　第一項の文書及び第三項の情報に関しては、子どもの最善の利益を損なわない限りにおいてその子ども本人に提示され、又は提供されるよう文書及び情報の管理等に関する事務が行われなければならない。

6　育ち・学ぶ施設において子どもに対する不利益な処分等が行われる場合には、その処分等を決める前に、その子ども本人から事情、意見等を聴く場を設ける等の配慮がなされなければならない。

第三節　地域における子どもの権利の保障

（子どもの育ちの場等としての地域）

第二六条　地域は、子どもの育ちの場であり、家庭、育ち・学ぶ施設、文化、スポーツ施設等と一体となってその人間関係を豊かなものとする場であることを考慮し、市は、地域において子どもの権利の保障が図られるよう子どもの活動が安全の下で行うことができる子育て及び教育環境の向上を目指したまちづくりに努めるものとする。

2　市は、地域において、子ども、その親等、施設関係者その他住民がそれぞれ主体となって、地域における子育て及び教育環境に係る協議その他の活動を行う組織の整備並びにその活動に対し支援に努めるものとする。

（子どもの居場所）

第二七条　子どもには、ありのままの自分でいること、休息して自分を取り戻すこと、自由に遊び、若しくは活動すること又は安心して人間関係をつくり合うことができる場所（以下「居場所」という。）が大切であることを考慮し、市は、居場所についての考え方の普及並びに居場所の確保及びその存続に努めるものとする。

2　市は、子どもに対する居場所の提供等の自主的な活動を行う市民及び関係団体との連携を図り、その支援に努めるものとする。

（地域における子どもの活動）

第二八条　地域における子どもの活動が子どもにとって豊かな人間関係の中で育つために大切であることを考慮し、市は地域における子どもの自治的な活動を奨励するとともにその支援に努めるものとする。

第四章　子どもの参加

（子どもの参加の促進）

第二九条　市は、子どもが市政等について市民として意見を表明する機会、育ち・学ぶ施設その他活動の拠点となる場でその運営等について構成員として意見を表明する機会又は地域における文化・スポーツ活動に参加する機会を諸施策において保障することが大切であることを考慮して、子どもの参加を促進し、又はその方策の普及に努めるものとする。

（子ども会議）

第三〇条　市長は、市政について、子どもの意見を求めるため、川崎市子ども会議（以下「子ども会議」という。）を開催する。

2　子ども会議は、子どもの自主的及び自発的な取組により運営されるものとする。

3　子ども会議は、その主体である子どもが定める方法により、子どもの総意としての意見等をまとめ、市長に提出することができる。

4　市長その他の執行機関は、前項の規定により提出された意見等を尊重するものとする。

5　市長その他の執行機関は、子ども会議にあらゆる子どもの参加が促進され、その会議が円滑に運営されるよう必要な支援を行うものとする。

（参加活動の拠点づくり）

第三一条　市は、子どもの自主的及び自発的な参加活動を支援するため、子どもが子どもだけで自由に安心して集うことができる拠点づくりに努めるものとする。

（自治的活動の奨励）

第三二条　施設設置管理者は、その構成員としての子どもの自治的な活動を奨励し、支援するよう努めなければならない。

2　前項の自治的な活動による子どもの意見等については、育ち・学ぶ施設の運営について配慮されるよう努めなければならない。

（より開かれた育ち・学ぶ施設）

第三三条　施設設置管理者は、子ども、その親等その他地域の住民にとってより開かれた育ち・学ぶ施設を目指すため、それらの者に育ち・学ぶ施設における運営等の説明等を行い、それらの者及び育ち・学ぶ施設の職員とともに育ち・学ぶ施設を支え合うため、定期的に話し合う場を設けるよう努めなければならない。

（市の施設の設置及び運営に関する子どもの意見）

第三四条　市は、子どもの利用を目的とした市の施設の設置及び運営に関し、子どもの参加の方法等について配慮し、子どもの意見を聴くよう努めるものとする。

第五章　相談及び救済

（相談及び救済）

第三五条　子どもは、川崎市人権オンブズパーソンに対し、権利の侵害について相談し、又は権利の侵害からの救済を求めることができる。

2　市は、川崎市人権オンブズパーソンによるもののほか、子どもの権利の侵害に関する相談又は救済については、関係機関、関係団体等との連携を図るとともに子ども及びその権利の侵害の特性に配慮した対応に努めるものとする。

第六章　子どもの権利に関する行動計画

（行動計画）

第三六条　市は、子どもに関する施策の推進に際し子どもの権利の保障が総合的かつ計画的に図られるための川崎市子どもの権利に関する行動計画（以下「行動計画」という。）を策定するものとする。

2　市長その他の執行機関は、行動計画を策定するに当たっては、市民及び第三八条に規定する川崎市子どもの権利委員会の意見を聴くものとする。

（子どもに関する施策の推進）

第三七条　市の子どもに関する施策は、子どもの権利の保障に資するため、次に掲げる事項に配慮し、推進しなければならない。

(1)　子どもの最善の利益に基づくものであること。

(2)　教育、福祉、医療等との連携及び調整が図られた総合的かつ計画的なものであること。

(3)　親等、施設関係者その他市民との連携を通して一人一人の子どもを支援するものであること。

第七章　子どもの権利の保障状況の検証

（権利委員会）

第三八条　子どもに関する施策の充実を図り、子どもの権利の保障を推進するため、川崎市子どもの権利委員会（以下「権利委員会」という）を置く。

2　権利委員会は、第三六条第二項に定めるもののほか、市長その他の執行機関の諮問に応じて、子どもに関する施策における子どもの権利の保障の状況について調査審議する。

3　権利委員会は、委員十人以内で組織する。

4　委員は、人権、教育、福祉等の子どもの権利にかかわる分野において学識経験のある者及び市民のうちから、市長が委嘱する。

5　委員の任期は、三年とする。ただし、補欠の委員の任期は、前任者の残任期間とする。

6　委員は、再任されることができる。

7　第4項の委員のほか、特別の事項を調査審議させるため必要があるときは、権利委員会に臨時委員を置くことができる。

8　委員及び臨時委員は、職務上知ることができた秘密を漏らしてはならない。その職を退いた後も同様とする。

9　前各項に定めるもののほか、権利委員会の組織及び運営に関し必要な事項は、市長が定める。

（検証）

第三九条　権利委員会は、前条第2項の諮問があったときは、市長その他の執行機関に対し、その諮問に係る施策について評価等を行うべき事項について提示するものとする。

2　市長その他の執行機関は、前項の規定により権利委員会から提示のあった事項について評価等を行い、その結果を権利委員会に報告するものとする。

3　権利委員会は、前項の報告を受けたときは、市民の意見を求めるものとする。

4　権利委員会は、前項の規定により意見を求めるに当たっては、子どもの意見が得られるようその方法等に配慮しなければならない。

5　権利委員会は、第二項の報告及び第三項の意見を総合的に勘案して、子どもの権利の保障の状況について調査審議するものとする。

6　権利委員会は、前項の調査審議により得た検証の結果を市長その他の執行機関に答申するものとする。

（答申に対する措置等）

第四〇条　市長その他の執行機関は、権利委員会からの答申を尊重し、必要な措置を講ずるものとする。

2　市長は、前条の規定による答申及び前項の規定により講じた措置について公表するものとする。

第八章　雑則

（委任）

第四一条　この条例の施行に関し必要な事項は、市長その他の執行機関が定める。

附　則

（施行期日）

1　この条例は、平成一三年四月一日から施行する。

（権利侵害からの救済等のための体制整備）

2　市は、子どもに対する権利侵害の事実が顕在化しにくく認識されにくいことと併せ、子どもの心身に将来にわたる深刻な影響を及ぼすことを考慮し、子どもが安心して相談し、救済を求めることができるようにするとともに、虐待等の予防、権利侵害からの救済及び回復等を図ることを目的とした新たな体制を早急に整備する。

附　則

この条例の施行期日は、市長が定める。

川崎市子どもの権利に関する条例の一部を改正する条例の施行期日を定める規則

二〇〇二年三月二九日、川崎市規則第三三号

川崎市子どもの権利に関する条例の一部を改正する条例（平成一三年川崎市条例第一五号）の施行期日は、平成一四年五月一日とする。

保健婦助産婦看護婦法の一部を改正する法律の施行に伴う関係条例の整理に関する条例

抜粋、二〇〇二年三月二八日、川崎市条例第七号

（川崎市子どもの権利に関する条例の一部改正）

第二条　川崎市子どもの権利に関する条例（平成一二年川崎市条例第七二号）の一部を次のように改正する。

第七条第二項中「保健婦」を「保健師」に改める。

資料②

川崎市人権オンブズパーソン条例

二〇〇一年六月二九日・川崎市条例第一九号

目　次

第一章　総則

（目的及び設置）

第一条　市民が人権の侵害に関する相談及び救済の申立てを簡易に、かつ、安心して行うことができるよう必要な体制を整備し、市民の理解と相互の協調の下に迅速かつ柔軟に人権の侵害からの救済を図り、もって人権が尊重される地域社会づくりに資することを目的として、本市に川崎市人権オンブズパーソン（以下「人権オンブズパーソン」という。）を置く。

（管轄）

第二条　人権オンブズパーソンの管轄は、次に掲げる人権の侵害（以下「人権侵害」という。）に関する事項とする。

(1)　子ども（川崎市子どもの権利に関する条例（平成一二年川崎市条例第七二号）第二条第一号に規定する子どもをいう。）の権利の侵害

(2)　男女平等にかかわる人権の侵害（男女平等かわさき条例（平成一三年川崎市条例第一四号）第六条に規定する男女平等にかかわる人権の侵害をいう。）

2　前項の規定にかかわらず、次に掲げる事項については、人

権オンブズパーソンの管轄としない。

(1) 判決、裁決等により確定した権利関係に関する事項

(2) 議会に請願又は陳情を行っている事項

(3) 川崎市民オンブズマン（以下「市民オンブズマン」という。）に苦情を申し立てた事項

(4) 人権オンブズパーソン又は市民オンブズマンの行為に関する事項

（人権オンブズパーソンの職務）

第三条 人権オンブズパーソンは、次の職務を行う。

(1) 人権侵害に関する相談に応じ、必要な助言及び支援を行うこと。

(2) 人権侵害に関する救済の申立て又は自己の発意に基づき、調査、調整、勧告、是正要請等を行うこと。

(3) 制度の改善を求めるための意見を表明すること。

(4) 勧告、意見表明等の内容を公表すること。

(5) 人権に関する課題について意見を公表すること。

第二章　責務

（人権オンブズパーソンの責務）

第四条 人権オンブズパーソンは、市民の人権の擁護者として、公平かつ適切にその職務を遂行しなければならない。

2　人権オンブズパーソンは、その職務の遂行に当たっては、市民オンブズマンその他市の機関、関係機関、関係団体等と有機的な連携を図り、相互の職務の円滑な遂行に努めなければならない。

3　人権オンブズパーソンは、相談又は救済の申立てを行った者に不利益が生じないように、当該相談又は救済の申立てに係る事案の特性を踏まえ、その職務を遂行しなければならない。

4　人権オンブズパーソンは、その地位を政党又は政治的目的のために利用してはならない。

（市の機関の責務）

第五条 市の機関は、人権オンブズパーソンの職務の遂行に関し、その独立性を尊重しなければならない。

2　市の機関は、人権オンブズパーソンの職務の遂行に関し、積極的な協力援助に努めなければならない。

（市民の責務）

第六条 市民は、この条例の目的を達成するため、人権オンブズパーソンの職務の遂行に協力するよう努めなければならない。

（事業者の責務）

第七条 事業者は、その事業活動において、その条例の目的を達成するため、人権オンブズパーソンの職務の遂行に協力するよう努めなければならない。

第三章　人権オンブズパーソンの組織等

（人権オンブズパーソンの組織等）

第八条 人権オンブズパーソンの定数は二人とし、その内一人を代表人権オンブズパーソンとする。

2　人権オンブズパーソンは、人格が高潔で社会的信望が厚く、

人権問題に関し優れた識見を有する者のうちから、第二条第一項に規定する人権オンブズパーソンの管轄を踏まえて、市長が議会の同意を得て委嘱する。

3　人権オンブズパーソンは、任期を三年とし、一期に限り再任されることができる。

4　人権オンブズパーソンは、別に定めるところにより、相当額の報酬を受ける。

（秘密を守る義務）

第九条　人権オンブズパーソンは、職務上知ることができた秘密を漏らしてはならない。その職を退いた後も同様とする。

（解嘱）

第一〇条　市長は、人権オンブズパーソンが心身の故障のため職務の遂行に堪えないと認める場合又は職務上の義務違反その他人権オンブズパーソンたるにふさわしくない非行があると認める場合は、議会の同意を得て解嘱することができる。

（兼職等の禁止）

第一一条　人権オンブズパーソンは、衆議院議員若しくは参議院議員、地方公共団体の議会の議員若しくは長又は政党その他の政治団体の役員と兼ねることができない。

2　人権オンブズパーソンは、本市と特別な利害関係にある企業その他の団体の役員を兼ねることができない。

3　人権オンブズパーソンは、前二項に定めるもののほか、公平な職務の遂行に支障が生ずるおそれがある職と兼ねることができない。

第四章　相談及び救済

第一節　相談

（相談）

第一二条　何人も、市民等（市の区域内に住所を有する者、在勤する者又は在学する者その他市に関係ある者として規則で定める者をいう。以下同じ。）の人権侵害に関する事項について、人権オンブズパーソンに相談することができる。

2　人権オンブズパーソンは、前項の規定により相談を受けた場合は、必要な助言及び支援を行う。

第二節　救済の申立て

（救済の申立て）

第一三条　市民等は、自らが人権侵害を受けたと思うときは、人権オンブズパーソンに対し、救済の申立て（以下「申立て」という）を行うことができる。

2　申立ては、次に掲げる事項を記載した書面により行わなければならない。ただし、書面によることができない場合は、口頭により申立てを行うことができる。

(1)　申立てを行おうとする者の氏名及び住所

(2)　申立ての原因となった事実及びその事実のあった年月日

(3)　その他規則で定める事項

（本人以外の者の申立て）

第一四条　何人も、市民等が人権侵害を受けたと思うときは、当該市民等に代わって人権オンブズパーソンに対し、申立てを行うことができる。

2　申立ては、次に掲げる事項を記載した書面により行わなければならない。ただし、書面によることができない場合は、口頭により申立てを行うことができる。

(1)　申立てを行おうとする者の氏名及び住所（法人その他の団体にあっては、名称、事務所又は事業所の所在地及び代表者の氏名）

(2)　人権侵害を受けたと思われる市民等の氏名及び住所

(3)　申立ての原因となった事実及びその事実のあった年月日

(4)　その他規則で定める事項

第三節　調査の実施等

（申立てに係る調査等）

第一五条　人権オンブズパーソンは、申立てがあった場合は、当該申立てに係る事実について、調査を行う。

2　前項の場合において、申立てが前条第一項の規定によるものであるときは、同条第二項第二号の市民等の同意を得なければならない。

3　第一項の規定にかかわらず、申立てが次の各号のいずれかに該当すると認められる場合は、調査を行わない。

(1)　第二条第二項の規定に該当するとき。

(2)　申立ての原因となった事実のあった日から3年を経過しているとき。ただし、正当な理由があるときを除く。

(3)　虚偽その他正当な理由がないと認められるとき。

(4)　申立ての原因となった事実が市の区域外で生じたものであるとき。ただし、人権オンブズパーソンが特に調査の必要があると認めるときを除く。

(5)　前項の同意が得られないとき。ただし、人権オンブズパーソンが特に調査の必要があると認めるときを除く。

4　人権オンブズパーソンは、前項の規定により調査を行わない場合は、その旨を理由を付して申立てを行った者（以下「申立て人」という。）に速やかに通知しなければならない。

（発意の調査）

第一六条　人権オンブズパーソンは、市民等が人権侵害を受けていると認めるときは、自己の発意に基づき、調査を行うことができる。

2　前項の規定による調査を行う場合においては、人権侵害を受けていると認められる市民等の同意を得なければならない。ただし、人権オンブズパーソンが特に調査の必要があると認めるときは、この限りでない。

（調査の中止等）

第一七条　人権オンブズパーソンは、調査を開始した後においても、その必要がないと認めるときは、調査を中止し、又は打ち切ることができる。

2　人権オンブズパーソンは、調査を中止し、又は打ち切ったときは、その旨を理由を付して、申立人又は第一五条第二項若しくは前条第二項の同意を得た者（以下「申立人等」という。）に速やかに通知しなければならない。

第四節　市の機関に対する調査等

（市の機関に対する調査）

第一八条　人権オンブズパーソンは、市の機関に対し調査を行う場合は、関係する市の機関に対し、その旨を通知するものとする。

2　人権オンブズパーソンは、調査のため必要があると認めるときは、関係する市の機関に対し説明を求め、その保有する帳簿、書類その他の記録を閲覧し、若しくはその提出を要求し、又は実地調査をすることができる。

3　人権オンブズパーソンは、必要があると認めるときは、専門的機関に対し、専門的調査を依頼することができる。

4　人権オンブズパーソンは、調査の結果について、申立人等に速やかに通知するものとする。ただし、次条第六項の規定により通知する場合は、この限りでない。

（市の機関に対する勧告等）

第一九条　人権オンブズパーソンは、調査の結果、必要があると認めるときは、関係する市の機関に対し、是正等の措置を講ずるよう勧告することができる。

2　人権オンブズパーソンは、調査の結果、必要があると認めるときは、関係する市の機関に対し、制度の改善を求めるための意見を表明することができる。

3　第一項の規定による勧告又は前項の規定による意見表明を受けた市の機関は、当該勧告又は意見表明を尊重しなければならない。

4　人権オンブズパーソンは、第一項の規定により勧告したときは、市の機関に対し、是正等の措置について報告を求めるものとする。

5　前項の規定により報告を求められた市の機関は、当該報告を求められた日から六十日以内に、人権オンブズパーソンに対し、是正等の措置について報告するものとする。

6　人権オンブズパーソンは、第一項の規定により勧告したとき、第二項の規定により意見表明をしたとき、又は前項の規定による報告があったときは、その旨を申立人等に速やかに通知しなければならない。

7　人権オンブズパーソンは、第二項の規定による意見表明の内容を公表する。第一項の規定による勧告又は第五項の規定による報告の内容で必要があると認めるものについても同様とする。

（市民オンブズマンとの共同の勧告等）

第二〇条　人権オンブズパーソンは、前条第一項の規定による勧告又は同条第二項の規定による意見表明を行う場合において、必要があると認めるときは、市民オンブズマンに対し、共同で行うよう求めることができる。

第五節　市の機関以外のものに対する調査等

（市の機関以外のものに対する調査等）

第二一条　人権オンブズパーソンは、調査のため必要があると認めるときは、関係者（市の機関以外のものに限る。以下同じ。）に対し質問し、事情を聴取し、又は実地調査をすることについて協力を求めることができる。

2　第一八条第三項の規定は、関係者に対する調査の場合に準用する。

3　人権オンブズパーソンは、調査の結果、必要があると認めるときは、人権侵害の是正のためのあっせんその他の調整（以下「調整」という。）を行うものとする。

4　人権オンブズパーソンは、調査又は調整の結果について、申立人等に速やかに通知するものとする。

（事業者に対する要請等）

第二二条　人権オンブズパーソンは、調査又は調整の結果、事業活動において頻繁な又は重大な人権侵害が行われたにもかかわらず事業者が改善の取組を行っていないと認めるときは、当該事業者に対し、是正その他必要な措置を講ずるよう要請することができる。

2　人権オンブズパーソンは、前項の規定による要請を行ったにもかかわらず当該事業者が正当な理由がなく要請に応じない場合は、市長に対し、その旨を公表することを求めることができる。

3　市長は、前項の規定により公表を求められた場合は、その内容を公表することができる。この場合において、市長は、人権オンブズパーソンの意思を尊重しなければならない。

4　市長は、前項の規定により公表しようとする場合には、あらかじめ当該公表に係る事業者に意見を述べる機会を与えるものとする。

第六節　個人情報等の保護

（個人情報等の保護）

第二三条　第一九条第七項及び前条第三項の規定による公表を行う場合は、個人情報等の保護について最大限の配慮をしなければならない。

第七節　人権に関する課題についての意見公表

（人権に関する課題についての意見公表）

第二四条　人権オンブズパーソンは、その職務の遂行を通じて明らかになった人権に関する社会構造上の課題について、地域における解決に向けた取組に資するため、意見を公表することができる。

第五章　補　則

（事務局）

第二五条　人権オンブズパーソンに関する事務については、川崎市市民オンブズマン条例（平成二年川崎市条例第二二号）第二一条に規定する事務局において処理する。

2　人権オンブズパーソンの職務に関する事項を調査する専門調査員を置くものとする。

（運営状況の報告等）

第二六条　人権オンブズパーソンは、毎年、この条例の運営状況について市長及び議会に報告するとともに、これを公表する。

（委任）

第二七条　この条例に定めるもののほか、この条例の実施のため必要な事項は、市長が定める。

附則

（施行期日）

1　この条例の施行期日は、市長が定める。ただし、第八条第二項中議会の同意を得ることに関する部分は、公布の日から施行する。

（経過措置）

2　この条例は、この条例の施行の日（以下「施行日」という。）の三年前の日から施行日までの間にあった事実に係る申立てについても適用し、当該三年前の日前にあった事実に係る申立てについては、適用しない。

（検討）

3　市は、この条例の施行後適当な時期において、この条例の施行状況、人権に関する国の施策の動向及び社会情勢の変化等を勘案し、必要があると認めるときは、人権が尊重される地域社会づくりの観点から、この条例に規定する人権オンブズパーソンの管轄等について検討を加え、その結果に基づいて必要な措置を講ずるものとする。

（川崎市報酬及び費用弁償額並びにその支給条例の一部改正）

4　川崎市報酬及び費用弁償額並びにその支給条例（昭和二二年川崎市条例第二二号）の一部を次のように改正する。

　第一条第四項中「市民オンブズマン」の次に「及び人権オンブズパーソン」を加える。

（川崎市市民オンブズマン条例の一部改正）

5　川崎市市民オンブズマン条例の一部を次のように改正する。

第二条第五号中「市民オンブズマン」の次に「又は人権オンブズパーソン」を加え、同号を同条第六号とし、同条中第四号を第五号とし、第三号の次に次の一号を加える。

(4)　川崎市人権オンブズパーソン（以下「人権オンブズパーソン」という）に救済を申し立てた事項第四条第二項中「市の機関」を「人権オンブズパーソンその他市の機関」に改める。

第一七条に次の一項を加える。

3　市民オンブズマンは、第１項の規定による勧告又は前項の規定による意見表明を行う場合において、必要があると認めるときは、人権オンブズパーソンに対し、共同で行うよう求めることができる。

資料③

川崎市における子どもの権利保障をめざして
―「川崎市子どもの権利に関する条例」の策定にあたって（答申）

二〇〇〇年六月

川崎市長　髙橋　清　様

川崎市子ども権利条例検討連絡会議
座　長　篠原　一

答申

本検討連絡会議は、川崎市長より委嘱を受けた「（仮称）川崎市子ども権利条例（案）の策定に関する事項」について、一九九八年（平成一〇年）九月から「川崎市子ども権利条例調査研究委員会」とともに鋭意かつ慎重に調査研究を進めた結果を、次のとおり『川崎市における子どもの権利保障をめざして～「川崎市子どもの権利に関する条例」の策定にあたって（答申）～』としてまとめ、答申とします。

目　次

おわりに
〈参考資料〉
1 諮問文および市長あいさつ文（略）
2 会議設置要綱（略）・委員名簿（抜粋）
3 川崎市子ども権利条例検討連絡会議・調査研究委員会の経過（略）
4 市民・子どもたちの討議経過（略）

はじめに

最初に、昨年一二月に開催された川崎子ども集会での子どもたちのアピール文を紹介したいと思います。

わたしたちは、一人一人が個性をもち、さまざまな生き方をしています。

けれども、成績やからだのことで悩んだり、性別や国籍、障害などを理由に、いじめや差別にあったり、また一人で心を痛め、苦しんでる子どももいます。

今求められているのは、一人一人の違いが個性として認められ、自分が自分であることを大切にされることです。

わたしたちも自分を大切にし、他の人も大切にしなければなりません。

◆わたしたちは、主張します。

子どもに関わることを決めるときには、わたしたちの考えも大切にしてほしいのです。

親や先生の考えだけで一方的に話をすすめないでほしいのです。

おとなからはまだ頼りなくみえるかもしれませんが、わたしたちも真剣に考えています。

子どもをおとなより下の存在としてではなく一人の人間として平等にみてほしいのです。

そのためには、わたしたちも、自分の考えをはっきり言えるようにならなければなりません。

わたしたち自身のことを決めるのは、わたしたちなのです。

◆わたしたちは望みます。

安心して話ができる人がいて、自由に自分を表現できる場所があることを。

友だちと語り合い、楽しく遊べてホッとできる場所があることを。

わたしたちの生活している家庭や学校、地域はそんな居場所になっているでしょうか。

子どもたちはみんな安心できる居場所を求めています。

わたしたちは提案します。

おとなに要求するだけでは、ただの甘えになってしまいます。

わたしたち自身も行動していくことが大切です。

自分の見方だけで相手を決めつけるのではなく、相手の立場をよく考え、ともに支え合い、ともに生きていく大切さを語り合いましょう。

これからも、学校や家庭、地域で話し合い行動をしていきましょう。

◆わたしたちは約束します。

自分を大切にするとともに、他の人を大切にしていくことを。

一人一人の違いを互いに認めあっていくことを。
わたしたちも参加し、責任を果していくことを。
そして、わたしたちの手で子どもたちの活動する場や、集会を作り続けていくことを。
わたしたちは約束します。
子どももおとなもともに生き、元気でいきいきと活動できる〝まち〟の実現をめざして。
（川崎子ども集会アピール：一九九九年一二月一一日　川崎子ども集会代表者会議）

このアピール文で、子どもたちは、自分が自分であることを大切にされたいと願い、子どもにかかわることを決めるときは、子どもの考えも大切にしてほしいと訴え、自分たちも参加し責任を果たしていくことを約束しています。今回の条例案づくりは、このような子どもたちの思いや願いを受けとめ、すすめてきました。

一九九八年九月に川崎市長からの諮問を受け、川崎市子ども権利条例検討連絡会議が設置され、またその作業委員会にあたる川崎市子ども権利条例調査研究委員会が設置されました。

この調査研究委員会には、中学生・高校生の子ども委員や市民団体の委員などが加わり、市民・子どもたちの積極的な参加をえながら、また関係者との熱心な意見交流をすすめました。諮問を受けて以来、一年九ヶ月の間に十回の検討連絡会議、十九回の調査研究委員会などを重ねて、地域に根ざした子ども権利条例案の策定にむけた審議を重ねてきました。

また、市民参加を基本においた今回の条例案の策定では、一九九九年三月、九月、一二月、本年三月と四回にわたる市民集会を開き、市民・子どもたちや子どもにかかわる数多くの関係者とともに条例案の内容を考え合ってきました。市に寄せられたさまざまな声にどのように応え、条例案の内容をまとめていくかがわれわれ委員の側に課せられた課題でした。左記のアピール文のように、市民はもとより子どもたちの活発で前向きな意見は、条例案を作成する上で大いに励みとなり、時には検討するときの示唆となりました。そして、調査研究委員会や子どもたちが独自に組織した子ども委員会での一年半あまりの討議の中で、子ども委員それぞれに確かな学び、育ちが見られました。

さらに、親、教職員、地域、教育・保健・福祉等の子どもにかかわる行政当局などが、それぞれの領域で何ができるか、どう力をあわせることができるか、これまでさまざまな場で意見を出し合い考え合ってきた成果が、このような形で「川崎市子どもの権利に関する条例」の策定にかかわる答申内容としてまとまったものと考えています。

条例案づくりに参加や協力をいただいた市民・子どもたちをはじめ関係者の方々に感謝するとともに、この答申内容が生かされ、子ども一人一人の自己実現にむけた歩みを支援し、二十一世紀の子どもたちに夢と勇気を与える「川崎市子どもの権利に関する条例」が制定されることを望んでいます。

川崎市子ども権利条例検討連絡会議
川崎市子ども権利条例調査研究委員会

Ⅰ 「川崎市子どもの権利に関する条例」の策定にあたって

1 「子どもの権利に関する条例」の必要性

(1) 子どもの権利状況と条例案づくり

①川崎の子どもたちの現状から

子どもの権利を保障する条例がなぜ必要なのか。それは、まずなによりも、子どもの権利が侵害されている現実から出発しています。いじめに悩み苦しみ、追いつめられている。

子どもたちの現実。体罰や家庭、施設内の虐待などおとなの暴力に苦しむ子どもたちの現実。これらは、直ちに救済が求められている問題です。川崎市での調査でも、「十分保障されていない」と思われる子どもの権利について、「守られる権利」と「育つ権利」の保障が不十分だと考えている人が四割います。六十歳以上の人たちが子どもの生きる権利を心配していることもわかります(一九九八年十一月　市民意識実態調査より)。たしかに、福祉分野では、児童虐待等の問題について児童相談所が重要な役割を果たしてきました。また、「かわさき子ども総合プラン」では、「子どもの権利を尊重する社会づくり」が基本目標として掲げられています。しかし、児童虐待での難しいケースにどのような対応ができるのか、虐待の被害を受けた子どもを保護する手続きや施設で生活する子どもの権利をどのように保障するかなど、子どもの権利侵害に対する救済について、川崎市の権利救済システムはまだ十分とはいえません。川崎市民にとっては、虐待やいじめなど暴力による生命の危険に対して、川崎の子どもを川崎で守ることができるようなシステムへの期待が大きかったといえます(川崎市子ども権利条例検討連絡会議『川崎市子ども権利条例をつくろう～市民討議に向けて～(経過と問題提起)』一九九九年六月二十二日)。

一方、子どもの権利条約の批准を受け、日本政府の報告等を審査した国連子どもの権利委員会は、一九九八年六月、日本政府に対して、これら暴力に苦しむ子どもの救済制度の立ち遅れの指摘や救済のための「オンブズパーソン」制度の創設などをうたった二二項目の勧告・提言などをまとめ、公表しました。勧告・提言内容をどのように実現していくかという責務を国は負っていますが、指摘された点は、子どもたちが実際に生活している自治体においての課題であるともいえます。地域・自治体が子どもを実際にいじめや虐待などの暴力から救済できるしくみを整えることは、条例で子どもの権利保障をすすめる優先項目であると考えてきました。

このような基本的な認識に立ち、子どもの権利条例案づくりは、日本の子どもたちの置かれた状況を視野に入れながらも、川崎という地域に生活する子どもたちの現実からスタートし、川崎の子どもたちの権利保障の充実をめざし、川崎の子どもの実態や子どもにかかわる施策等の現状把握、そして子どもの意見をふまえた課題分析等から検討作業を始めました。

②子どもの主体形成の支援

子どもたちは、他の誰でもない自分としての価値と尊厳性を実感しながら生きていきたいと強く願っています。

実生活の中で多くの仲間と出会い、友人や家族、教職員等との豊かな人間関係を望んでおり、そのような人間関係の中で自分自身を確かめ、勇気づけられ、試行錯誤しながらも一所懸命に自分をつくりあげていこうとしています。

子どもは、ある日突然おとなになるわけではありません。おとなとともに社会を形成するパートナーとして認められ、さまざまな場に参加し行動していくことが具体的に保障されることを通して、子どもは着実に力をつけていくのです。そして、私たちは、川崎の子どもたちが「川崎子ども・夢・共和国」や地域や全市で行われる子ども会議や子ども集会を通じていきいきと力をつけていく姿を見てきました。

今回の条例案づくりでもこの視点をおさえ、調査研究委員会には正式に子ども委員も参加し、また、その子ども委員を中心に子ども委員会も組織され、子どもの立場から条例案の検討作業がすすめられました。この答申内容は、これらの子ども委員会の活動を抜きにしてはまとめられなかったと考えています。そして、子どもたちが着実に力をつけていったと同様に、おとなの側も子どもとともに議論し考え合っていくことを通じて、新たな子ども観や子どもとの関係性、パートナーシップを身につけていくことができました。

子どもの権利条約は、子どもを権利の主体者としてとらえる権利観にたっていますが、このような権利観を共有していくことが条例案の検討作業の中では求められました。

③子どもの育ちや成長にかかわる者の支援を

親が誰にも相談できずに子育ての不安や負担感に苦しみ、家庭の中に閉じこもらざるを得ない状況も見受けられます。虐待問題の背景には、こうした要因も指摘されています。

子育てを通して地域社会や市の機関とつながり、そのようなつながりを通じて子どもと親の関係が支えられ、親がいきいきと子育てできることも、子どもの権利保障の大切な視点となります。このことは、親だけに限らず、子どもの育ちや成長にかかわる学校や施設や地域等にもあてはまります。子どものことで日夜懸命に努力している教職員や子どもにかかわる施設の職員、保健所の職員等を支援していくことも、子どもの権利保障に欠かせない視点です。

このようにさまざまな立場のものが協力し、相互に支え合い、また相互の役割を担いあっていくという視点に立って子どもの育ちや成長にかかわる者を支援していくことも、子どもの権利保障をすすめる際の重要なポイントになりました。

④豊かな関係性やパートナーシップをさまざまな場に求めて

子どもが実際に生活しているのは地域社会であり、地域の中の家庭であり、学校や施設などです。子どもの目から見たときに、これらの生活の場は個々バラバラに切り離されたものではありません。家庭、学校や施設等とそれを包み込んでいる地域社会が、どのように相互に影響しあい補完しあいながら個々の子どもを支援し、またそのような相互関係のなかでそれぞれが力をつけていけるか。そんな豊かな関係性やパートナーシップを少しずつつくりあげていくことが望まれています。

では、豊かな関係性やパートナーシップを築いていく際に共通して考え合っていく基盤をどこに求めたらよいのでしょうか。

子どもの権利条例案づくりでは、子どもの権利保障という視点を共通基盤に考えあい、子どもの権利観の共有化をはかりながら、子どもの権利行使や救済のための具体的な制度やしくみをつくりあげていくことが、子どもの権利保障を促進し子どもを勇気づけるだけでなく、子どもをとりまく者を支え、力づけ、新しい人間関係づくりに確実につながるという考えにたって話し合いをすすめてきました。

(2) 子どもの権利条例案づくりと市民・子ども参加

①川崎の取組を生かし発展させるために

川崎市では、子どもの権利条約の啓発や子ども向け資料の作成、「川崎子ども・夢・共和国事業」のような子ども参加の新たな場づくり、そして地域住民が地域の教育力を高めるために自主的に組織し運営する地域教育会議の取組等が進められ、各学校でも主体的に人権尊重教育が推進されており、これらの取組は着実に成果をあげてきています。

また、子どもにかかわる分野以外でも全国に先駆けた取組がさまざまに展開され進められています。例えば、市民オンブズマン制度、情報公開制度や個人情報保護制度の整備、また外国人市民代表者会議の設置、職員採用試験における国籍条項の撤廃、住宅基本条例の制定等、市民参加のもとに、人権保障を基盤とする共生のまちづくりをめざした先進的な取組がすすめられています。今回の子どもの権利条例案づくりは、このような川崎の取組のうえに始められたものともいえます。

そして、このような川崎の取組を生かしながら、新たに子どもの権利という視点から行政の施策のあり方や子どもとの関係性やパートナーシップをとらえ直し、子どもの権利保障を市と市民の力で総合的にすすめていく根拠を条例という形でまとめ整理することをめざして、条例案の策定作業にあたってきました。

②条例の骨子案づくりの基本姿勢
——市民参加型の条例案づくり

条例案づくりは、次の基本姿勢で取組んできました。

一つ目は、策定までのプロセスを重視し、市民・子ども参加で条例案をつくること。二つ目は、行政側も全庁的な体制で取り組むこと。三つ目は、子どもや市民が活用できる実効性のある条例案をめざすこと。

市民参加、子ども参加の具体例としては、調査研究委員会に九名の子ども委員が参加するとともに、その参加を実質的なものとするために、会議のすすめ方や意見交換などを工夫していきました。また、子ども委員の発案で公募の子ども委員会が組織され独自の会議を開くとともに、障害のある子やマイノリティの子どもたちとの意見交流会を開催し、同世代の子どもたちの意見をまとめ代弁する役割も果たしてくれました。骨子案の内容は子ども委員の指摘で追加や修正をした部分がいくつもあります。

また、子どもの権利に関心の深い市民が自主的に「市民サロン」を開き、定期的な会議を通じ、市民の視点からの意見をよせてくれました。

検討連絡会議や調査研究委員会での検討内容は適宜パンフレットの形で市民や子どもたちに伝え、手紙やメール等でもさまざまな意見が届きました。

全市市民集会や行政区単位の市民集会を地域住民の協力によ

り開催することもできました。子どもの意見反映をめざして全市の子ども集会も開催されました。

骨子案の内容をめぐっては、教職員や施設職員、行政職員、地域関係者等とも積極的な意見交換をしながら、厳しい指摘や貴重な意見等をいただきました。

このような市民・子どもの参加による条例案づくりは川崎でも初めての試みであり、条例案の策定過程そのものに大きな意義と成果があったと考えています。

2 「子どもの権利に関する条例」の考え方

(1) 子どもの権利に関する総合条例をめざして

①権利についての考え方の共有をめざして

子どもの権利を保障していくには、まず、子どもの権利についての考え方を共有することが必要です。子どもの権利といっても、人によって考え方やとらえ方が異なっていては権利保障の内容も異なって考えられたり、そもそも権利の保障という視点すらもてないということになります。市民や子どもたちの参加を得ながらすすめてきた条例案づくりは、この権利についての考え方の共有をめざした取組でもありました。

②国際的水準をふまえた川崎発の条例をめざして

条例は地域自治体における市民の規範となり、川崎の地域性やこれまでの川崎の取組を生かし発展させる内容となるように検討してきましたが、だからといって地域に閉ざされたものであってはなりません。

国際的に認められ保障された子どもの権利を、どのように地域で生かし保障していけるかが問われています。子どもの権利条約をはじめ子どもの権利についての国際的な原則をふまえたうえで川崎らしい条例案となるようにつとめてきました。

③総合的な内容の条例と実効性あるしくみづくりをめざして

条例骨子案では、子どもの権利保障を総合的にとらえ、子どもの権利に対する考え方、子どもの権利保障と子どもの学び成長にかかわる者の支援のあり方を示しました。その上で、子どもの救済、意見表明・参加の促進、施策の推進・評価など、子どもや市民が活用できる子どもの権利保障のために必要な市のしくみも視野に入れ、実効的な条例になるよう検討してきました。これらの内容は、相互に関連・補完しあって子どもの権利保障をすすめるよう配慮しました。

(2) 子どもの権利の位置づけ、考え方

①子どもの現実と思いにそって

条例案の検討では、基本的な権利の理念は子どもの権利条約に則っています。

条例骨子案で考えている子どもの権利とは、子どもの権利条約や憲法等で規定されている権利がその裏付けとなる根拠となっています。

しかし、川崎の子どもたちの現実の生活実感に、これらの権利をどのように引き寄せてわかりやすく規定できるか、骨子案の内容整理では大変難しい作業でした。結果として、子どもの生活実感や願い等にそいながら、とくに川崎の子どもにとって大切な権利を子どもの言葉や思いを受けとめながらまとめたも

のが、第二章となりました。

②生活の場から考える

子どもの権利条約にはさまざまな権利があげられていますが、日常的に子どもの生活している場に即して権利がまとめられているわけではありません。

条例骨子案の検討では、できる限り子どもが生活している場で、子どもにわかる権利保障のあり方を議論してきました。生活の場における権利の行使とは何か、権利の侵害とは何かそして権利の保障とは何か、というように。生活の場における権利保障をはかることは、子どもや地域住民と直接向き合い仕事をしている自治体の役割であり、また市民自身の役割でもあるわけです。

骨子案では、第三章で生活の場における権利を検討し、家庭・学校・施設・地域等の子どもの身近な場における権利保障を提案しています。

③子どもの参加を得て

これまで、日本の社会では、子どもの権利はおとなが保障してやるものだ、という考え方が中心を占めてきました。しかし、子どもの権利条約は、子ども自身も、自らの権利を実現していく主体者であることを明らかにしました。川崎市でも、子どもを主体者と考えて、これまで子ども会議や子ども・夢・共和国などの活動が展開されてきましたが、今回の条例づくりにおいても、そのプロセスに子どもの参加を求め、条例制定によりこれまでの参加活動をさらに発展させる環境づくりを行うことが求められてきました。骨子案の第四章では、「子どもの参加の権利」の理念を掲げ、地域や学校・児童福祉施設等における子どもの参加の権利を制度として保障していくしくみを考え提案しています。

(3) 子どもの権利保障のための施策やしくみ

①これまでの取組を生かして

条例案の内容としては、実際に子どもや市民が活用できる実効性のある内容もあわせて検討しました。具体的に考えた主なしくみとしては、次のようなものがあります。

一つは、現行のものを生かし発展させることをめざしたしくみです。例えば、「川崎市子ども会議」がそれにあたります。川崎では過去に子ども議会が開催され、これまでも行政区・中学校区単位では、地域教育会議により自主的に子ども会議が運営されています。

このような取組をさらに発展させていくために、子どもの意見表明の場づくりから、表明された意見をどのように受けとめていくかという制度的なしくみへとつなげていくことが審議の中で模索されたと言えます。

また、学校や施設等における「協議会」の設置も、これまで地域の課題を学校や地域・家庭とで協力し考えあってきている川崎の成果等も生かし、新たに子どもの意見表明、参加を促進していく視点から検討してきました。

しくみではありませんが、子どもが権利につき学習したり、現行の制度をもっと活用できるように子どもに情報を伝えていくことも大切な内容となっています。

②子どもの権利保障のための総合的な行政施策のために

子どもにかかわる施策はいろいろな局ですすめられていますが、残念ながら国の縦割りの省庁に応じた形で各局で縦割りですすめられており、また、子どもは施策の対象としてとらえられている現状があります。

子どもが自分らしくいきいきとしていられ、あるいは生きていけるためには、子どもを権利の主体者としてトータルにとらえ、子どもの目からみて総合的に施策が展開されているようにしていく必要があります。そして、このことは自治体だからこそ可能なことでもあるわけです。

条例骨子案では、そのために子どもにかかわる施策の基本理念を示すとともに、条例を推進するための体制や基本的な施策を検討してきました（第五章）。さらに、市の施策を行政まかせにせず、子どもが置かれている現実を常に反映できるように、市の施策や市における子どもの権利の状況を検証する「子どもの権利委員会」を新たなしくみとして提案しています（第六章）。
③権利救済のしくみづくり
子どもの相談機関は現在でもいろいろあり、直接に子どもの救済や保護にあたる児童相談所もあります。しかし、実際には子どもからの直接の相談や救済を求める声は、残念ながらあまり届いていないのが実状です。

条例骨子案では、どうしていいか迷い苦しみ悩んでいる子どもが、直接安心して連絡でき、相談の中で力づけられ、権利侵害の事実があれば直接助けてもらえるようなしくみとして、子どもオンブズパーソン制度を検討してきました（第七章）。救済のしくみづくりでは、子どもに固有の救済機関として、どのように子どもオンブズパーソンを具体化するか、また他の相談機関とどのように連携をはかっていくかが重要なポイントとなります。


この救済の部分は、現在市ですすめられている「統合的市民オンブズマン制度」の検討の中で、新たな人権救済型オンブズマンの一つとして子どもの救済を位置づけていくことが議論されています。

実現にあたっては、ぜひ子どもにとっての固有のしくみとしてオンブズパーソンが機能していけるような制度設計を望みます。

Ⅱ 「川崎市子どもの権利に関する条例」—骨子案として考えた内容

次に、市民・子どもたちやさまざまな関係者の意見を参考にまとめた条例案の骨子案を提示します。

今後は、この答申内容を受け、市において条例案の条文づくりの作業が始まるわけですが、その際には他の法規や条約、条例等との整合性がさらに厳密にはかられ、規範としてあいまいにならないように表現や表記の整理がなされ、内容によっては規則や要綱等の中に生かされる部分もあるかと思われます。

1 「子どもの権利に関する条例」骨子案

目次

2　子どもの定義
3　市および市民等の責務
4　かわさき子どもの権利の日

第二章　人としているために大切な子どもの権利
1　安心して生きる権利
2　ありのままの自分でいられる権利
3　自分を守り守られる権利
4　自分を豊かにし力づけられる権利
5　自分で決める権利
6　参加をする権利
7　個別の必要に応じて支援を受ける権利

第三章　家庭、学校・施設、地域等と子どもの権利の保障
第一節　家庭など生活の場と子どもの権利の保障
1　子どもの権利と保護者
2　子育てと条件整備
3　虐待・体罰の禁止と救済
第二節　育ち、学ぶ施設と子どもの権利の保障
1　育ち、学ぶ権利の保障
2　安全配慮の義務
3　虐待・体罰の禁止と救済
4　いじめの防止
5　情報の作成と開示
第三節　地域と子どもの権利の保障
1　子育て・教育環境としての地域
2　子どもの居場所としての地域
3　子どもの活動拠点としての地域

第四章　子どもの参加
1　子どもの参加の権利
2　川崎市子ども会議
3　学校・施設等への子どもの参加
4　子どもが利用する施設での運営等への参加

第五章　子どもの権利保障のための施策の推進
1　子どもにかかわる施策の基本理念
2　子どもの権利の基本指針および行動計画
3　子どもにかかわる施策を推進する組織
4　子どもの権利の学習、研修、広報
5　子どもの権利にかかわる市民活動の奨励と連携

第六章　子どもの権利の検証
1　子どもの権利委員会の目的および設置
2　子どもの権利委員会の職務
3　子どもの権利委員会の検証の手続
4　情報の提供
5　報告書の作成

第七章　子どもの救済
1　子どもオンブズパーソンの目的および設置
2　組織・資格・任用・解職等
3　職務および責任
4　市の機関および市民等の責務
5　相談および申立て
6　調査

7　救済の方法
8　啓発および連携
9　活動の報告
10　専門調査員および事務局

前　文

子どもは一人の人間である。子どもはかけがえのない価値と尊厳をもっており、一人一人の違いが個性として認められ、自分が自分であることを大切にされたいと願っている。

子どもは権利の全面的な主体である。子どもは、差別の禁止、子どもの最善の利益の確保、生存と発達の保障、子どもの意見の尊重など基本的な原則のもとで、その権利を総合的にかつ現実に保障される。子どもはその権利について学習することや実際に行使することなどを通して権利の認識を深め、権利を実現する力、他の者の権利を尊重する力や責任などを身につけることができる。また、自分の権利が尊重され保障されるためには、同じように他の者の権利が尊重され保障されなければならず、権利の相互尊重が不可欠である。

子どもはおとなとともに社会を構成するパートナーである。子どもは今の社会の一員として、また未来の社会の担い手として社会のあり方や形成にかかわる固有の役割があるとともに、社会に参加する権利がある。そのためにも社会は子どもに開かれる。子どもは、同時代を生きる地球市民として国内外の子どもと相互の理解と交流を深め、共生と平和を希求し、自然を守り都市の環境をつくることに欠かせない役割をもつ。

川崎市（以下、「市」という。）における子どもの権利を保障する取組は、市に生活するすべての人の共生をすすめ、その権利保障につながる。市および川崎市民（以下、「市民」という。）は、「子ども最優先」などの国際的な原則もふまえ、子どもが一人の人間として生きていくうえで必要な権利が保障されるように支援する。

市および市民は、こうした考えのもと、子どもの権利に関する条約（児童の権利に関する条約、一九九四年五月十六日条約二号、以下、「子どもの権利条約」という。）にのっとり、子どもを権利の全面的な主体として権利保障をすすめる都市であることを宣言し、「川崎市子どもの権利に関する条例」（以下、「子どもの権利条例」という。）を制定する。

第一章　総則

1　条例の趣旨

子どもの権利条例は、子どもの権利条約にのっとり、市における子どもの権利を保障するために必要な基本的事項を定める。

2　子どもの定義

この条例において、子どもとは一八歳未満の者および別に規則で定める者をいう。

3　市および市民等の責務

①市は、市にかかわるすべての子どもを権利の全面的な主

体として尊重し、その権利を保障するためにこの条例を解釈および運用するとともに、子どもの権利が保障されるよう必要な措置または施策をとるものとする。

②市は、市外の学校や保育所その他児童福祉施設等に通いまたは入所する市民の子どもにも、この条例で定める内容が同等に保障されるように、他の自治体または関係施設および機関と連携をとるようつとめる。

③市民は、子どもの権利が、家庭、学校、施設、職場、地域などあらゆる場において尊重され、保障されるよう相互に協働するとともに、この条例をそれぞれかかわりのある場で具体化するようつとめる。

④市内の学校、保育所その他児童福祉施設等の子どもにかかわる施設を設置する者は、この条例の定める事項に協力し、子どもの権利が保障されるようつとめる。

⑤市内で事業を営む者は、この条例に基づく市の施策に協力をするとともに、被用者の子どもまたは事業所における子どもの権利が保障されるようつとめる。

4　かわさき子どもの権利の日

市は、子どもの権利の啓発や意識の向上をはかるために子どもの権利の日を設け、市民とともに子どもの権利条例、子どもの権利条約、および子どもの権利の普及と実現につとめる。

第二章　人としているために大切な子どもの権利

子どもにとって権利は、人間としての尊厳をもって、自分を自分として実現し、自分らしく生きていくうえで不可欠なものである。子どもは、権利が守られ保障されるなかで、豊かな子ども時代を過ごすことができる。

市および市民は、子どもの権利条約に定められた権利の実現をはかるとともに、とくに以下に掲げる権利が人としているために大切な権利であることを認め、その保障につとめる。

1　安心して生きる権利

子どもは、安心して生きることができる。そのために、主として次の権利が保障される。

①命が尊重される権利

②愛情と理解をもって育まれる権利

③あらゆる差別を受けない権利

④あらゆる形の暴力を受けず、また放任されない権利

⑤健康に配慮がなされ、適切な医療が提供され、成長にふさわしい生活をする権利

⑥平和と安全な環境のもとで生活する権利

2　ありのままの自分でいられる権利

子どもは、ありのままの自分でいることができる。そのために、主として次の権利が保障される。

①自分の個性や他の者との違いが認められ、人格が尊重される権利

②自分の考えや信仰をもつ権利

③秘密が侵されない権利

④知らないうちに自分に関する情報が不当に収集され、利用されない権利

⑤子どもという理由だけで不当な取り扱いを受けない権利
⑥安心できる場所で自分を休ませたり、余暇をもつ権利

3　自分を守り守られる権利

子どもは、自分を守り、また守られることができる。そのために、主として次の権利が保障される。

①あらゆる権利の侵害から逃れることができる権利
②自分が育つことや成長することを妨げる状況から保護される権利
③困難な状況にあるとき、ふさわしい雰囲気のなかで適切な相談の機会が保障される権利
④自分の身分や将来のことなどについて決められるときに、ふさわしい雰囲気のなかで意見を表明し、その意見が尊重される権利
⑤ふさわしい場所と雰囲気のなかで自分を回復できる権利

4　自分を豊かにし力づけられる権利

子どもは、育ち、成長するとともに、力づけられ、自分を豊かにすることができる。そのために、主として次の権利が保障される。

①遊ぶ権利
②学ぶ権利
③文化的生活および芸術に参加する権利
④自分に役立つ情報を容易に得る権利
⑤幸福を追求するとともに、適切な支援を受ける権利

5　自分で決める権利

子どもは、自分のことを自分で決めることができる。そのために、主として次の権利が保障される。

①自分のことを年齢と成熟に応じて決める権利
②自分のことを決めるのに適切な支援または助言を受ける権利
③自分のことを決めるのに必要な情報を容易に得る権利

6　参加をする権利

子どもは、参加をすることができる。そのために、主として次の権利が保障される。

①自分を表現する権利
②自分の意見や考えを表明し、尊重される権利
③社会に参加する権利
④グループを作り、集まる権利
⑤参加するに際して、ふさわしい内容の支援を受ける権利

7　個別の必要に応じて支援を受ける権利

子どもは、個別の必要に応じて支援を受けることができる。そのために、主として次の権利が保障される。

①子ども本人またはその保護者および家族の国籍、民族、性、言語、宗教、出身、財産、障害のあることなどのほか、特定の困難な状況を原因または理由として差別や不利益を受けない権利
②国籍、民族、性、言語、宗教、出身、障害のあることなど違いが認められ、かつあらゆる子どもと相互に共生する権利
③障害のある子どもが、尊厳を確保し、自立をし、社会への積極的な参加ができるように、その子どもに応じた支

援を受ける権利

④民族、言語、国籍等において少数の立場の子どもが、自分たちの文化等を享受し、表現し、また自分たちの母語や歴史等を学ぶことが尊重される権利

⑤障害のあることや言語のちがいその他特定の状況のために、情報の入手、意見の表明および参加に支障が生じないように支援を受ける権利

第三章　家庭、学校・施設、地域等と子どもの権利の保障

第一節　家庭など生活の場と子どもの権利の保障

1　子どもの権利と保護者

(1) 親、里親、施設で子どもを養育する者その他子どもの保護者（以下「保護者」という。）は、子どもの権利を保障する第一次的な責任者である。保護者は、子どもの養育にあたって子どもの最善の利益をふまえるとともに、子どもの権利の行使を子どもの年齢および成熟に応じた方法で支援するものとする。保護者は、子どもの最善の利益と一致する限りで、子どもに代わってその権利を行使することができる。

(2) 保護者は、関係施設、関係機関から子どもの養育に関して十分な説明を受け、子ども本人に関する情報を、子どもの最善の利益を損なわない限り得ることができる。

2　子育てと条件整備

(1) 親は、父母いずれも子育てをする責任があり、子育てにあたって、市から支援を受けることができる。市は、子どもを育てるのが困難な家庭や里親および施設で子どもを養育する者の十分な環境を整えるものとし、必要な条件整備につとめる。施設は、子どものプライバシーや意見表明を尊重する。

(2) 市は、子育てを支援する際に、次のことに留意する。

①子どもの置かれている状況や多様なニーズを十分にふまえ、必要に応じて、保健、医療、福祉などの専門機関、関係団体などを活用し調整すること。

②支援を容易に受けることができるように、しくみや体制を整えること。

③家庭での子育てが孤立しないように、子育てに関する情報、子育て支援の内容、サービスの利用方法などが家庭に伝わるようにするとともに、子育ての不安や負担を過度に感じている保護者を支援すること。

(3) 市内の事業者および市民を雇用する者は、被用者が安心して子育てをし、保護者としての責任を果たすことができるよう配慮する。

3　虐待・体罰の禁止と救済

(1) 保護者は、その養育する子どもに対して、身体的虐待、心理的虐待、性的虐待、放任もしくは監護の怠慢、その他あらゆる形の虐待（以下、「虐待」という。）および体罰を行ってはならない。

(2) 市は、虐待を受けた子どもを速やかに救済しなければならない。その際、二次的な被害が生じないよう、とくに配慮する。

(3) 虐待の事実を知り、または発見した者は、児童相談所等の関係機関に通告する。とくに、医師、学校の教職員、児童福

祉施設の職員、保健婦等の子どもに直接かかわる職にある者は虐待の発見につとめるとともに、通告の義務を適切に遵守するものとする。

(4) 市は、虐待を防止し、また、虐待を行った保護者が虐待を再び繰り返すことがないよう、関係機関との連携のうえ、適切な措置を講ずる。

第二節　育ち、学ぶ施設と子どもの権利の保障

1　育ち、学ぶ権利の保障

(1) 市内に設置される学校、保育所等の子どもにかかわる施設（以下、「学校・施設等」という。）は、生き生きとした環境のもとで子どもが育ち、学ぶ権利を保障しかつ支援する。

(2) 学校・施設等の長は、保護者・地域と十分な連携のもとに、子どもが育ち、学ぶ権利を保障するために、学校・施設等の職員および教員（以下、「教職員」という。）が主体的な活動を通して保育または教育活動等を行うことができるよう、条件および環境の整備につとめる。

2　安全配慮の義務

学校・施設等は、子どもの自主的な活動を保障し、かつ安全であるように、環境、施設設備の安全配慮を行う。また、学校・施設等の管理下の災害を予防するために、子どもの安全を十分配慮した教育活動または保育活動等を行うとともに、救急・防災・安全管理のための運営体制を整備する。その際、保護者、地域と十分な連絡、連携をとる。

3 虐待・体罰の禁止と救済

学校・施設等の教職員は、子どもに対して虐待および体罰を行ってはならない。学校・施設等は、虐待および体罰を防止する適切な措置を講ずるとともに、子どもからの相談および子どもの救済のための体制を整備する。

4　いじめの防止

(1) 学校・施設等は、いじめの発生について十分注意を払うとともに、子どもの権利およびいじめの防止について啓発を行う。また、学校・施設等は、いじめに関し子どもからの相談を受ける体制を整えるとともに、いじめが認められる場合には、当事者の子どもに配慮をした速やかでかつ適切な救済を行うものとする。

(2) 学校・施設等は、いじめを受けた子どもの救済と回復につとめるとともに、いじめを行った子どもに対する適切な対応を行う。

(3) 学校・施設等は、いじめの対応やその防止において、子ども、保護者、第7章で定める子どもオンブズパーソンその他関係機関に協力を求め、連携をはかる。

5　情報の作成と開示

(1) 学校・施設等は、子どもにかかわる文書を適切に作成し、保管するものとする。また、子どもの利害関係にかかわる文書の作成にあたっては、子どもの最善の利益を考慮のうえ子どもや保護者の意見を十分参考にし、尊重する。

(2) 学校・施設等は、必要な範囲を超えて個人情報を収集し保管

してはならない。収集にかかる個人情報は、目的外に利用また は提供してはならない。学校・施設等は、個人情報保護制度について子どもが有効活用できるようその周知につとめるとともに、子ども本人にかかわる個人情報の開示につとめる。

第三節　地域と子どもの権利の保障

1　子育て・教育環境としての地域

(1)　市は、地域が子どもの育ちの場であり、学校・施設等、社会教育施設、文化・スポーツ施設等と一体となって豊かな人間関係をつくる場であることをふまえ、地域をそのような子育ておよび教育環境として、子どもの通行・通学上の安全、健康の享受その他子どもの権利の観点から整備するようつとめる。

(2)　市は、子育ておよび教育環境について、子ども、保護者、教職員、住民が地域で自主的に検討する組織の整備および支援につとめる。

2　子どもの居場所としての地域

(1)　子どもにとってありのままの自分でいられ、休息して自分を取り戻し、または自由に遊び、活動し、安心して人間関係をつくりあえる居場所が大切であることをふまえ、市は、居場所に関する考え方を普及し、子どもの居場所を確保し、または、子どもが居場所を失わないようその整備につとめる。また、市は、居場所を提供する市民および団体を奨励し、支援するとともに、ふさわしい連携のあり方を築くようつとめる。

(2)　居場所の整備にあたっては、空間のみならず、時間および人間関係等に配慮するとともに、子どもの意見が十分に反映されるよう必要な措置を講ずる。

3　子どもの活動拠点としての地域

子どもの成長にとって、地域における子どもの活動および地域への子どもの参加が大切であることをふまえ、市は、地域における子どもの自治的な活動を奨励し、その条件整備につとめる。

第四章　子どもの参加

1　子どもの参加の権利

(1)　子どもはおとなとともに社会を構成するパートナーとして、社会のあり方や形成にかかわる固有の役割があるとともに、社会に参加する権利がある。子どもは、地域において文化、芸術、スポーツその他諸活動に参加し、他の子どもあるいはおとなと関係、理解を深めることはかけがえのないことである。また、子どもが市民として市政やまちづくり等に意見を表明したり参加すること、およびその属する学校・施設等その他活動の拠点となる場で、構成員として意見を表明し参加することも欠かすことのできないことである。これらをふまえ、かつ第二章六に基づき、市は、社会、市政、その属する学校・施設等において、子どもが参加をする体制を整備するようつとめる。

(2)　市は、子どもの参加の権利の行使を容易なものとし、実質的な参加を保障するために、参加の内容、参加する子どもの構成や年齢等の条件をふまえ、子どもの参加を支援する体制を整備することをとくに考慮する。

(3) 市は、子どもの自由な諸活動や参加のための活動を支援するために、子どもが子どもだけで自由に安心して集まることのできる拠点づくりにつとめる。

2 川崎市子ども会議

(1) 市は、1・(1)の目的に従い、かつ子どもの意見表明を支援し、これを市政へ反映させるために、川崎市子ども会議を設置する。川崎市子ども会議には、市内の学校・施設等に通う子どものほか、学校・施設等に行っていない子ども、市外の学校・施設等に通っている子ども、障害のある子ども、民族、言語、国籍等において少数の立場の子どもの意見が反映されるよう、市は、必要なしくみを整えるものとする。

(2) 川崎市子ども会議は、市長、教育委員会および議会に意見を提出することができる。市は、川崎市子ども会議の意見を尊重するようつとめる。

(3) 市は、川崎市子ども会議の円滑な運営その他子どもの参加を促進するために、必要な情報の入手や発信、施設利用の確保、支援体制の整備のほか、参加する子どもの属する学校・施設等との調整等必要な条件整備を行う。

3 学校・施設等への子どもの参加

(1) 学校・施設等における子どもの自治・参加の支援

学校・施設等は、子どもの自治的な活動を奨励し、その支援および条件整備につとめるとともに、学校・施設等において、子どもの年齢や成熟にふさわしい参加のしくみを整え、学校・施設等の運営に反映させるものとする。

(2) 学校・施設等における協議会の設置

学校・施設等は、子どもの参加および開かれた学校・施設等の主体的な運営を促進するために、子ども、保護者、地域住民に対し、その運営および諸活動についての説明を行うとともに、学校・施設等の諸活動をともに支えあっていくための協議会を、学校・施設等に応じて設置するようつとめる。市は、学校・施設等がこの協議会を設置する場合には、必要な支援をする。

4 子どもが利用する施設での運営等への参加

市は、子どもが利用することを目的とする施設を設置しまたは設置している場合、その運営に子どもの意見を反映させるために、子どもの参加の仕組の整備等、必要な措置を講ずる。また、市は、当該施設の設置にあたって、子どもの意見を反映するようつとめる。

市は、子どもが利用することを予定する市の施設において、その利用等につき子どもの意見を反映するようつとめる。

第五章 子どもの権利保障のための施策の推進

1 子どもにかかわる施策の基本理念

市の子どもにかかわる施策は、次の理念に従う。

①子どもの権利を保障し、または子どもの権利と一致するものであること。

②子どもの最善の利益に基づく配慮が優先的になされること。

③多様なニーズをふまえて総合的にかつ計画的に推進され、

実施にあたって相互の十分な調整がなされること。
④子どもにかかわる施策は、子どもや保護者、その他市民との連携のもとで、子ども一人一人に対し保障されること。
2　子どもの権利の基本指針および行動計画
(1)　市は、市の子どもにかかわる施策が総合的にかつ計画的に推進されるように、子どもの権利保障のための基本指針および行動計画を策定する。
(2)　(1)の策定にあたっては、子どもを含む市民の参加が十分はかられるとともに、第六章に定める子どもの権利委員会の意見を反映するものとする。
3　子どもにかかわる施策を推進する組織
市は、子どもにかかわる施策を子どもの権利保障の視点から総合調整し推進する部署を定める。
4　子どもの権利の学習、研修、広報
(1)　市は、子どもの権利条例、子どもの権利条約および子どもの権利について、子どもを含むすべての市民に伝わるよう、あらゆる機会を通じて広報するようつとめる。広報にあたっては、子どもの意見を反映させるようつとめる。
(2)　学校教育および社会教育等においては、子どもの権利条例、子どもの権利条約、子どもの権利をはじめ人権を尊重する教育を推進する。市は、そのための条件整備を行う。
(3)　市は、子どもにかかわる専門職員、とくに学校教育、社会教育、保健、医療、児童福祉等に従事する者をはじめ広く関係者に、子どもの権利条例、子どもの権利条約および子どもの権利に関する学習および研修の機会を保障し、そのための条件整備を行う。その際、自主的な研修を保障する。
(4)　市は、子どもが、子どもの権利条例、子どもの権利条約および子どもの権利に関する学習等を自ら企画しすすめることができるよう条件整備を行う。
5　子どもの権利にかかわる市民活動の奨励と連携
(1)　子どもの権利保障にかかわる市民活動の重要性を認識し、市は、その自主的な活動を支援するとともに、かかる市民活動および団体と連携し協働する。
(2)　市は、子どもの権利保障を行う市民および団体から必要な情報の提供を受けるとともに、必要な情報の提供および支援を行う。

第六章　子どもの権利の検証

1　子どもの権利委員会の目的および設置
(1)　市における子どもの状況および子どもにかかわる施策を子どもの権利の観点から検証するとともに、その結果を市政に反映させるために子どもの権利委員会（以下、「委員会」という。）を置く。
(2)　委員会は、公募の市民を含み、子どもの権利、福祉、教育等の子どもにかかわる専門家のうちから、市長によって任命される委員をもって構成する。定数は、　　人以内とする。
(3)　委員の任期は三年とする。
2　子どもの権利委員会の職務
委員会の職務は次の通りとする。

①市長の諮問に応じ、市における子どもの権利の状況および子どもにかかわる施策の検証を行い、市長に対して答申し、もしくは意見を具申すること。

②①の検証のために必要な調査を行うこと。

③の検証において、市がその事業を子どもの権利の観点から評価をする際の評価項目、その他必要な事項を示すこと。

④市長の諮問に応じ、第5章2の子どもの権利の基本指針および行動計画に意見を述べること。

3　子どもの権利委員会の検証の手続

(1)　市は、諮問内容に関してそれぞれの所管で実施される施策について、子どもの権利の観点から自己評価を行い、委員会に報告する。委員会は市民および団体に意見を求める。

(2)　委員会は、市による(1)の評価およびそれに関する市民および団体の意見に基づいて、子どもにかかわる施策の担当部署の職員、市民および団体の代表それぞれと公開の場で対話の機会をもつ。

(3)　委員会は、子どもの権利条例に基づいて審議のうえ、検証の結果を市長に答申する。

委員会は、審議のいずれかの段階で、子どもの意見を聴くものとする。

(4)　市は、答申を尊重するものとし、答申をうけてとった措置および答申で指摘された点についての意見を委員会に報告する。

4　情報の提供

市における子どもの権利状況および子どもにかかわる施策を子どもの権利の観点から検証するにあたり、市は、必要な資料を提供するものとする。

5　報告書の作成

委員会は、市長への答申、その答申をうけてとられた措置等について適宜報告書を作成する。この報告書は広く市民にも公表される。

第七章　子どもの救済

1　子どもオンブズパーソンの目的および設置

子どもに対する権利侵害は、市の機関が関与する場面のみならず、市民の間とくに子ども同士や保護者、教職員との関係など子どもの成長に欠かせない基本的な人間関係のなかでも生じ、子どもの心身に将来にわたる深刻な影響を残す。さらに、子どものみならず、おとなもまた子どもの権利侵害を自覚するのが困難であり、子どもゆえに権利侵害の事実を伝えにくく、子どもが置かれた関係のゆえに顕在化しにくい。また、権利侵害に伴う自己肯定感の喪失など子どもの心と体に与える影響が大きいため、救済や回復にも困難が伴う。

こうした子どもの権利侵害の特質に鑑み、子どもの最善の利益が確保されるように、子どもが安全にかつ安心して相談し救済を求めることができ、子どもに寄り添いかつ子どもの立場に立ってその権利侵害を発見・調査し、子どもの声を代弁して子どもの救済と回復をはかり、子どもの権利侵害を予防する必要がある。

かかる目的を達成するために、市は、子どもオンブズパーソンを設置する。

2 組織・資格・任用・解職等

(1) 子どもオンブズパーソンは、人格が高潔で社会的信望が厚く、子どもに関して優れた識見をもち、子どもに理解と愛情をもって接することのできる者のなかから、市長が任命する。定数は、○○人とする。

(2) 子どもオンブズパーソンの任期は○○年とする。ただし、1期に限り再任することができる。

(3) 子どもオンブズパーソンは、別に定めるところにより、その職責にふさわしい報酬を受ける。

(4) 市長は、子どもオンブズパーソンが、心身の故障のため職務の遂行に堪えないと認める場合または職務上の義務違反その他子どもオンブズパーソンたるにふさわしくない非行があると認める場合は、解職することができる。

(5) 子どもオンブズパーソンは、国会および普通地方公共団体の議員、地方公共団体の長、その他の執行機関の委員および公務員、学校・施設等の教職員、政党その他の政治団体の役員と兼ねることができない。

3 職務および責任

(1) 子どもオンブズパーソンは、1の目的を達成するために、以下の職務を行う。

①子どもの権利侵害にかかわる問題について相談を受けること。

②相談活動等を通して、子ども自身による解決の取り組みを支援すること。

③子どもの権利侵害にかかわる問題を生じている関係の改善等にむけて調整を行うこと。

④子どもを、相談および申立て等を通じて発見された権利侵害から、本章で定める手だてを講じて救済すること。

⑤子どもに対する権利侵害が起こらないようにするために、その啓発につとめるとともに、必要な連携または調整を行い、もしくは制度改善を促すこと。

(2) 子どもオンブズパーソンは、子どもの権利の擁護者として、子どもの立場に立ちまたは子どもの声を代弁し、子どものために活動する。

(3) 子どもオンブズパーソンは、その地位を政党または政治的目的のために利用してはならない。

(4) 子どもオンブズパーソンは、職務上知り得た秘密を漏らしてはならない。その職を退いた後も同様とする。

4 市の機関および市民等の責務

(1) 市の機関は、子どもオンブズパーソンの独立性を尊重し、その活動に対し積極的に協力および援助するとともに、その勧告および意見表明または提言を尊重しなければならない。

(2) 市民および市内に学校・施設等を設置する者および市内で事業を営む者は、子どもオンブズパーソンの活動に協力する。

5 相談および申立て

(1) 子どもは、精神的あるいは身体的に苦痛を感じた場合、安全にかつ安心して子どもオンブズパーソンに相談することができる。子どもおよびおとなは、子どもオンブズパーソンに対して、市に在住しもしくは市にかかわる子どもの権利の問題について相談することができる。相談は匿名で行うことができる。

(2) 自分の権利が侵害されたと思う子ども、あるいは子どもの権利が侵害されたことを知った子どももまたはおとな、もしくは子どもを代理するおとなは、子どもオンブズパーソンに対して、市に在住しもしくは市にかかわる子どもの権利について申立てをすることができる。申立ては、口頭または文書で行う。

(3) 子どもが直接かつ容易な方法で、安全にかつ安心して相談および申立てができるように、市は、相談または申立ての窓口および方法を条件整備する。

(4) 相談または申立てをした子どももまたはおとなは、相談または申立てにより、どのような不利益も受けない。

6 調査

(1) 子どもオンブズパーソンは、次の方法により、子どもの権利侵害事案の調査を開始する。

①子どもオンブズパーソンは、5・(2)の申立てにより子ども本人の意思に基づいて、権利侵害の事案の調査を開始し、または市の機関に調査を求めることができる。

②子どもオンブズパーソンは、申立てがない場合でも、自らの判断により調査をすることが適当であると認めるときは、調査を開始し、または市の機関に調査を求めることができる。この場合、子ども本人の意思を尊重するものとする。

③子どもオンブズパーソンは、権利侵害の事案について調査を開始するときは、関係する者または市の機関にその旨を通知する。調査の必要を認めないために調査を開始せず、または調査を中止したときは、相談または申し立てた者にその理由を通知する。

(2) 子どもオンブズパーソンは、次の方法により、調査を行う。

①調査は、子どもの安全と安心を確保し、権利侵害により受けた子どもの被害が拡大しないよう配慮し、子どもの尊厳、名誉およびプライバシーを害しない方法により行うものとする。

②子どもオンブズパーソンは、調査を行うにあたり、その専門性に基づき、関係する市の機関に説明を求め、その保有する帳簿、書類その他の記録の閲覧もしくは提出を求め、または実地調査をすることができる。市の機関は、子どもオンブズパーソンによる調査に協力するものとする。

③子どもオンブズパーソンは、自らの専門性を発揮するとともに、必要があると認めるときは、その他の専門的または技術的な事項について、専門性を有する第三者に対し、調査、鑑定、分析等の依頼をすることができる。

④子どもオンブズパーソンは、市の機関以外の者によるまたは他の自治体がかかわる子どもの権利侵害について、それらに対し調査の協力を依頼することができる。

(3) 子どもオンブズパーソンは、調査の結果を子ども本人または保護者に通知する。

7 救済の方法

(1) 子どもオンブズパーソンは、次の方法により、子どもの救済を行う。救済は、6・(2)・①と同様の配慮をもって行うものとする。

①子どもオンブズパーソンは、子どもからの相談を受け、子どもに寄り添いかつ子どもの立場にたって子どもの救済と回復がはかれるよう、助言、支援、調整を行うとともに、必要に応じて他の機関を紹介する。

②子どもオンブズパーソンは、権利を侵害された子どもを速やかに救済し保護するよう、市の機関に求めることができる。市の機関は、子どもオンブズパーソンによる子どもの権利救済の要請に対し、速やかに協力するものとする。

③子どもオンブズパーソンは、子どもの権利の効果的な救済のために、市の関係機関が継続的連携をはかれるよう、関係機関相互の役割を調整する。

④子どもオンブズパーソンは、6の調査の結果、必要があると認めるときは、子どもの権利侵害状況を改善するために、市の機関に是正等の措置を講ずるよう勧告を行う。

⑤子どもオンブズパーソンは、6の調査の結果、必要があると認めるときは、子どもの権利侵害の再発を予防するために、制度改善等について市長に意見表明または提言を行うことができる。

⑥子どもオンブズパーソンは、市の機関以外の者によるまたは他の自治体がかかわる子どもの権利侵害について、子どもの権利救済のために、市の機関または他の自治体に協力を求めることができる。

(2) 子どもオンブズパーソンは、市の機関に対して、7・(1)・④による勧告または同⑤による意見表明または提言に基づいてとられた是正等の措置についての報告を求める。報告を求められた市の機関は、子どもオンブズパーソンに対し、是正等のためにとった措置について、報告を求められた日から六十日以内に報告する。子どもオンブズパーソンは、7・(1)・④の勧告、同⑤の意見表明または提言、市の機関がとった是正等の措置の内容について、相談者または申立人へ通知する。

(3) 子どもオンブズパーソンは、市の機関、または市の機関以外の者がとった子どもの権利侵害行為の是正が不十分であると認めるときは、権利侵害状態の是正または改善を促進することを目的に、子どもの権利侵害の事実ならびにとられた措置またはとられるべき措置について意見を述べ、必要に応じてその内容を市民に公表することができる。その場合には、子どものプライバシーの保護について最大限の配慮をするものとする。

(4) 子どもオンブズパーソンは、権利侵害を受けた子どもが身体的および心理的に回復し社会復帰できるよう、関係機関とすみやかに連携をはかる。

8 啓発および連携

①子どもオンブズパーソンは、子どもの権利侵害の予防、子どもの権利侵害からの救済および子どもの権利状況の改善、関係機関の連携等のために、子どもや市民、市の機関を対象とする広報、啓発活動を行う。

②子どもオンブズパーソンは、子どもの権利侵害の防止お

よび侵害からの救済のために、関係機関間および市民が日常的に連携をはかれるよう促す。
9　活動の報告
子どもオンブズパーソンは、毎年、その活動状況等について市長に報告する。この報告は、広く市民にも公表される。
10　専門調査員および事務局
①子どもオンブズパーソンの職務を円滑にかつ専門的に補佐するため専門調査員を置く。
②子どもオンブズパーソンの事務局を設ける

2　討議してきた主な論点とまとめにあたっての考え方

子どもの権利条例案の策定に関しては、これまで市民・子どもたちや多くの関係者からさまざまな意見をいただきました。「川崎市子ども権利条例検討連絡会議」と「同調査研究委員会」では、寄せられたこれらの意見を貴重な資料として審議を重ね、答申書のような内容をまとめることができました。まさに、市民との協働による条例案づくりといえます。

ここでは、これまでの審議経過の中で、どのようなことが論点となったのか、またその論点をどのように考え整理をしたのか、主なものを紹介します。

(1)　全般にわたって

〈まとめにあたっての考え方〉

・子どもの権利保障をすすめ子どもを支援する条例の趣旨にそった表現につとめた。
・子どもの意見表明や参加の権利保障、子どもにかかわる施策の推進、権利状況や施策の検証、子どもの救済等、子どもの権利保障を総合的にとらえ相互に補完しあうものとなるように全体を構成した。
・理念だけではなく、実効性のある内容になるようつとめた。
・川崎の実態をふまえ、川崎のこれまでの取組を生かし継承し発展していけるような内容をめざした。
・内容整理にあたっては、現行の法規、条約、条例等との整合性をはかるようにつとめた。

(2)　前文について

前文では、その後の章の前提となる総括的な子どもの権利観や子どもの権利保障の必要性や子どもの権利に関する条例を定める市および市民の決意等を内容としてまとめた。

①権利と責任の関係

これまでの審議の中で、「義務・責任」について各委員の間でも意見が分かれ、また、各区の市民集会や関係者との協議の中でも、さまざまな議論があり意見が分かれた。

論点の一つとしては、現在の子どもを取りまく状況や子ども同士の関係（いじめや少年事件等）を考えてみると、責任にも言及しないと他者の権利侵害を助長することにならないか、あるいは権利についての誤解や権利の濫用を生まないかという考え方があった。

また、「子どもは権利にみあう責任がとれないのだから、権利保障にも制限や限界がある」などの意見もあった。

一方、義務や責任にかかわる表記への反対意見は、そのような表現が子どもを萎縮させ権利行使の制約につながるのではないかという意見もあった。

また「おとなから子どもに責任を要求するという形ではなく、おとなであれ、子どもであれ、誰でも他者の権利は侵害してはならないし、相互の権利は尊重しあうことが大切であるという趣旨から、表現を検討していくことが必要ではないか」という意見もあった。


子ども委員会のまとめでは、「権利は自分だけに保障されているものではないので、隣りの子の権利も互いに守り尊重しあうことが大切だ」という表記を入れてほしいという要望が提出された。

② 「権利の全面的な主体」という表現をめぐって、あいまいでわかりにくいという意見や、二章の5と6の権利とかかわって誤解を与えるのではないかという意見がだされた。

〈まとめにあたっての考え方〉

・前文では、子どもの権利条約や国連・子どもの権利委員会の所見など国際的な水準をふまえ、子どもの権利についての考えかたを示すようにした。

・権利と責任の関係は、権利についての総括的な考え方を示すことになるので、前文の中でおさえる形をとった。

・権利と責任の関係については、子どもは権利の主体者であることを前提にしたうえで、子どもは権利の学習や権利を実際に行使する中で他者の権利を尊重する力や責任を身につけることができるという考えに立ち、あわせて、自分の権利と同様に他者の権利を相互に尊重しあうことが権利保障の取組では欠かせないという視点から内容の整理をした。

・「権利の全面的な主体」については、子どもをもっぱら保護の対象とした子ども観を転換し、保護にかかわる権利のみならず、権利行使の主体として市民的権利を含む権利が全面的に保障されるという、条約の子ども観や子どもの権利委員会の日本への勧告に基づいて規定している。

(3) 第一章について

この章では総則的な内容として、この権利条例の趣旨、子どもの定義、市と市民の責務、そして子どもの権利の日につき整理した。

① 対象年齢では、とくに十八歳、十九歳の扱いについて考慮できないかという意見があった。具体的には、十八歳、十九歳が少年と成人の狭間に置かれていることや、同じ高校や施設で生活していながら十七歳と十八歳で参加の権利等に差がつけられることにならないかという意見であった。なお、「児童虐待の防止等に関する法律」(平成一二年法律第八二号。以下、「児童虐待防止法」という。)では、〇歳~十八歳未満を児童としている。

② 「市民」の範疇について、住民として登録している者だけでなく、市で生活している者すべてが読み取れる表記がよいのではないかという意見があった。

③ 「子どもの権利の日」をいつにするかで、条例制定の日や子ども権利条約が国連で採択された日など、いくつかの案がだされた。

④条例に強い拘束力をもたせるには罰則規定を置けないかという意見もあった。

〈まとめにあたっての考え方〉

・「子どもの権利条約」にあわせ、〇歳～十八歳未満を対象年齢としたが、同じ高校や施設で生活する十八歳の扱いについては配慮が必要であるため、別に規則で規定することにした。

・「市民」とは、川崎市で生活している者を広く「市民」として表現した。

・「子どもの権利の日」については、世界の子どもともつながる記念日がよいと判断し、国連で子どもの権利条約が採択された日を想定している。休日としてではなく、子どもが自主的に取り組むことを含め、子どもの権利を考えあう日となればと考えている。

・子どもの権利に関する条例であることをふまえ、罰則規定は考えていない。罰則で取り締まるのではなく、権利保障のしくみや制度等を設け具体化することが権利保障につながると判断した。

(4) 第二章について

この章は、川崎における子どもたちの状況をふまえ、これまでの議論の中で表明された川崎の子どもたちの思いや願いを大切に受けとめ、とりわけ川崎の子どもたちにとって大切に尊重されるべき権利を宣言する形で整理した。従って、子どもの権利条約や憲法等で保障されている子どもの権利をすべてこの二章にまとめ列挙したものではない。二章をまとめるにあたっては、子どもたちの表現を参考にしている。

①権利についての表現が、子どもにとって受け身のものが多く、もっと子どもの主体的な表現ができないか。提示されている権利に重複もみられるという意見があった。

②乳幼児の権利については読み取りにくい、表現が弱いという意見があった。

③命を大切に生き続けていくことの意義や、自らの命の大切さと同時に他者の命の尊重について表現できないか、という趣旨の意見があった。

④「5 自分で決める権利」をめぐって、子どもがこの権利を行使するには無理があるのではないか、一人歩きをして混乱するのではないか、教職員などが対応できないのではないかという意見があった。これに対して、この権利は川崎の子どもたちの切実な願いであり、子どもたちとの意見交換のなかで出てきたものであるという意見や、この権利があることを子どもたちに伝えることが子どもへの支援になるという意見があった。また、自己決定にかかわる権利と意見表明権の関係整理が必要ではないか、また、子どもの年齢等との関係で、自己決定については一律に規定できないのではないかという意見もあった。

⑤「7 個別の必要に応じて支援を受ける権利」について、他にわかりやすい表現の工夫ができないかという指摘があった。また、個別の支援の必要な例として、どこまで個々のケースを具体的に例示すべきか、(例えば無国籍者、非行少年、HIV感染者、性的マイノリティ等）いろいろと議論があったが、

「障害のある子ども」「外国人（マイノリティ）の子ども」の権利保障については、具体的に明示すべきだという意見が多く、子ども委員からも「障害のある子ども」や「外国人（マイノリティ）の子ども」の権利は具体的に書き込んだほうがわかりやすいとの指摘もあった。子ども委員の意見には、明示することで「特別な子」と誤解されないようにしてほしいという要望もあった。

⑥不登校の課題についての項目の必要はないか、という意見もあった。

〈まとめにあたっての考え方〉

・この二章は、子どもの権利条約や憲法で規定している権利をすべて列挙しているものではなく、また、この二章にとりあげた権利だけが、他の章で使用している権利の定義でもないことから、章のはじめの部分に総論的な考えをおき、この章の位置づけの明確化をはかった。

・できるだけ権利の重複は避けるようにつとめ、子どもたちの意見も参考に、ここでは、子どもにとって大切な権利を1～7の項目に整理した。

・1～6までのタイトルは、子どもに理解でき生活の中で実感でき、そして一人一人の存在を認め、肯定する内容になるようつとめた。表現については、できるだけ簡潔な形で子どもたちの声をできる限り生かせるように工夫し、それを裏付ける法的な根拠を、おもに子どもの権利条約や憲法から引用するようにした。

・乳幼児に固有の権利保障を別途項目として表現できないか検討したが、この章や全体を通して乳幼児の権利も含んでいると考えており、また、三章との関連も考えて、独自の項目としては追加していない。

・命の尊重については、前文の「権利の相互尊重」の記述部分や、1の安心して生きる権利の部分で充当するものと考えた。

・自己決定、意見表明・参加にかかわる権利の整理については、5と6の内容の重複を避け5と6の統合も検討したが、子どもの自己決定や自己選択につながる道筋を大切にしたいという思いから、二つに分けて整理をした。

・「自分で決める権利」については、今の子どもたちにとって非常に重要な意義をもつこと、このことができるように支援することが大切であること、ならびに教育現場等において「自己選択」「自己決定」「自己責任」につながる教育実践が取り組まれていることなどを考慮して、「年齢と成熟に応じて」この権利を行使することを規定した。

・「障害のある子ども」「マイノリティの子ども」の権利保障については、7の「個別の必要に応じて支援を受ける権利」の中に位置づけ、項目として置いた。また、「障害のある子ども」「マイノリティの子ども」の他に、個別の支援が必要なケースも想定されるが、個々のケースを羅列することは避け、川崎市のこれまでの取組の成果をふまえ、また、子どもの権利条約にあわせ、「障害のある子ども」「マイノリティの子ども」の権利につき言及した。

・不登校の子どもの学習や居場所についてふれられないかという意見もあったが、「学ぶ権利」をはじめいくつかの権利に含意されており、また、この部分は施策や事業の展開の中で推進していくことがよいと判断し、項目としては置いていない。

(5) **第三章について**

この章では、子どもが生活している場における権利の保障のあり方や関係を、「家庭」「学校等の育ち、学ぶ施設」「地域」という三つの領域にわけ整理した。

①子どもの権利と保護者の関係について

子どもの権利保障にとって、親の責任や権利と子どもの権利の関係につき整理する必要があるとの指摘があった。乳幼児期には、子どもの代弁者であり権利の代理行使者でもある親が加害者になることがあるが、どのように規定できるのかという市民からの意見もあった。

②国の動向との関係から

親権や虐待防止にかかわる部分では、「児童虐待防止法」の内容をふまえる必要があるとの意見があった。

③育ち学ぶ施設と子どもの権利の保障に関連して、子どもの権利保障に果たす学校や施設の役割を示したいのか、学校や施設の職員の活動を支援する内容を考えているのか、子ども自身の活動の支援を考えているのか視点を明確にすべきではないかとの意見があった。

④情報公開にかかわる内容では、川崎市がすでに制度化している個人情報保護条例等との整合性をはかる必要があるとの意見があった。

〈まとめにあたっての考え方〉

・この章の構成は、「家庭」「学校や施設」「地域」のそれぞれが、子どもの権利保障に果たす役割や責務について示すとともに、保護者、教職員、地域住民等が子どもの権利保障のためにすべきこと と、そのための支援の内容等を示した。

・とくに「児童虐待防止法」の内容も参考にして、親と子どもの権利の関係や、虐待の定義、虐待の禁止と救済等の内容を整理した。また、子どもへの暴力・体罰がしつけや規律の名目でとらえられている傾向があり、「虐待および体罰」という表記をした。

・「育ち学ぶ施設と子どもの権利の保障」については、学校や施設の役割を示すとともに、そこでの教職員の活動の支援を含めて規定している。

・「情報の作成と開示」については、川崎の現行制度と調整のうえ規定している。

(6) **第四章について**

この章では、子どもの参加の権利の意義と参加を保障し支援するためのしくみについてまとめた。具体的なものとしては、川崎市子ども会議と学校や施設等への子どもの参加をおもな柱としている。

①「川崎市子ども会議」について

川崎市のこれまでの取組を生かし発展させる方向で検討してほしいという意見が関係者から強くだされ、これまで行政区や中学校区で自主的に進められてきた「子ども会議」との関係をどのように整理するのかが課題として指摘された。

一方、今の子ども会議では、話し合ったことがそのままになってしまうので、ぜひ市が受けとめ応えていくようなしくみに発展させてほしいという意見もあった。

また、単に市への意見要望のための会議としてではなく、参加し活動するなかで子ども自身がともに成長し、課題解決の力をつけていくことのできるようなものであってほしいという意見もあった。

②「学校・施設等における協議会」について

学校関係者からは、新たなしくみが次々と増え続けることで負担が増えるだけにならないかという懸念の声が強く、新たなしくみを設置するには、既存のしくみを整理しないといけないのではないかという意見もあった。

この協議会的なしくみは、子どもの参加権の保障を促進する意味から検討してきたものであるが、子どもの年齢や学校の種類、保育所、児童養護施設等によっても形態が種々異なるのではないかという意見もあった。

なお、学校における子どもの自治的、自主的活動や日常生活での子どもの参加の促進がはかられ、ここでの「協議会」と連動するようにしないと、単に組織だけつくっても形骸化しないかという指摘もあった。

〈まとめにあたっての考え方〉

・川崎市子ども会議は、自主的・自発的な活動が重要であり、ここでは、その位置づけ、役割、条件整備などについて大枠だけの提示にとどめている。設置にあたっては、川崎市のこれまでの取組をふまえ、発展させていくようなしくみにしていくことが今後の課題である。

・学校・施設等における協議会については、子どもの参加の権利を促進することをねらいとしながらも、子どもや保護者、地域住民等が教職員と一緒になって、よりよい学校や施設づくりをめざし、支え合い、課題を担いあい解決をはかっていけるようなものとして考えた。この協議会も、川崎市のこれまでの取組をふまえ、学校や施設等に応じた内容となるようにしていくことが今後の課題となる。そして、協議会が設置されることでそこでの協議内容等が、子どもたちの日常生活上の諸活動や協議会の構成員のそれぞれの活動等にも反映され生かされることを期待している。

(7) 第五章について

この章では、子どもの権利保障にとって市の施策が重要であることから、子どもにかかわる施策の基本指針や行動計画の策定や実施にあたっての基本理念と施策の推進体制の整備等につき示した。

①五章と六章は主に行政の施策にかかわることから、一緒にまとめて整理してはどうかという意見があった。

②子どもにかかわる行動計画の策定等にかかわる部分の表記では、市で用いている用語との整合性を図る必要性が指摘された。

③学習・研修については、子どもにかかわる専門職員にとって研修が必要なだけでなく、当事者である子どもたち自身が権利について学習し、自分たちの課題を考え合っていくことの必要性や意義が子ども委員から意見としてだされた。

〈まとめにあたっての考え方〉

・この五章は六章と一緒にまとめられないかという意見については、五章は子どもにかかわる施策を推進する行政の条件整備につき整理し、六章では、第三者的な立場から子どもの権利状況や施策を調査・検証していくしくみを示し、二つの章として独立させる方が子どもの権利保障に貢献すると判断した。

・五章では、行政が子どもの権利保障をすすめていくうえでのポイントを示した。
・五章で検討していた子どもに関する計画策定のための「審議会」については、複数の審議機関の並立を避け、当初の「審議会」で想定していた機能の部分は、六章で設置を検討している「子どもの権利委員会」が担う形で統合させた。
・子ども委員からの指摘もうけ、子ども自身が権利について学習することを支援する内容を設けた。
・子どもの権利保障の取組は行政だけでまかないきれるものではなく、市民全体にとっての課題でもあり、また市民と行政が相互の役割を果たしていくことが重要であることから、市民活動との連携について示した。

(8) **第六章について**

この章では、市における子どもの状況や子どもにかかわる施策を、行政や市民との対話をするなかで子どもの権利の観点から検証し、市長に答申や意見具申をする第三者機関として「子どもの権利委員会」の設置につき示した。

①子どもの権利委員会の具体的な活動内容がつかみにくいという意見があった。

②既存の審議機関（例えば、児童福祉審議会、青少年問題協議会等）との機能や役割の関係を整理し、子どもの権利委員会の役割を明らかにすることが必要であるとの指摘があった。

〈まとめにあたっての考え方〉

・子どもの権利委員会は、行政施策の検証とともに、幅広く川崎市の子どもたちをとりまく地域社会や家庭においても、子どもたちの権利状況をどのように改善していけばよいのか、一緒に課題として考え合っていく素材をとりまとめ提供していく審議機関として位置づけている。
・子どもの権利委員会は、〇歳～十八歳未満の子どもの教育、福祉、青少年活動、少年司法等にかかわる総合的な分野につき検証していく機関と位置づけ、審査の基準等になる法令としては主として子どもの権利条約を考えている。
・既存の審議機関（児童福祉審議会、青少年問題協議会等）とは異なる役割を果たし、相互に補いあい連携し、市の施策の充実にむけて提言できるような機関として機能していくことを考え、職務内容を整理した。

(9) **第七章について**

この章では、子どもの救済にあたる子どもオンブズパーソン制度を示した。

ただし、川崎市には十年前から「市民オンブズマン制度」がスタートしており、現在この制度を人権救済の機能を備えた「統合的市民オンブズマン制度」として再編していくことが検討されており、子どもオンブズパーソンもその中に組入れる方向で制度研究がなされている。

従って、七章に示した内容は、単独で子どもオンブズパーソンを設置する場合の考え方を示したものであり、条例の条文にどこまで書きこんでいくかは今後の調整が必要である。

①子どもの救済にあたる機関として制度化するにあたっては、

子どもの特性に応じた固有のしくみとしてどのような考え方、職務、権限等が必要か、いろいろ議論となった。
②民間機関や家庭等にどのように子どもオンブズパーソンが入っていけるか、この点は、権利条例全体にもかかわる課題としてつめていく必要があるとの指摘があった。
③論点というより、市民等からの要望として次のようなものがあった。
・既存の機関との調整方法を現場との協議を重ね要綱には明記してほしい。
・子どもオンブズパーソンと子ども権利委員会のメンバーは公募してほしい。
・子どもオンブズパーソンと専門調査員の配置は大変評価できる。
・避難してきた子どもを守ることは法の枠内でないとむりではないか。
なお、子ども委員会の中では、本人が申立てをしないのに子どもオンブズパーソン自身の考えにより調査を開始できるのは子どもの権利侵害にならないか、という疑問が出された。
④「児童虐待防止法」の内容との整合性をはかる必要性があるという指摘もあった。

〈まとめにあたっての考え方〉

・子ども固有の救済のしくみが必要であり、子どもが安心して相談や申立てができ、その中で子どもが力をつけ、また、必要に応じて速やかに救済・保護され、個々のケースを通じた教訓から勧告・提言にもつながるしくみとして検討してきた。おとなとは異なる子どもにとっての救済という視点が、子どもオンブズパーソン制度をつくりあげるうえでは欠かせないと考えている。
・職務や権限等につき、現行の市民オンブズマン条例と重複する部分が多いが、省略せずに示した。
・子どもの権利条例案の内容としてどこまで書き込むかは、市で現在すすめられている「統合的市民オンブズマン制度」の検討と並行して今後調整していく必要がある。
・既存の児童相談所等とどのように連携していけるか、また、他の相談機関との調整等につき、さらに細部の検討が必要になる。
・子どもオンブズパーソン制度ができたとしても、それだけで問題が解決するわけではなく、子どもの救済にあたっては、やはり子どもの近くにいる者が生活の中でどのように子どもを支えていくか、子ども自身がどのように力づけられ回復していけるか、そのための調整役として子どもオンブズパーソンがどのように関係機関と連携しながら機能していけるかということが大切である点をおさえたい。

3 条例制定にあたっての留意事項

今後、子どもの権利条例の制定にあたっては、主に次に示す事項に留意することが必要となります。

(1) 川崎市の現行制度との調整

①市民・子ども参加による条例案づくりであることをふまえて

ここに示した子どもの権利条例の骨子案は、市民や子どもたちの参加をはかり、市民や子どもにかかわる多くの関係者の意見を参考にし、あるいは反映しながら、市民とともに考え合いまとめたものです。

内容としては、子どもを権利行使の主体者として位置づけ、川崎の子どもの権利を理念的にまとめた権利宣言であると同時に、権利保障のための新たなしくみや制度も含んでいる総合条例をめざしたものとなっています。

このような条例の内容と策定方法は全国でも例がなく、また、川崎でも初めての試みであり、条例案の策定過程に意味があっただけではなく、そういう経過の中でまとめられた内容であることにも大きな意義があると考えています。

従って、この答申を受けて実際に条例を制定する際には、このような内容と策定経過の中で条例骨子案がまとめられたという、従来の条例づくりとは異なっている点に十分配慮していただくことを望んでいます。

②現行制度との調整

【市民オンブズマン条例、統合的市民オンブズマン制度との調整】

川崎市では、市民オンブズマン条例が制定されて以来十年余が経過し、この間の著しい社会状況の変化等を背景として、市民オンブズマンには、現行の市政に関する苦情処理機関としての機能のほかに、市民間での差別や虐待などに対する抑止や調整といった新たな役割が求められてきております。

これらをふまえ、市では一九九九年から、既存の市民オンブズマンのほかに新たに人権に関する専門オンブズマンとして、男女平等、子ども等にかかわるオンブズパーソンを設置することを中心とした統合的オンブズマン制度について検討がすすめられております。

本答申において言及している子どもオンブズパーソンの設置については、子どもオンブズパーソンが単独で設置された場合に必要と考えられる事項を掲げておりますが、既に進められている統合的オンブズマン制度の検討の中にこの主旨が反映され、さらに実現されるよう十分な調整が必要となります。

【情報公開条例、個人情報保護条例との整合性】

本答申においては、学校・施設等における子どもにかかわる情報の作成と開示や、運営および諸活動に関する説明の必要性等について、市の現行の制度をふまえたうえで言及していますが、子どものプライバシーの保護の観点からも、現行の情報公開条例や個人情報保護条例との整合性をさらに確保していくことが必要となります。

(2) 他の権利にかかわる法規等との関係について

子どもの権利条例は、子どもの権利条約にのっとり、川崎市における子どもの権利を保障するために必要な基本的な事項を明らかにすることを主旨としておりますが、その運用にあたっては、既存の法規等との関係についてさらに整合性をはかるよう配慮が必要となります。

(3) 全庁的な取組を生かして

子どもの権利条例は、川崎市が実施する事業等との関係において、ある特定の分野だけではなく広範囲に各局が実施する事業等にもかかわるものとなります。また、その範囲は行政内に止まるものではなく、行政以外の関係機関にも及ぶものとなります。

そのため、制度化にあたっては、行政内においては、各局における現行の事業内容や事務の所掌範囲等について慎重かつ十分な調整が必要であり、運用において各事業が円滑に推進されるよう配慮するとともに、行政以外の関係機関との連携、調整をあわせてはかっていかなければなりません。

この意味では、子どもにかかわる施策を全庁的に調整していく新たな部署の役割がきわめて重要なものとなります。

おわりに

近年、子どもたちをめぐる事件報道が相次ぎ、それにかかわって子どもの問題をさまざまな観点から解き明かそうとする取組を目にする機会が多くなっています。今回の子どもの権利条例づくりは、川崎の子どもたちに対する、いまそして将来への解決の方向性を示したものです。

子どもが一人の人間として、かつ未来の社会の担い手としてかけがえのない価値と尊厳をもつ存在であるからこそ、これらを社会全体の問題として受けとめ、子どもの人権保障の重要性を再認識し、子どもたちが明るく元気に、そして主体的に活躍できる土壌づくりのために、行政や関係機関だけでなく市民の総意のもとで的確な対応をはかっていくことが求められています。

本答申は、こうした状況をふまえ、子どもたちにかかわる多くの課題は、子どもの権利保障という視点を市民全体で共有化し、かつ深めていく中からその解決がはかられるとの基本的考えのもとで、子どもの権利保障のあり方について述べたものです。

本検討連絡会議は、本答申で明らかにした諸提言について、市が真摯に受けとめ、制度化に向けて誠実に取り組むとともに、組織体制の整備や必要な財源の確保等につとめ、市民さらには子どもたちの期待に的確に応えるよう強く要望したいと思います。

また、制定後の子どもの権利条例を実効あるものにしていくには、市と市民との協働作業が必要不可欠であり、市と市民がそれぞれの役割を果たしながら、豊かな関係性を地域の中に築きあげ、次代を担う子どもたちの権利保障の実現に向け取り組んでいくことを期待しています。

また、このような取組が川崎の未来につながっていくものと確信しています。

川崎市子どもの権利に関する条例

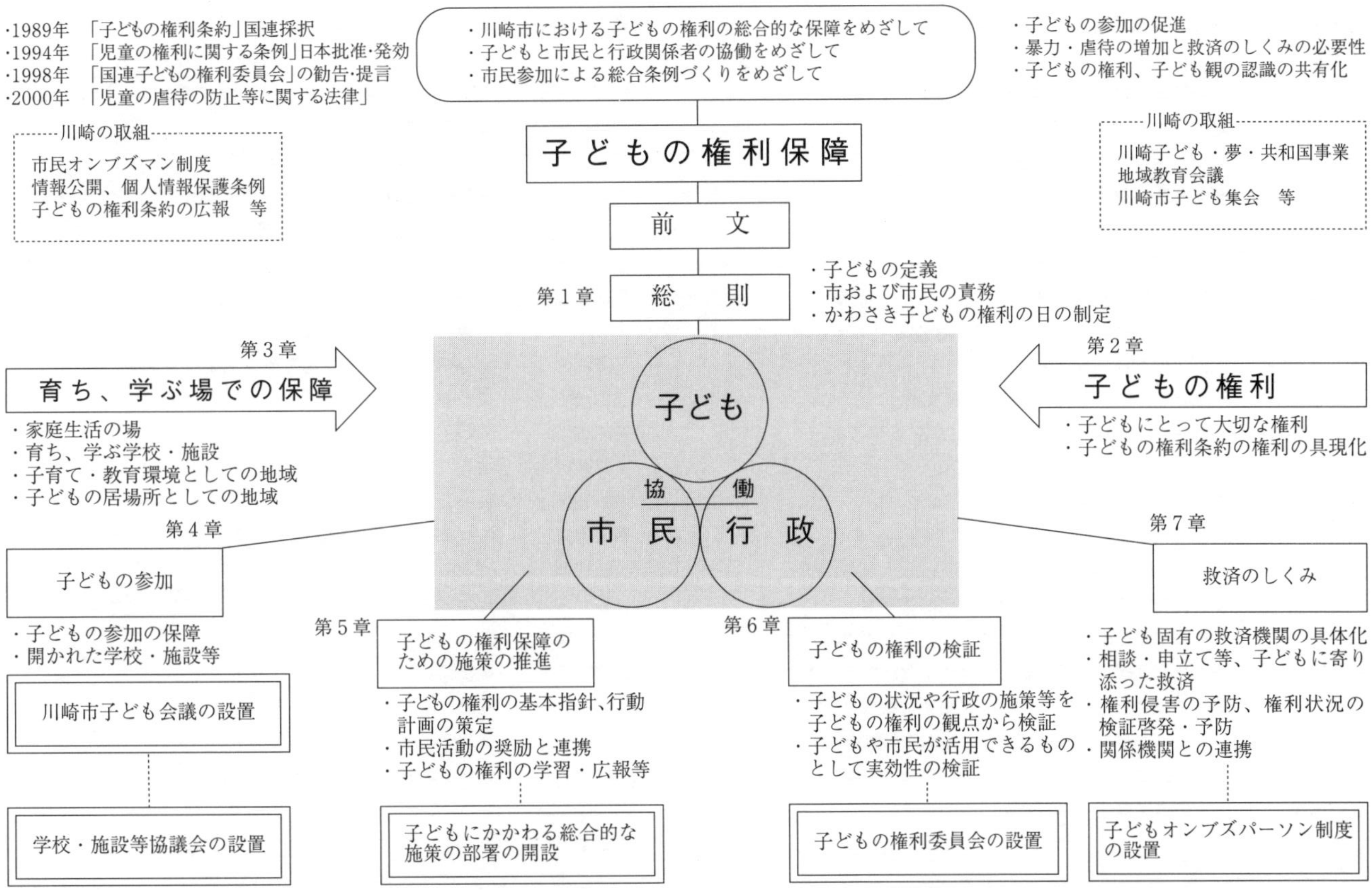

・1989年 「子どもの権利条約」国連採択
・1994年 「児童の権利に関する条例」日本批准・発効
・1998年 「国連子どもの権利委員会」の勧告・提言
・2000年 「児童の虐待の防止等に関する法律」
川崎の取組
市民オンブズマン制度
情報公開、個人情報保護条例
子どもの権利条約の広報 等
・川崎市における子どもの権利の総合的な保障をめざして
・子どもと市民と行政関係者の協働をめざして
・市民参加による総合条例づくりをめざして
・子どもの参加の促進
・暴力・虐待の増加と救済のしくみの必要性
・子どもの権利、子ども観の認識の共有化
川崎の取組
川崎子ども・夢・共和国事業
地域教育会議
川崎市子ども集会 等
子どもの権利保障
前 文
第１章
総 則
・子どもの定義
・市および市民の責務
・かわさき子どもの権利の日の制定
第３章
育ち、学ぶ場での保障
・家庭生活の場
・育ち、学ぶ学校・施設
・子育て・教育環境としての地域
・子どもの居場所としての地域
子ども
協 働
市 民
行 政
第２章
子どもの権利
・子どもにとって大切な権利
・子どもの権利条約の権利の具現化
第４章
子どもの参加
・子どもの参加の保障
・開かれた学校・施設等
川崎市子ども会議の設置
学校・施設等協議会の設置
第５章
子どもの権利保障のための施策の推進
・子どもの権利の基本指針、行動計画の策定
・市民活動の奨励と連携
・子どもの権利の学習・広報等
子どもにかかわる総合的な施策の部署の開設
第６章
子どもの権利の検証
・子どもの状況や行政の施策等を子どもの権利の観点から検証
・子どもや市民が活用できるものとして実効性の検証
子どもの権利委員会の設置
第７章
救済のしくみ
・子ども固有の救済機関の具体化
・相談・申立て等、子どもに寄り添った救済
・権利侵害の予防、権利状況の検証啓発・予防
・関係機関との連携
子どもオンブズパーソン制度の設置

◎委員名簿（二〇〇〇年六月一日現在、参考資料より抜粋）

川崎市子ども権利条例検討連絡会議委員名簿（◎座長　○副座長）

阿部裕子　「かながわ女のスペース〝みずら〟」事務局長
喜多明人　早稲田大学教授（教育法学）
小林育子　聖セシリア女子短期大学教授（保育学）
佐藤司　神奈川大学教授（憲法学）
◎篠原一　東京大学名誉教授（政治学）
坪井節子　弁護士・日弁連子どもの権利委員会委員
東郷良尚　財団法人日本ユニセフ協会専務理事
○牧柾名　駿河台大学教授（教育学）
吉田恒雄　駿河台大学教授（民法・児童福祉法）
神戸加代子　里親・身体障害者作業所運営
黒田俊夫　人権擁護委員（子どもの人権専門委員）
佐野愛子　中原中学校区地域教育会議事務局長
中島忠三　子どもの人権推進協力者会議代表
成田真由美　パラリンピック金メダリスト
西田保　高津区地域教育会議議長
廣田健一　川崎市ＰＴＡ連絡協議会会長
マウゴジャータ・ホソノ　第一期川崎市外国人市民代表者会議副委員長
宮田進　川崎市人権尊重教育推進会議代表・小学校長会会長
小島國良　小学校長会代表（小学校長会人権教育委員会委員長）
山木利之　小学校長会代表（小学校長会人権教育委員会委員長）
菊池武熙　中学校長会代表（中学校長会人権教育推進委員会委員長）
大久保忠　中学校長会代表（中学校長会人権教育推進委員会委員長）
吉田正和　川崎市教職員組合執行委員長

川崎市子ども権利条例調査研究委員会委員名簿

（◎座長　○副座長　☆世話人（起草委員））

荒牧重人☆　山梨学院大学教授（憲法・国際人権法）
◎喜多明人☆　早稲田大学教授（教育法学）
田中雅文　日本女子大学助教授（生涯学習）
野村武司☆　獨協大学助教授（行政法・情報法）
○吉田恒雄☆　駿河台大学教授（民法・児童福祉法）
安藤由紀　グループＣＡＰ代表
西野博之☆　フリースペース「たまりば」代表
朴栄子　川崎市ふれあい館職員
牧岡英夫　社会福祉法人神奈川県川崎愛泉ホーム主査
山村藤子　市立幸町小学校教諭
米田信一　市立下沼部小学校教諭
石垣喜久雄☆　市立川崎総合科学高校定時制教諭
大平年光　市立中野島中学校教諭
樋口安成　市立富士見中学校教諭
飯塚信吾　高校一年生
大槻徳子　高校三年生
片山千鶴　中学三年生
後藤寿治　高校二年生
諏訪有香　高校三年生
田森紀士　高校一年生
脇島和哉　高校一年生・子ども委員会委員長
山田奈津帆　高校三年生
吉岡麻由美　高校一年生

資料④　学校教育推進会議関係

a.「学校教育推進会議」試行のための指針

二〇〇一年三月六日　川崎市教育委員会通知同川教指第一七八七号

1　試行の趣旨

市立学校（園）に、平成一四年度に学校教育推進会議を設置するにあたって、その円滑な導入を図るための試行を平成一三年度中に実施するものである。

2　学校教育推進会議の設置目的等

学校教育推進会議は、より一層開かれた学校（園）づくりの推進を図るため、学校（園）の運営等について、保護者、地域住民、幼児・児童・生徒、教職員、有識者等の意見の聴取とその説明等を行い、ともに協力し支え合うために学校（園）に置くものとする。

具体的な位置付けとしては、学校教育法施行規則上の学校評議員的な機能及び、平成一三年四月一日から施行される「川崎市子どもの権利に関する条例」第三三条の「より開かれた育ち・学ぶ施設」における「定期的に話し合う場」としての機能の両者を有するものとする。

3　委員の構成等

(1) 委員は、校長（園長）のほか次に掲げる各分野から校長（園長）が選定するものとする。

①幼児・児童・生徒
②保護者
③学区域住民
④教職員
⑤その他校長（園長）が必要と認めた者

(2) 委員の人数は、一〇名程度とする。
(3) 委員の任期は、試行期間中とする。
(4) 委員への謝礼は無償とする。

4　委員の役割

委員は、校長（園長）の説明等に応じて意見を述べることを基本とし、より一層開かれた学校（園）づくりの推進を担うものとする。

5　運営及びその配慮事項

校長（園長）は、設置目的を達成するために、学校の創意工夫のもとに次のことを配慮する。

(1) 学校教育推進会議の運営にあたっては、委員の意見を聴くなどその在り方及び意見を求める方法等について検討するものとする。

(2) 幼児・児童・生徒については、年齢や成熟にふさわしい参加の在り方を配慮するものとする。

b．「学校教育推進会議」試行のための留意事項

二〇〇一年三月六日・川崎市教育委員会通知、同川教指第一七八七号

1　指針の2「設置目的等」について

(1)　「学校評議員的な機能」とは

学校教育法施行規則第二三条の3に定める「学校評議員」の設置趣旨である「より一層地域に開かれた学校づくり」の推進及び、保護者をはじめとする地域の意向の反映と協力を図り、更に、学校、学校（幼稚園を含む。以下同じ。）の状況の周知と、学校としての説明責任を果たすための機能をいう。

(2)　「定期的に話し合う場としての機能」とは

平成一三年四月施行の川崎市子どもの権利に関する条例第三三条「より開かれた育ち・学ぶ施設」に定める

『施設設置管理者は、子ども、その親等その他地域の住民にとってより開かれた育ち・学ぶ施設を目指すため、……施設における運営等の説明等を行い、……施設の職員とともに……施設を支え合うため、定期的に話し合う場を設けるよう努めなければならない。』

の趣旨を受け止めるものである。

(3)　「学校の運営等について」とは

課題は各学校の事情や考え方等によってそれぞれ異なるが、具体例としては次のようなものが想定される。

①学校教育目標、教育計画について
②学校行事、その他の教育活動全般について
③学校・地域等の教育環境についての相互理解と連携について
④その他、学校運営上必要なことについて

2　指針の3「委員の構成等」について

(1)　構成される委員については、次のような考えによるものとする。

①の「幼児・児童・生徒」について、幼稚園、聾・養護学校においては校種の状況によって卒業（卒園）生等を委員とすることもできるものとする。

④の「教職員」とは、校長以外のすべての常勤職員をいう。

⑤「その他校長が必要と認めた者」とは、学区域内外の有識者等で校長が必要と認めた者をいう。

(2)　委員の人数について、特に幼児・児童・生徒については十分発言できるような人数を確保する等、構成人数等に配慮することとする。

3　指針の4「委員の役割」について

校長は学校運営等についての説明責任を果たすとともに、他の委員の役割がより一層開かれた学校づくりの推進を図るために学校運営にかかわっての意見を述べるものであることから、その委員に対して、会議の設置目的等が十分に理解されるよう配慮すること。

4　指針の5「運営及びその配慮事項」について

校長は、開催目的を達成するために、その運営形態、回数、出席委員等について、その時の学校運営上の課題にふさわしい方法等を工夫する。

(1)　課題等によって、委員を個別に、または一堂に会するなど適切な形態で実施する。特に、条例上の「定期的に話し合う場」の趣旨からも、幼児・児童・生徒を含んだ全体会の開催に配慮する。

(2)　保護者等への説明や情報公開等の点から、会議開催の形態を問わず開催内容について一定の記録をすることが求められる。当該記録の作成にあたっては、円滑な運営等を図る上から委員以外に記録者を置くことができる。

(3)　課題等の状況に応じて、委員以外の関係者（幼児・児童・生徒を含む）を出席させることができる。

5　その他

(1)　試行の実施にあたっては、所属職員と十分に協議を行い、学校全体としてより一層開かれた学校づくりに資する学校教育推進会議の設置に努める。

(2)　当会議の試行にあたっては、学校として会議の趣旨・課題等について保護者、幼児・児童・生徒等に対してその経過や取り上げられた話題等について、学校だより発行等の広報活動をとおして、広く伝わるよう努めるものとする。

▼川崎市子ども会議準備委員会の活動

(仮)準備委員会NEWS

川崎市子ども会議
準備会事務局
〒210-0006
川崎市川崎区宮本町6
TEL:044(200)3309
担当:準備委員
石川.春成
NO.1

第1回☆子ども会議準備会さっ!

★プログラム★

- はじめの言葉 …事務局中野さん
- なかよくなろう!
- 自己紹介ゲーム
- グループで自分のことを伝えよう。 → 和泉亜沙子さん
- 川崎子どもの権利条例を学ぼう! …嶋津絢子さん

～休けい・質問タイム～

- 質疑応答 …市民局小宮山さん
- 子ども会議を話し合う計画をたてよう! …事務局保科さん
- その他の連絡…事務局保科さん
- おわりの言葉 …事務局夏井さん

※司会 …事務局山田(雅)さん
記録…事務局 佐藤さん

はじめに…。

2001年6月3日(日)、中原区にある"生涯学習プラザ"にて第1回、川崎市子ども会議準備会がありました。

始めてなのに、けっこうムードはなごやかで、意見の言える人がうじゃうじゃ(?)いるらしいです。

それにみなさん意見をかなり言っていましたので、そりゃぁ…すっきりするような会になったのでは?…(前おき長すぎてごめんなさい…)

はじめのコトバ

中野さん…。みなさんは始めてでしょう。けっこうハンサムなお方です。(本当に)中野さんの言った言葉、覚えていますか?そして、あの言葉にこめられた中野さんの意味、分かることができましたか???

"なかよくなろう"～自己紹介ゲーム、グループで自分のこと伝えよう～

さぁ～今回は始めての会、なのでまだみなさん、お互いのことをよく分かっていません。なので、まずはかるく"自己紹介ゲーム"をやって、なかよくなり、準備委員の団結力をもっとすごくしよう!と言うことで、和泉亜沙子さんが司会になって楽しみました。やったゲームとは「4つの部屋」と「色おに」が少しアレンジされていて、色ではなく"物"をさわる、と言ったゲームをやりました。そして、「みんな自分の意見をはっきりと言える!」ことを知ったのも、このゲームがなかったら知っていなかったんです!そして、あだ名をつけられる子も出てきて大いにもりあがり、みんな仲良しになれたような気がします。

川崎市子どもの権利」条例を学ぼう!

「権利」条例」とは何か? 知らない委員や名前しか知らない委員がたくさんいたので勉強しました。まず始めに大平さんの作ったビデオを見ました。その中に私もいた～♥ってはしゃぐ人もいました。そして次は内容の説明を詳しく嶋津さんがしてくれ、そして休憩へ…。しかし、その休憩と言うものはかなりすごいものとなったんです。この休憩とは別名"質問タイム」と言ってもよいほど質問がとんでいったのではないでしょうか。みんな「意地」になりそうな感じで質問したり…。とても楽しい一時ですね。

質問内容・応答タイム!

そして休憩も終わり、ここからがみんなの分からないことを優しく教えてくれるおじさん、市民局の小宮山さんの登場です。やっぱり優しくおしえてくれ、期待をうらぎらない小宮山さん…。きっとみんなかっこよく見えたと思います。それでは質問内容と応答です♥

☆子ども会議とは。準備会とはどんなことをするのか。具体的な内容について。

A.子ども会議の必要な理由…(4つの権利がある etc…。)
しかし、大人が設定しまっては子ども達の意見が聞けない。
その為、この準備会を設定して、一緒に作ろうとしている。

▼各地区の子ども会議の活動

4

住吉中学校区
地域教育会議広報 お知らせ号

住吉中学校区
子ども会議

- 平成13年12月15日(土)
- 午後2時より
- 住吉中図書室

テーマ すてきなまち(住吉)づくりのために わたしたちができること パート5

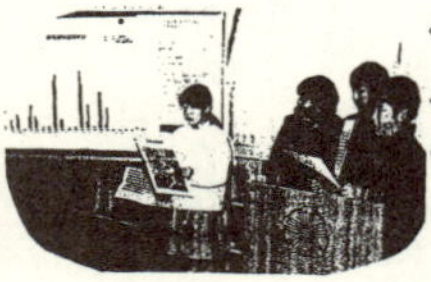

◇今年度は、住吉中・苅宿小・木月小東住吉小の順に、各学校で取り組んできたことを中心に発表します。(左の写真のような感じです)
◇各学校の発表のあと、意見交換を行いますが、毎年特に、小学生が活発な意見を出してくれます。
◇どなたでも参加できます。多くの方々の参加をお待ちします。

<学校紹介>
東住吉小学校
「輝け笑顔がまぶしい東住っ子」

広い校地、豊かな緑に囲まれた本校は、普通学級13、障害児級3、各区に一校あることばの教室と学童ホールが併設された児童数403名、職員数34名の学校です。

今秋10月には、子どもたちのアイディアいっぱいの「子ども祭」、11月にはPTAが主催となっての「ふれあい祭」がありました。一つひとつの行事に子ども、保護者、地域、職員が一体となって取り組んでいます。また、総合学習へ向けての取り組みも早く、保護者、地域の方々の協力を得ながら活動しています。

昨年、創立50周年記念式典を終えました。今年は、校庭・運動場の全面改修がありましたが、9月にはその工事も終了し、広々とした校庭・運動場で子どもも地域の方々も伸び伸びと体を動かしています。

(樋口 彰)

平成13年度 第2号 (議長)伊佐山 紀士 (事務局)住吉中学校 ☎411-3358 1

住吉中学校区
地域教育会議広報 H13.12.1

子育ては楽しい 子育てアンケートまとまる
高い関心、なんと回収率78.7%

全集計とまとめを、ご協力いただいた皆さんにお配りいたします。ありがとうございました。

- ●調査年月日 2001(平成13年)9月初旬に配布、約1週間後に回収
- ●調査対象等 住吉中学校保護者、調査数361名、回収数284名、回収率78.7%
  回答者 母親91.5%、父親6.3%、その他2.2%
  ※兄弟姉妹がいる場合は、上の子息で回答してもらいました。
- ●調査目的 地域に在住する方々の教育に対する意識を把握することを目的として、第1段階の作業として、住吉中学校の保護者の方々にアンケートを実施し、今後の活動の方向性をさぐる基礎資料を得たい。
- ●調査母体 住吉中学校区地域教育会議調査委員会(項目作成・集計・まとめ等)

(多い順に記載)

(1) あなたが子育てをする上で心がけていることを5つ選んでください。	☞・あいさつなど最低限の行儀を身につける・人に迷惑をかけない・思いやりを持てる
(2) 現在、お子さんはあなたの期待通りに育っていますか。	☞・性格・礼儀マナー・友達関係では、80%以上 やる気・勉強の面では、約60%が期待通り
(3) 子育てをする上で、困っていること	☞・生活習慣・進路・勉強・乱暴な言葉や反抗的

〈その中で特に悩んでいること〉 勉強しない・成績が悪い・授業についていけない・意欲が感じられない・受験生として自覚が足りない・進路が決まらない・希望校に行けるかどうか不安・目標がなくダラダラしている、朝起きない・起きてもぐずぐず・夜更かし・寝不足、リラックスしてつき合えない・性格的に友人が出来にくい・友人に振り回されているようだ信頼出来る友人がいないようだ、部活動や塾で忙しい・話す時間がなく何を考えているか分からない・仕事が忙しい、テレビゲームやパソコンばかり、朝起きてから頭痛や腹痛を訴える、反抗的な言葉をいう・言うことを聞かない・親と一緒にいるのを嫌がる 等々。

(4) お子さんから悩みや相談事を打ち明けられることがありますか。	【よくある・時々ある】	男子50%・	女子79%
	【ほとんどない・ない】	男子47%	女子18%
(5) 学校から帰ってきたあと、どのくらい会話をしていますか。	【毎日のように(時々・少し)話をする】	男子59%	女子80%
	【あまり話をしない】	男子36%	女子17%

〈主な話題は何ですか〉 【男子】テレビ・部活動・友人 【女子】部活動・友人・テレビ

資料⑥ 子ども向け権利学習教材（川崎市人権尊重教育推進会議、二〇〇一年発行）

小学生版

中学生・高校生版

こんなときどうしたらいいの？

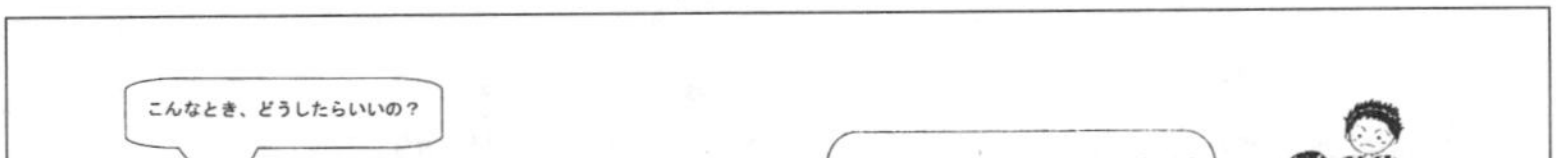

こんなとき、どうしたらいいの？

母《はは》は、いろんなことに口《くち》を出《だ》しすぎる。友《とも》だちのことも、「今《いま》、だれとつきあっているの？」「どんな子《こ》なの？」などとしつこい。この前《まえ》も、友《とも》だちとの交換日記《こうかんにっき》を勝手《かって》に見《み》て、「あんなことを書《か》く子《こ》とつきあってはだめよ。」なんて言《い》われた。私《わたし》のこと、心配《しんぱい》しているんだっていうことは、わかるけど、私《わたし》にだってプライバシーはあるんだ。すごくいやな気持《きも》ち。こんなとき、どうしたらいいの？

私《わたし》は、小学校《しょうがっこう》1年生《ねんせい》から4年生《ねんせい》までアメリカで生活《せいかつ》したので、日本語《にほんご》がまだよく理解《りかい》できない。友《とも》だちの話《はな》すテレビの話題《わだい》もついていけない。一番悩《いちばんなや》んでいるのは、私《わたし》が意見《いけん》を言《い》うと、友《とも》だちから「お前《まえ》、生意気《なまいき》だ。」とか「来《き》たばっかりのくせに言《い》い過ぎなんだよ。」と言《い》われてしまう。みんなに合《あ》わせないとだめなのかなあ。

私《わたし》が疑問《ぎもん》に思《おも》うことは、家《いえ》で「女《おんな》の子《こ》なんだから、手伝《てつだ》いをしなさい。」とよく言《い》われることです。お兄《にい》ちゃんには言《い》わないのに、どうしてですか？学校《がっこう》でも、そうじは女《おんな》の子《こ》にまかせている雰囲気《ふんいき》があるんです。男《おとこ》の子《こ》は、サボっていてもしかたないんですか？女《おんな》の子《こ》が少《すこ》しおしゃべりしていると、「女《おんな》のくせに、そうじさぼるなよ。」って言《い》うのおかしいと思《おも》いませんか？

男《おとこ》の子《こ》も「男《おとこ》のくせに」っていわれたら、いやじゃありませんか？

2

私《わたし》は、友《とも》だちからの「いじめ」もあって、長《なが》い間《あいだ》学校《がっこう》を休《やす》んでいます。学校《がっこう》に行《い》こうかなって思《おも》うんですけど、何《なん》て言《い》われるか、また仲間《なかま》はずれにならないか、勉強《べんきょう》についていけるか、心配《しんぱい》なことが多《おお》くて悩《なや》んでいます。

私《わたし》のクラスに、車《くるま》いすの子《こ》が転校《てんこう》してきた。その子《こ》は「自分《じぶん》でできることは、自分《じぶん》でやります。」って元気《げんき》に言《い》っていたけど、教室《きょうしつ》は3階《がい》だし、校舎《こうしゃ》も段差《だんさ》だらけで大変《たいへん》です。「いつも手伝《てつだ》ってもらってごめんね。」って言《い》ってるけど、だんだん元気《げんき》がなくなっているようで心配《しんぱい》。「ごめんね。」って言《い》っているけど、その子《こ》のせいじゃないと思《おも》う。どうすればいいのかな？

口《くち》ごたえしたり、約束《やくそく》を守《まも》れなかったりするせいかもしれないけれど、親《おや》からよくたたかれる。悪《わる》いのは私《わたし》かもしれないけど、暴力《ぼうりょく》はいやだ。クラスでも、友《とも》だちが友《とも》だちをたたいたり、けったりする。「じょうだん、じょうだん」なんて笑《わら》いあっているけど、私《わたし》は、がまんできない。家《いえ》や学校《がっこう》で安心《あんしん》して過《す》ごすには、どうしたらいいんだろう。

3

（中学生・高校生版２～３頁）

a. 川崎市子どもの権利委員会規則

二〇〇二年改訂

（趣旨）

第一条　この規則は、川崎市子どもの権利に関する条例（平成一二年川崎市条例第七二号）第三八第九項の規定に基づき、川崎市子どもの権利委員会（以下「権利委員会」という。）の組織及び運営に関し必要な事項を定めるものとする。

（委員）

第二条　市民のうちから委嘱される委員は、公募によるものとする。

（委員長及び副委員長）

第三条　権利委員会に委員長及び副委員長各一人を置き、委員の互選により定める。

2　委員長は、会務を総理し、権利委員会を代表する。

3　副委員長は、委員長を補佐し、委員長に事故があるときは、その職務を代理する。

（会議）

第四条　権利委員会は委員長が招集し、委員長はその会議の議長となる。

2　権利委員会は、委員の半数以上が出席しなければ、会議を開くことができない。

3　権利委員会の議事は、出席した委員の過半数をもって決し、可否同数のときは、議長の決するところによる。

（関係者の出席）

第五条　権利委員会は、その調査審議に必要があると認めるときは、関係者の出席を求め、その説明又は意見を聴くことができる。

（庶務）

第六条　権利委員会の庶務は、市民局において処理する。

（委任）

第七条　この規則に定めるもののほか、議事の手続のその他権利委員会の運営に関し必要な事項は、委員長が権利委員会に諮って定める。

附　則

この規則は、公布の日から施行する。

川崎市子どもの権利委員会規則の一部を改正する規則

川崎市子どもの権利委員会規則（平成一三年川崎市規則第五五号）の一部を次のように改正する。

第一条中「第三七条第九項」を「第三八条第九項」に改める。

附　則

この規則は、平成一四年五月一日から施行する。

b．川崎市子どもの権利委員会運営要綱

（趣旨）

第一条　この要綱は、川崎市子どもの権利に関する条例（平成一二年川崎市条例第七二号、以下「条例」という。）第三八条に規定する川崎市子どもの権利委員会（以下「権利委員会」という。）の運営に関し、条例及び川崎市子どもの権利委員会規則（平成一三年川崎市規則第五五号、以下「規則」という。）に定めるもののほか、必要な事項を定めるものとする。

（子どもの権利状況に関する調査）

第二条　権利委員会は、市長その他の執行機関の諮問事項を調査審議するにあたり、必要に応じて川崎市における子どもの権利状況に関する調査を行う。

（子どもに関する施策の評価の事前手続）

第三条　条例第三九条第一項の規定に基づき、権利委員会は、市長その他の執行機関の諮問事項に応じて子どもに関する施策における子どもの権利の保障状況の評価等を行うにあたり、施策の評価の視点や考え方を検討し、その内容をまとめ、市に提示する。

2　子どもに関する施策の評価にあたっては、権利委員会の事務局が施策の内容に応じて各担当部署に自己評価の実施を求める。

（子どもに関する施策の評価及び報告）

第四条　条例第三九条第二項の規定に基づき、権利委員会は、前条第一項で提示した内容に基づいて市が行った子どもに関する施策の自己評価の結果について文書により報告を受ける。

（子どもに関する施策の評価内容等の説明）

第五条　権利委員会は、市から報告を受けた自己評価の結果の確認及び子どもに関する施策の充実に向けた方向性の検討等を目的として、子どもに関する施策その他関係機関の担当者から必要に応じて内容の説明を聴くことができる。

（市民及び市民団体からの意見聴取）

第六条　条例第三九条第三項の規定に基づき、権利委員会は、市の行った自己評価の内容の検討等を目的として、市民及び市民団体からの意見を求めるものとする。

2　意見を求めるにあたっては、その趣旨を明らかにするとともに、施策の評価の内容等を公表する。

3　権利委員会は、必要に応じて意見を表明した市民若しくは市民団体と直接意見交換を行うことができる。

（子どもからの意見聴取）

第七条　条例第三九条第三項及び第四項の規定に基づき、権利委員会は、市の行った自己評価の内容等について子どもから

意見を求めるものとする。

2　前項の子どもからの意見を求めるにあたっては、意見を出しやすい場の設定及び子どもにわかりやすい表現に努める。

（答申書の作成）

第八条　権利委員会は、市長その他の執行機関の諮問事項について調査審議した結果を答申書にまとめ答申する。

（子どもの権利に関する行動計画に対する意見）

第九条　条例第三六条第二項の規定に基づき、権利委員会は、市が子どもの権利に関する行動計画を策定する際に、策定の各段階で必要に応じて意見を述べることができる。

（小委員会等）

第一〇条　権利委員会は、その円滑な運営を図るため、幹事及び幹事会並びに小委員会を置くことができる。

（委任）

第一一条　この要綱に定めるもののほか、権利委員会の運営に関し必要な事項は、委員長が権利委員会に諮って定める。

附　則

この要綱は、平成一三年一一月二日から施行する。

資料⑧

川崎市子どもの権利条例関係年表

作成・内田塔子

1998年

市・市関係機関・施設の動き

9・4 第一回川崎市子ども権利条例検討連絡会議＝諮問および委員委嘱、市長挨拶の後事務局より会議運営の説明、各委員から自己紹介、篠原座長より審議の進め方について提案

9・11 第一回川崎市子ども権利条例調査研究委員会＝諮問および委員委嘱、各委員からの問題提起、喜多座長より審議の進め方について提案。子ども委員の委嘱について検討。

10・24 第二回川崎市子ども権利条例調査研究委員会（子ども委員初参加）＝川崎の現状を知る①「子どもの意見を聴く」

11・28 第三回川崎市子ども権利条例調査研究委員会＝川崎の現状を知る②「学校の現状と課題について」

12・18 第二回川崎市子ども権利条例検討連絡会議＝国際的な子どもの人権保障の状況と日本の課題について。調査研究委員会報告および今後の進め方について

子ども中心の動き

11・30 第一回子どもと市長が語る会（子ども権利条例検討連絡会議主催）＝市長が同小学校六年生から直接、子どもの権利についての意見や要望を聞き、意見交流を行う。

12・12 第一回川崎子ども集会（以下、子ども集会）＝まちづくりや人権問題についての子どもたちの意見、提案

市民中心の動き

11・12 第一回子どもの権利を考える市民サロン（以下、市民サロン）＝事務局より事業趣旨の説明、参加者自己紹介

12・10 第二回市民サロン＝権利条約学習会〜荒牧委員を迎えて

1999年

1・9　第四回川崎市子ども権利条例調査研究委員会＝川崎の現状を知る③「マイノリティの子どもの権利保障に関わる課題について」、「子ども委員会」のもち方について。

2・6　第五回川崎市子ども権利条例調査研究委員会＝川崎の現状を知る④「福祉施設の子どもの問題について」、今後の活動について等

3・5　第三回川崎市子ども権利条例検討連絡会議＝「かわさき子ども総合プラン」の策定をめぐって、子育て不安と権利擁護について

3・13　検討連絡会議主催市民集会（第一回）

3・29　第六回川崎市子ども権利条例調査研究委員会＝中間報告にむけた課題の検討、課題整理に向けた三つの小委員会での討議

4・24　第四回川崎市子ども権利条例検討連絡会議＝川崎の子どもたちをとりまく現状と課題について中間報告に向けて審議

5・1　第七回川崎市子ども権利条例調査研究委員会＝各委員会からの報告と課題の整理、中間報告にむけて

6・5　第八回川崎市子ども権利条例調査研究委員会＝中間報告書の内容確認と課題の検討、調査研究委員会の今後の取組について

7・9　第五回川崎市子ども権利条例検討連絡会議＝中間報告から条例案の策定に向けて、今後の検討課題について。

1・23　第一回調査研究委員会子ども委員会（以下、子ども委員会）＝自己紹介、子ども権利条例についての学習、活動計画

2・13　第二回子ども委員会＝運営や組織、具体的な活動について

3・13　第三回子ども委員会＝子どもの権利を考える市民集会参加

3・21　第四回子ども委員会＝子どもの権利条約についての学習、活動計画の決定

4・18　第五回子ども委員会＝養護学校や外国人の子どもたちとの交流会計画

5・8　第六回子ども委員会＝子どもの権利条例について意見のまとめ、交流集会準備

6・12　第七回子ども委員会＝中間報告子ども版パンフレット検討、交流集会準備

6・27　第八回子ども委員会＝外国人の子どもたちとの交流会開催

1・14　第三回市民サロン＝権利条例策定の課題を出し合い、今後の進め方を協議

2・4　第四回市民サロン＝グループ編成〜市民・子どもの声把握・権利条約から探る

3・13　子どもの権利を考える市民集会（子ども権利条例検討連絡会議主催以下、市民集会）＝「子ども権利条例案の策定にむけて」全体会、三分科会、全体会

3・18　第五回市民サロン＝グループ編成〜市民・子どもの声把握・権利条約から探る

4・15　第六回市民サロン＝グループ討議〜市民・子どもの声把握・権利条約から探る

5・13　第七回市民サロン＝グループ討議〜市民・子どもの声把握・権利条約から探る

6・17　第八回市民サロン＝グループ討議のまとめ

7・22　第九回市民サロン＝調査研究委員会座長との意見交流会

7・17　第九回川崎市子ども権利条例調査研究委員会＝中間報告書の内容および今後の検討課題について、施策の実態把握・推進・評価の方法について

8・24　第一〇回川崎市子ども権利条例調査研究委員会＝川崎の現状を知る⑤「川崎市の相談・救済にかかわる施策の現状と課題」

9・15　第一一回川崎市子ども権利条例調査研究委員会＝子どもの「参加」と「居場所」に関する課題と原案の検討、子どもの権利を考える市民集会のもち方について

9・25　検討連絡会議主催市民集会（第二回）

10・8　第一二回川崎市子ども権利条例調査研究委員会＝「世話人会」提案の権利条例要綱第一次案の検討

10・8　第六回川崎市子ども権利条例検討連絡会議＝「子ども権利条例」要綱第一次案（イメージ案）の検討

10・25　第一三回川崎市子ども権利条例調査研究委員会＝子どもの生活の場「学校」における権利保障のあり方

11・3　第一四回川崎市子ども権利条例調査研究委員会＝子どもの生活の場「家庭」・「地域」における権利保障のあり方

11・26　第一五回川崎市子ども権利条例調査研究委員会と第七回検討連絡会議との第一回合同会議＝「条例要綱案原案」の審議

8・29　第九回子ども委員会＝養護学校の子どもたちとの交流集会準備

9・4　第一〇回子ども委員会＝養護学校の子どもたちとの交流集会開催

9・25　第一一回子ども委員会＝子どもの権利を考える市民集会参加

10・16　第二回子どもと市長が語る会＝川崎区の一〇校の代表生徒が、子どもの権利について市長と意見交流を行う。

10・17　第一二回子ども委員会＝子ども集会でのアピール文検討、権利条例学習会

10・31　第一三回子ども委員会＝川崎人権フェアの準備、子ども集会アピール文の検討

11・14　第一四回子ども委員会＝「川崎子ども集会」企画会議参加、川崎人権フェア準備

11・21　第一五回子ども委員会＝「川崎人権フェア」参加

12・4　第三回子どもと市長が語る会＝川崎市立高校五校の高校生が、子どもの権利について市長と意見交流を行う。

12・5　第一六回子ども委員会＝「川崎子ども集会」準備会議

12・11　第一七回子ども委員会と第二回子ども集会との合同会議（集会アピール文は権利条例案へ

9・16　第一〇回市民サロン＝市民集会に向けての課題整理（A・Bグループ統合）

9・25　市民集会＝中間報告の課題にあわせ、理念、参加、救済、施策の推進、障害のある子の権利、の五分科会を開催。

10・21　第一一回市民サロン＝市民集会報告と課題整理

11・10　第一二回市民サロン＝市民サロンと世話人会との合同研究、意見交流会

11・18　第一三回市民サロン＝合同研究会報告・今後の討議課題と進め方について

12・2　第一四回市民サロン＝条例骨子案の市民の眼からの検討

12・16　第一五回市民サロン＝条例骨子案の市民の眼からの検討

12・18　市民集会＝全体会で条例案の検討段階での内容や今後の課題を調査研究委員が説明し参加者と意見交流をはかった。

12・18　検討連絡会議主催市民集会（第三回）

反映）

2000年

1・27　第一六回川崎市子ども権利条例調査研究委員会と第八回検討連絡会議との第二回合同会議＝「権利条例骨子案原案」の審議

2・24　第一七回川崎市子ども権利条例調査研究委員会＝権利条例骨子案原案を検討し「第一次骨子案」として整理、市民・子ども向けパンフレットの内容検討

3・5～25　市民との共同の七行政区市民集会＝一次骨子案の説明、意見交流

4・12　学校教育推進会議関連・管理運営規則プロジェクト立ち上げ（以降一九回以上開催）

4・25　学校教育推進会議関連・「『学校の管理運営に関する規則』の見直しについて」の基本姿勢の決定、同基本姿勢の提示・説明（各種校長会・諸団体等）

5・7　第一八回川崎市子ども権利条例調査研究委員会＝市民集会結果報告、「第二次骨子案原案」の検討・整理―概略まとめ

5・11　学校教育推進会議関連・指導課担当・教職員課担当・子どもの権利条例担当・地域教育会議担当による「庁内調整会議」（全六回）にて、地域教育会議・学校等協議会・学校評議員制の合体の適否についての意見聴取開始。

5・26　学校教育推進会議関連・各種校長会での意

1・10　第一八回子ども委員会と子ども権利条例世話人会との合同会議

2・20　第一九回子ども委員会と子ども権利条例世話人会との合同会議

3・28　第二〇回子ども委員会＝各区市民集会の報告、条例案についてのまとめ

5・7　第二一回子ども委員会＝権利条例調査研究委員会に参加し条例案に考えを表明

6・11　第二二回子ども委員会＝権利条例調査研究委員会に参加

6・13　第二三回子ども委員会＝新規子ども委員会の活動内容確認、募集チラシの検討

6・30　新規子ども委員会募集チラシ配布・公募開始公募子ども委員―小学生九名、中学生六名、高校生一一名　合計二六名

6・30　新規子ども委員会・公募開始

8・26　第一回子ども委員会　子ども委員会の活動内容について確認、委員の役割分担など

8・26　第二期第一回子ども委員会＝第二期子ども委員会スタート（約三〇名）自己紹介と活動内容、役割分担など

9・9（15・23）　子ども編集委員会（条例答申案の子ども版パンフの編集）

9・30　第二回子ども委員会　子どもの権利条例答

1・13　第一六回市民サロン＝市民集会をふりかえって

1・27　第一七回市民サロン＝検討連絡会議・調査研究委員会合同会議傍聴

2・3　第一八回市民サロン＝条例骨子案の市民の眼からの検討

2・17　第一九回市民サロン＝各区市民集会に向けて課題の整理と取組

3・2　第二〇回市民サロン＝各区市民集会に向けて課題の整理と取組

3・4　中原区市民集会開催＝委員との意見交流、集会の運営は市民と共同して開催（会場は各区市民館）

3・5　宮前区市民集会開催

3・11　高津区市民集会開催

3・11　麻生区市民集会開催

3・16　第二一回市民サロン＝各区市民集会報告と条例骨子案の精査

3・22　幸区市民集会開催

3・25　多摩区市民集会開催

3・25　川崎区市民集会開催

4・6　第二二回市民サロン＝各区市民集会報告と条例骨子案の精査

4・20　第二三回市民サロン＝市民サロンの今後の

見聴取開始（全三回）。

5・29　第九回川崎子ども権利条例検討連絡会議＝第二次骨子案の検討・まとめ報告書の概要検討等。

6・11　第一九回川崎市子ども権利条例調査研究委員会＝「第二次骨子案」の検討・整理、報告書の内容整理。

6・21　第一〇回川崎子ども権利条例検討連絡会議＝骨子案最終確定、報告書の内容確認

7　条例制定準備会＝条例実施の検討（〜一〇月）

9・4　学校教育推進会議関連・管理運営規則プロジェクトにて管理運営規則の見直し案・実施スケジュール案の策定

10　「川崎式学校評議員制」（＝「学校教育推進会議」）原案策定・同施行案作成〈各種校長会・諸団体への提示・協議（〜二〇〇一年一月）

申案をもとに学習、子ども版パンフレットの確認

10・8　子ども集会企画委員会＝一二月の「川崎子ども集会」の内容について検討

10・14　第二期第三回子ども委員会＝講師を招いての「子どもの権利条例学習会」三章を中心に

10・14　第三回子ども委員会　三章を中心に専門家を招いて「子どもの権利条例学習会」。

10・21　子ども集会企画委員会＝一二月の「川崎子ども集会」の内容について検討

11・11　条例学習会企画委員会＝「子どもの権利条例学習会」の進め方打ち合わせ

11・12　第二期第四回子ども委員会＝講師を招いて「子どもの権利条例学習会」四章を中心に

11・12　第四回子ども委員会　第四回子ども委員会四章を中心に専門家を招いて「子どもの権利条例学習会」。

11・12　子ども委員が目黒区チャイルドドラインワークショップに参加

11・13　条例学習会企画委員会＝「子どもの権利条例学習会」の進め方打ち合わせ

11・18　第五回子ども委員会　五章を中心に専門家を招いて「子どもの権利条例学習会」。

11・18　第二期第五回子ども委員会＝講師を招いて「子どもの権利条例学習会」二章を中心に（夢・共和国委員合流）

11・23　子ども集会代表者会議（子ども集会企画委

活動について

5・11　第二四回市民サロン＝条例骨子案の課題の整理と市民サロン報告書の検討

5・18　第二五回市民サロン＝条例骨子案の課題の整理と市民サロン報告書の検討

6・1　第二六回市民サロン＝条例骨子案の課題の整理と報告書の検討

6・15　第二七回市民サロン＝報告書のまとめ作業

6・28　第二八回市民サロン＝報告書のまとめ作業

7・4　第二九回市民サロン＝調査研究委員会座長との懇談会

7・15　市民集会＝子ども権利条例答申の報告

7・27　自主的に、新・市民サロン（＝「子どもの権利実現を支援する『市民サロン』」）設立。以降、月一回ペースで開催。

8・22　市民サロン（障害のある子どもに関わる問題について等）

12・21　川崎市議会「子どもの権利に関する条例」を制定・公布

12・21　「川崎市子どもの権利に関する条例」が市議会で成立。

2001年

1・5　夢パークの整備計画の市長記者会見〈事業計画の公表〉

1・23　学校教育推進会議関連・教育委員会にて一回目の説明

3　学校教育推進会議関連・教育委員会にて試行計画の決定

3・23　第一回作業部会〈整備の基本的な方向性・子ども意見のまとめ方・ワークショップの検討（以降前一一回開催　略）

4・1　学校教育推進会議関連・各学校への試行指針提示

員のみ参加）＝一二月の「川崎市子ども集会」の内容について検討

11・26　川崎人権フェアー参加＝子ども委員会や「子どもの権利に関する条例答申案」の市民向けアピール活動

12・16　【子ども集会準備会】ー子ども集会企画委員のみ参加　一二月に開催予定の「川崎子ども集会」の準備

12・17　【子ども集会】ー子ども委員全員参加「川崎子ども集会」参加

12・23　第六回子ども委員会　子どもの権利条例制定記念「子ども委員会クリスマス会」。権利条例調査研究委員のおとな委員を招いて今後の活動についての話し合い。

1・13　第七回子ども委員会「地区別子ども集会」の持ち方について話し合う。

1・13　第二期第七回子ども委員会＝「地区別子ども集会」のもちかたについて

2・4　第八回子ども委員会　地区別子ども集会の役割分担、進め方についての確認。

2・4　第二期第八回子ども委員会＝「地区別子ども集会」の役割分担、進め方についての確認。

2・10　第一回子どもワークショップ　推進川崎子ども夢パーク（下作延小学校）参加者＝子ども七五名おとな二〇名〈現地視察、グループ検

12・3　第一一回子どもの未来をひらく川崎集会

1・17　市民サロン

1・25　「ゆう杉並」の見学と意見交流（主催：多摩区地域教育会議）

2・2　第一回仮称川崎子ども夢パーク推進委員会〈計画、スケジュールの検討〉

3・2　第二回仮称川崎子ども夢パーク推進委員会〈夢パークの検討体制・ワークショップの検討〉

3・17　『人権救済オンブズパーソン』フォーラム」へ市民サロンとして参加

3・24　『川崎市子どもの権利に関する条例』報告集会」へ市民サロンとして参加

4・1　「川崎市子どもの権利に関する条例」施行市民局人権・男女共同参画室のなかに「子どもの権利担当」部署が設立

5・21　第一回子どもの権利学習資料作成委員会―権利学習資料の内容・日程について確認

6・7　第二回子どもの権利学習資料作成委員会―事務局で内容検討

6・17　第三回子どもの権利学習資料作成委員会―内容検討・学識経験者との意見交流

6・29　「川崎市人権オンブズパーソン条例」制定・公布六月二九日　「人権オンブズパーソン条例」の成立にともない、「子どもの権利に関する条例の一部を改正する条例」が市議会で成立。(「川崎市子どもの権利に関する条例」第5章に「相談及び救済」が入る。)川崎市子どもの権利委員会市民委員の募集開始上記条例制定に合わせて、「川崎市子どもの権利に関する条例」一部改正・公布

7　学校教育推進会議関連・市内の全市立学校(園)で試行(～二〇〇二年一月)

7・4　仮称川崎子ども夢パーク整備基本構想・計画の市長記者会見〈夢パーク基本構想・計画の公表〉

7・15　第四回子どもの権利学習資料作成委員会―子どもを交えて意見交流

7下旬　学校教育推進会議関連・試行パンフレット作成・配布

討〈夢パークで何をしたいか〉

第二回子どもワークショップ(下作延小学校)参加者＝子ども七〇名おとな一七名〈夢パークの絵を描く〉

2・24　川崎北部地区子ども集会(子ども委員会主催)＝北部地区の子どもに呼びかけ、権利条例の学習集会を開催

2・24　《北部地区子ども集会》(多摩区、麻生区)北部地区の子どもに呼びかけ、権利条例の学習集会を開催。

2・24　条例報告の子ども学習集会

3・10　川崎南部地区子ども集会(子ども委員会主催)＝南部地区の子どもに呼びかけ、権利条例の学習集会を開催

3・10　《南部地区子ども集会》(川崎区、幸区)南部地区の子どもに呼びかけ、権利条例の学習集会を開催。

3・10　条例報告の子ども学習集会

3・24　《中部地区子ども集会》(中原区、高津区、宮前区)中部地区の子どもに呼びかけ、権利条例の学習集会を開催後半から、大人の集会＝「権利条例報告市民集会」へ合流し、三地区の子どもの意見を発表。

3・24　川崎中部地区子ども集会(子ども委員会主催)＝中部地区の子どもに呼びかけ，権利条例の学習集会を開催＝おとなの「権利条例報告市民集会」に合流し、三地区の子どもの意見等

3・24　条例報告の市民集会

4・12　市民サロン(上記集会の報告等)

4・16　第三回仮称川崎子ども夢パーク推進委員会〈基本構想・ワークショップの検討〉

5・31　市民サロン(保育園と「川崎市子どもの権利条例」について等)

6・18　第四回仮称川崎子ども夢パーク推進委員会〈夢パーク基本構想・計画(案)のまとめ〉

6・21　市民サロン(児童相談所と「川崎市子どもの権利条例」について等)

7・19　市民報告会　参加者＝子ども七名おとな二九名〈夢パーク基本構想・計画の報告、意見交換〉

8　権利条例の内容を総合的に推進していくために、連絡調整を目的として、庁内の関係部局が集る「子どもの権利施策推進部会」が発足。教育委員会にも「(仮)子どもの権利に関する推進連絡会議」が立ちあがる。

8・21　第五回子どもの権利学習資料作成委員会―事務局で内容検討・子ども委員参加

8・23　川崎市子どもの権利委員会委員選考委員会を開催

9・3　子どもの権利委員会準備会

9・20　第一回子どもの権利委員会　委員への委嘱状伝達、委員会への諮問、市長あいさつ　権利委員会の委員長、副委員長の選出など

9・21　第六回作業部会〈基本設計案の修正、管理運営・運営準備会の検討〉

10・14　第七回子どもの権利学習資料作成委員会―子ども・学識経験者との意見交流会

10・24　「人権尊重教育推進会議」に権利学習資料パンフレットについて提案

11・2　第二回子どもの権利委員会・権利委員会の運営・活動内容等の共通理解をはかる

11・12～22　「こんな大人になりたい」ポスター展(宮前区役所)

11・12　子どもの権利条例子ども版パンフレット学校配布

11・15　「仮称川崎子ども夢パーク建設にかかわる自主的環境影響評価準備書」の公告・縦覧

を発表する。

3・24　条例報告の子ども学習集会

3・28　第三回子どもワークショップ(下作延小学校)参加者＝子ども四〇名おとな四名〈夢パークを設計する〉

4・22　第四回子どもワークショップ(下作延小学校)参加者＝子ども四〇名おとな九名〈模型づくり、パークの使い方・ストーリーを考える〉

6・3　第一回川崎市子ども会議準備委員会開催　川崎市子ども会議(準備会)の目的と役割を検討。

6・18　第四回仮称川崎子ども夢パーク推進委員会〈夢パーク基本構想・計画(案)のまとめ〉

6・24　第二回川崎市子ども会議準備委員会開催　どんな川崎市子ども会議が必要?どんな会議にしたいか?―夢を言い合い、グループで話し合う。

7・4　仮称川崎子ども夢パーク整備基本構想・計画の市長記者会見〈夢パーク基本構想・計画の公表〉

7・15　第三回川崎市子ども会議準備委員会開催　どんな川崎市子ども会議が必要かグループで話し合う。

8・2　第五回子どもワークショップ(市立養護学校)参加者子ども一九名おとな一七名〈基本計画の確認、夢パークで何ができるか〉

8・21　第四回川崎市子ども会議準備委員会開催〈子どもの権利を学ぼう〉ワークショップ。

8・30　第六回子どもワークショップ(市立養護学校)

9・6　第五回仮称川崎子ども夢パーク推進委員会〈基本構想・計画の確認、基本設計案の検討、ワークショップにおける子どもの意見のまとめ〉

9・22　第六回子どもの権利学習資料作成委員会

10・30　第六回仮称川崎子ども夢パーク推進委員会〈子ども設計検討会における子どもの意見のまとめ、建築実施設計案の検討、管理運営・運営準備会のあり方スケジュールの検討、自主環境影響評価の実施報告〉

11・15　第七回仮称川崎子ども夢パーク推進委員会〈実施設計のまとめ、管理運営・運営準備会のあり方・運営準備委員の公募の検討〉

11・27　第七回仮称川崎子ども夢パーク推進委員会〈実施設計のまとめ、管理運営・運営準備会のあり方・運営準備委員の公募の検討〉

11・18〜23　市立学校（小・中・高等学校、盲・ろう・養護学校）「子どもの権利に関する週間」　権利学習と学校生活の公開

12・4　「仮称川崎子ども夢パーク建設に係る自主的環境影響評価準備書」の公告・縦覧

12・14　仮称川崎子ども夢パーク建設にかかわる自主的環境影響評価準備書についての説明会　参加者子ども〇名おとな八名

12・15　仮称川崎子ども夢パーク建設にかかわる自主的環境影響評価準備書についての説明会　参加者子ども〇名おとな九名

12・18　権利学習資料パンフレット　各学校配布

12・22　第三回子どもの権利委員会：川崎市の各種基本計画の実状を知る　市の各種計画等の現状理解（行政からの報告）

12・27　学校教育推進会議関連・市立学校（園）管理運営規則改訂

参加者子ども一七名おとな一二名〈基本設計案の検討、夢パークを体験し、使い方を考える〉

9・9　第五回川崎市子ども会議準備委員会開催　臨時会議―子ども会議の形と広報について大まかに考え合う。

9・22　第六回川崎市子ども会議準備委員会開催―川崎市子ども会議の形、広報、活動内容の話し合い

9・22　子ども設計検討会　参加者子ども一九名おとな一二名〈基本設計修正案の検討〉

10・14　第七回川崎市子ども会議準備委員会開催　具体的に考えあう。

11・11　第八回川崎市子ども会議準備委員会開催　「子どもの権利の日」発表準備

11・18　第九回川崎市子ども会議準備委員会開催　条例制定記念集会

11・18　「かわさき子どもの権利の日の集い」

11・20　「川崎市子どもの権利の日」

12・9　第一〇回川崎市子ども会議準備委員会開催

2002年

1・10　第八回子どもの権利学習資料作成委員会―来年度作成部分について検討

1・17　「仮称川崎子ども夢パーク建設に係る自主的環境影響評価準備書」の縦覧終了

1・26　第四回子どもの権利委員会：調査実施に向け課題・方向性等の検討

1・4　仮称川崎子ども夢パーク運営準備会委員公募開始

1・27　第一一回川崎市子ども会議準備委員会開催

1・31　仮称川崎子ども夢パーク運営準備会委員公募締切〈子ども委員は定員に満たなかったため二月末まで公募延長〉

1・29　第八回仮称川崎子ども夢パーク推進委員会〈運営準備会の検討、管理運営の枠組みの検討〉

1・29　第八回仮称川崎子ども夢パーク推進委員会〈運営準備会の検討、管理運営の枠組みの検討〉

2・5　子どもの権利委員会第1回調査委員会

2・5　第九回子どもの権利学習資料作成委員会—来年度の方向について提案

2・18　子どもの権利委員会第二回調査委員会

3　「(仮称)川崎市子どもの権利に関する実態・意識調査」実施

3・6　仮称川崎子ども夢パーク運営準備会公募委員選考委員会

3・7　子どもの権利委員会第三回調査委員会～子どもの権利委員会委員へ調査原案送付～

3・10　第一〇回子どもの権利学習資料作成委員会—来年度作成内容について学識経験者・子どもを交えて意見交流

3・12　子どもの権利委員会第四回調査委員会

3・13　第五回子どもの権利委員会

3・13　子どもの権利委員会第五回調査委員会　調査用紙・依頼文等作成

2・24　第一二回川崎市子ども会議準備委員会開催

3・17　第一三回川崎市子ども会議準備委員会開催

3・7　市民サロン(「川崎市子どもの権利条例」に対する批判について等)

3・26　第九回仮称川崎子ども夢パーク推進委員会

本書の編集にあたって──趣旨と経緯

日本は、一九九四年四月、国連・子どもの権利条約を批准しました。それから丸八年。はたして、子どもの権利条約が十分に受け入れられて、子どもの権利実現が進んだといえるでしょうか。

条約が批准された年の暮れには、大河内清輝君のいじめ苦自殺事件が起きました。その後もいじめ苦問題は深刻の一途を辿っています。また、子どもに向けられた虐待、体罰あるいは誘拐・監禁など、おとなからの人権侵害行為も後を絶ちません。一九九〇年代を通じて、けっして条約が活かされてきたとはいえず、日本の子ども達が救われていないことは確かです。そのような中で、子どもの権利条約批准以降、大きく前進し、成長してきたのは、自治体、NPO・NGOの存在だと思います。とくに二〇〇一年一二月に制定された「川崎市子どもの権利に関する条例」は、二一世紀の子どもの権利実現のための取り組みとして一つの基本的な方向性を示す動きとして注目されています。国レベルでの条約実施について現段階では期待がもてない中で、地域・自治体、NPO・NGOを中心に、「子どもオンブズパーソン」など子どもの人権救済の制度化をはかるなど、「子どもの権利条例」づくりの取り組みを進めていくことが求められています。

ところで、本書は、もともとは、『季刊子どもの権利条約』一二号（エイデル研究所刊）の「特集解説川崎市子どもの権利条例」として企画されたものでした。さいわい一二号はすこぶる好評で、発刊後わずか三ヵ月で品切れとなり、増刷を望む声も出てまいりました。しかし季刊雑誌の場合は、一般に増刷という形が取れないため、同編集委員会においては昨年夏以来、単行本として再編集する準備をすすめてまいりました。

ところで、『季刊子どもの権利条約』は、一九九八年八月創刊以来、多くの読者に親しまれ子どもの権利条約の普及と実現に相当貢献してきた反面、今日の日本の構造不況、とくに出版業界の不況下で、二〇〇二年二月号（一五号）をもちまして終刊となる事態に至りました。

またもう一方では、本誌編集委員会を母体としまして、別記「設立趣意書要旨」のとおり、「子どもの権利条約総合研究所」が設立されることになりました。

そこで、実際上本書の刊行時期には解散せざるをえない『季刊子どもの権利条約』編集委員会としてではなく、これを母体にして新たに発足する「子どもの権利条約総合研究所」の企画・編集とすることが合理的であると判断し、編集協力いただいた関係者、本書執筆者の方々にお諮りし、幸い関係者の同意をいただき、今回、発刊の運びとなりました。

本書は、以上の経過をふまえつつ季刊一二号の発行当時以降の動き（二〇〇一年四月〜二〇〇二年三月）を含めて新しい企画の下で再編集した書物です。とくに条例の改正や条例施行以降の実施をめぐる動きなどを配慮した論稿や資料、さらに冒頭に、条例の逐条解説も加えて読者の便宜をはかりました。

本書を多くの地域、自治体関係者、NPO・NGO、市民の方に活用いただけることを心から願う次第です。

二〇〇二年四月　　子どもの権利条約総合研究所

（喜多明人・荒牧重人）

子どもの権利条約総合研究所　五つの活動目標（設立趣意書要旨）

子どもの権利条約総合研究所（略称ＣＲＣ研究所）は、日本における子どもの権利研究の発展に寄与することを目的とし、とくに国連・子どもの権利条約の実施と普及のために欠かせない研究基盤の確立などを目標にして設立、運営される。その具体的な活動の目標は以下のとおりである。

1　子どもの権利の総合的、学際的研究

子どもの権利の総合的な研究をすすめるためには、法学、教育学、福祉学、心理学など縦割りの学界状況を克服していくことが求められており、そのための学際的、総合的な研究システムの構築、すなわち将来の「子どもの権利学会」（仮称）の創設をも視野に入れ、かつそれを支える研究者層の支援と拡充をはかるために、研究所が中軸的な役割を果たすこと。

2　子どもの権利に関する調査、検証

日本における子どもの権利実態の把握ならびに子どもの権利条約実施にかかわる調査・検証、モニタリング機能の充実、拡充を図り、市民、ＮＰＯ・ＮＧＯによる調査・検証の促進および子ども施策策定に必要な自治体による権利実態調査等のニーズにも応える調査研究機能を果たすこと。子どもの権利条約で定められた五年ごとの日本政府報告書に対応した市民、ＮＰＯ・ＮＧＯによるオルターナティブ・レポートの作成の促進をはかること。

3　子どもの権利条約の資料・文献センター

子どもの権利に関心を持つすべての人々が、子どもの権利条約の情報を共有していくために、子どもの権利条約・条例に関する基本文献・資（史）料その他情報の蓄積と社会的な還元の手立てを講じ、そのために、「子どもの権利条約資料・文献センター」（「子どもの権利条約図書館」）的機能の充実をはかること。

4　自治体、NGO／NPOを軸においた「地域の子どもの権利」研究

子どもの権利実現にとって地域・自治体およびNPO・NGO等の市民活動が欠かせない役割を果たしつつあることを認識し、〝地域における子どもの権利実現〟の視点に立ち、地域・自治体における「子どもの権利条例」づくり、子どもの参加・救済制度の整備、総合的な子ども施策の立案、促進、評価・検証、NPO・NGOとの連携、協働など、これらの実践的活動を支える子どもの権利研究機能を果たすこと。

5　アジアなど「地球的規模の子どもの権利」研究

世界、とくにアジア地域における子どもの権利保障、とくに子どもの権利条約の実施に関する情報交流、共同研究の促進をはかり、将来のアジアにおける子どもの権利保障機構の整備を念頭におきつつ、「国際会議」の開催、国際的な共同研究プロジェクト、情報ネットワークなどの確立などをはかること。

（二〇〇二年三月、子どもの権利条約総合研究所準備委員会）

執筆者紹介（執筆順）

▼　阿部孝夫（川崎市長）

▼序　小宮山健治（川崎市市民局人権・男女共同参画室長、元教育委員会総務部人権・共生教育担当主幹）

▼Ⅰ　川崎市市民局・教育委員会

▼Ⅱ　荒牧重人（山梨学院大学教授、川崎市子どもの権利委員会委員長）
坪井節子（弁護士、川崎市子ども権利条例検討連絡会議委員）
河野和子（川崎市教育委員会教育長、元教育委員会総務部人権・共生教育担当参事）
吉田恒雄（駿河台大学教授、川崎市子ども権利条例調査研究委員会副座長）
喜多明人（早稲田大学教授、川崎市子ども権利条例調査研究委員会座長）
野村武司（獨協大学助教授、川崎市子ども権利条例調査研究委員会委員）
伊藤和良（川崎市総合企画局政策部副主幹、元総合企画局都市政策部副主幹）

▼Ⅲ　山崎信喜（川崎市教育委員会総務部人権・共生教育担当）
牧岡英夫（神奈川県川崎愛泉ホーム職員、川崎市子ども権利条例調査研究委員会委員）
佐野愛子（中原中学校区地域教育会議事務局長、川崎市子ども権利条例検討連絡会議委員）
浅原　勝（川崎市麻生区地域教育会議議長、「子どもの権利実現を支援する市民サロン」代表）
平木信枝（川崎市子ども権利条例市民サロン参加者）
西野博之（フリースペース たまりば代表、川崎市子ども権利条例調査研究委員会委員）
山田雅太（川崎市立京町小学校教頭、元教育委員会総務部人権・共生教育担当）
土方慎也（川崎市総合企画局政策部副主幹、元総合企画局都市政策部主査）
石垣喜久雄（川崎市立総合科学高校（定時制）教諭、元教職員組合執行副委員長）
板橋洋一（社団法人川崎地方自治研究センター）

▼Ⅳ　夏井　賢（川崎市立西生田中学校教頭、元教育委員会生涯学習推進課主任指導主事）
青木幸夫（川崎市立王禅寺中学校校長、元教育委員会学校教育部教育課題担当主幹）
土屋和彦（川崎市市民局人権・男女共同参画室子どもの権利担当主幹）
松下充孝（川崎市教育委員会・前教育長）

▼結び　荒牧重人（山梨学院大学教授、川崎市子どもの権利委員会委員長）

子どもの権利条約総合研究所

152－0034
東京都目黒区緑が丘2－6－1　喜多明人気付

研究所分室（毎週水曜日）
162－0052
東京都新宿区戸山1－24－1
早稲田大学文学部1576研究室
TEL／FAX　03（5286）3595
e-mail kita@mn.waseda.ac.jp

編集協力　川崎市
川崎市教育委員会
川崎地方自治研究センター
川崎教育文化研究所

川崎発　子どもの権利条例

2002年5月22日　初刷発行
編　者　子どもの権利条約総合研究所
発行者　大塚智孝
印刷・製本　株式会社耕文社
発行所　エイデル研究所
102-0073 東京都千代田区九段北4-1-11
TEL03（3234）4641
FAX03（3234）4644

Printed in Japan ISBN4-87168-334-6 C3037